高田渡に会いに行く

なぎら健壱

駒草出版

前書き

高田渡氏が亡くなったのは2005年の4月16日のことである。早いもので15年が過ぎてしまった。その日、私は53歳を迎えた。要するに私の誕生日に亡くなってしまったのである。「なぎら君、僕の命日を忘れないでくれよ」と言われているような、妙な気持ちにさせられるのだが、忘れることはないであろう。

シバから「亡くなった」と報せがあったとき、ついに来る時が来たかと肩を落とした。それよりもショックだったのは、やはりシバから「渡が3日、北海道白糠《しらぬか》町で倒れた」と連絡を受けたときのほうであろうか。「このまま帰らぬ人に……。」と「すぐに復活してくれる」という気持ちが交錯した。しかし高田渡は帰らぬ人となってしまった。

亡くなった当日、私のバースディライブが横浜のライブハウスで行われた。冒頭、「高田渡さんが亡くなりました」と言うと、またなぎらの悪い冗談だろうというように、誰もがシラ〜とした顔をしていた。やがて悲痛な面持ちで渡ちゃんの歌を歌い繋ぎ、重い雰囲気の中に事実だということを感じとったのであろう、客席も暗然たる空気に包まれ始めた。やがてそれを完全に現実と受け止めた客席の重い空気はステージまで伝わってきた。

高田が亡くなった後、高田渡を語る書籍等が多く出版された。いろいろな人が彼のことを書いた。私もいろいろな誌面等に寄稿させてもらった。その中に自分の中で大切であり、かつ強烈であった思い出はすでに全部さらけ出してしまったと思っている。

よって、この一冊は既出したものを含めての集大成と思っていただきたい。今、高田渡を書くとなれば、それをリピートして紹介するしか手立てがないのである。そう思っていたのだが——実際そうであるのだが——細々とした思い出を連ねればまだまだ彼との思い出は尽きない。

しかしそんな小さな出来事は文字にすればおそらく数行で終わってしまう。それを羅列してもどうかと思うのである。たとえば……。

九州のツアーのときだったか、出演者何人かで食事をする場所に行こうということになった。ホテルを出て飲み屋を探して歩道を歩いているとき、急に渡ちゃんが「飛び込み前転って知ってる?」と、誰とはなしに聞いてきたのである。そこにいたみなは一様に不思議な顔をしながらも頷いた。

すると突然、「ぼくはそれが得意なんだよ。見ててよ」と歩道の脇にあった植え込みに足を踏み入れたかと思うと、飛び込み前転を披露したのである。しかしどう見ても華麗な飛び込み前転ではなく、でんぐり返しに近いものであった。「どうだ」とばかりに、彼は自慢気であったが、しかしその飛び込み前転に対して誰も口を開かなかった。私は、「飛び込み前転ってのはこうやるんだよ」と、植え込みにある低木を前に飛び込み前転で越えみせた。すると「違うよ」と渡ちゃんも再度その植え込みで飛び込み前転を披露した。さっきはなかった低木の上を、である。案の定、胸から腹まで低木でザリザリザリ……。私はそれを目にして、この人は運動神経が乏しいと悟ったのである。

こうした他愛もない話である。

あるいは……、

宇都宮のライブハウス『仮面館』でライブが終わった後、高田渡と中川五郎、そして私が、居残ったお客さんたちと飲みながら談笑していた。みんな始発で帰る予定で、時間を気にすることもなく、酒を浴びていた。

かなり時間がたった頃、一人の若い女性が声をかけてきて、渡ちゃんのファンであることを訥々と語った。悪い気のしない渡ちゃんは、「隣で飲まない?」とその女性を誘ったのである。女性は言われるままに隣に座り、しばらく楽しげにみなと交じって酒を飲んでいた。

あれで2時を回った頃であろうか、その女性が「家に来ませんか?」と渡ちゃんに言ったのである。当然、みんなの手前もあるだろうし、高田渡の美学もあろうと思うので、体よく断ると思った。それが急に立ち上がると、荷物をまとめ始めたのである。そして「じゃあ、行こうか」と言ったのである。私と五郎ちゃんは思わず顔を見合わせた。

そして渡ちゃんは荷物とギターを抱え、嬉々とした表情で女性と並んでそそくさと店を出て行ってしまったのである。五郎ちゃんが「渡にしては滅多にないことだからね」と笑っていた。

小一時間ぐらいたった頃であろうか、突然ドアが開いた。店内の人たちは一斉にそちらに目をやった。そこに高田渡が立っていたのである。渡ちゃんは我々の席にやって来て、「酒!」と憮然とした表情で言った。酒が目の前に出てきた。五郎ちゃんと私は再びお互いの顔を見やった。

私が「どうしたの?」と聞いても、しばらく口を開かなかった。一体何があったのか分からない。五郎ちゃんが「家まで行ったんでしょ? うまくいったんじゃなかったの?」と言うと、五郎ちゃんをねめつけながら、「男がいたんだよ」と小さく答えた。

「えっ?」と聞き返すと、「家に行ったら、男が寝ていたんだよ」と言う。「で、あの女が寝ている男に、『ほら、高田渡さん』って言ったんだよ。俺を見せるためだったんだよ」

みな下を向いて言葉を発しなかったが、本人もそのことに対してその後触れることはなかった。五郎ちゃんと私は申し合わせたようにニタニタしていた。

これまた他愛のない話である。なぜこの2つの思い出を語ったかというと、高田渡とこうしたエピソードは結びつかないと思われがちだからである。運動はもとより、色事など高田とは無縁で想像もつかないことであろうと。特に女性に関する話などもあまり聞いたことがないと思う。ところが、なんのなんの……いや、さすがにこの先は遠慮しておこう。

高田渡の、酒がらみの話だったら枚挙にいとまがない。一つぐらい書いていきますか?

あれは70年代の初期だったと思うが、如月音楽一家(事務所)に所属していた頃である。私も同じ事務所の所属であったため、なんの用事だったか、事務所に顔を出していた。事務所の人間が「さっきまで渡さんがいたんですけどね」と私に向かって言う。聞くと、サントリーから渡ちゃんにコマーシャルソングの依頼が来たそうで、今その収録に行っているとのことであった。

しばらくたつと、その収録が終わったのだろう、マネージャーの和田さんに連れられて、渡ちゃんが帰ってきた。渡ちゃんはかなり酔っていた。マネージャーは「いいからしばらくそこで寝ていろよ」と投げ台詞のように言って、傍らのソファを指さした。渡ちゃんは言われるままにフラフラしながら、ドッとそのソファに崩れ落ちた。やがて寝てしまった。

「どうした?」と事務所の代表であるTさんが言った。

「どうもこうもないよ。酒飲んじゃって、まともに歌えないんだよ」和田さんが答える。

「じゃあ、ボツか?」「たぶんね。まともに歌えないんだから。それだけならまだしも、どこからかウィスキーのポケットビン出して飲んでいるんだよ。止めたんだけど遅かった。ニッカのウィスキーなんだよ。クライアント（サントリー）のお偉いさんが来ている中で、ニッカをグビグビやったんだよ」

ということでCMの話は流れてしまった。後年その歌がレコーディングされた。それがアルバム『渡』（徳間ジャパンコミュニケーションズ）に収録されている曲『酒心』である。

とまあ、こんな具合であるが、そうした奇異なイメージだけを書けば面白いのかもしれないが、そこには偏った高田渡しか見えてこない。

フォーク・ソングが日本に根を下ろし一大ブームを迎え、やがて潮が引くようにそのブームが去っていき、フォークは青春ギター歌謡として放射状に伝播されるにいたった。

それから半世紀がたたんとしている。演じ手も聴き手もそれなりに歳をとってしまった。その中にあってフォーク・ソングは今、ブームを知らない若者たちの間で、新しい音楽としてもてはやされているという。彼ら彼女らにしてみれば、フォークは新しい音楽なのである。しかしそれを逆に考えるとすると、そうした音楽は今現在希薄になってしまっていることの証でもあろう。勿論消滅してしまったわけではない。当時から歌い継いでいる多くのフォーク・シンガーは今なお健在であるし、またそれを継承している若きフォーク・シンガーも大勢いる。しかしそれはかつてのようなブームの中にあってこぞってマスコミが取り上げた頃とは違い、連日電波からそれが発せられる時代ではない。公から取り残されたような形のフォーク・ソングは聴こうとしなければ聴こえてこなくなってしまっているのである。

何もこれはフォークに限ったことではないが、若者に、知っていて当然と思われることを話していると、その顔に「?」という色が浮かんでいることを発見するのである。もしかして、さっきから話していることは一方的で通じていないのかと、ガッカリさせられる。いちから話さないと分からないのかと思うのだが、それも面倒で話はそこでついえてしまう。

たとえばこんなことがあった。吉田拓郎の名前を出して話をしていると、「すみません、よしだたくろうって誰ですか?」と言われたことがあった。フォーク界では、いやフォーク界だけではなく、吉田拓郎の名前は一般的であると思っていた。つまりフォークが全盛期を迎えていた時代は、半世紀前なのであり、その頃にはその若者はまだ生まれてもいないのだ。

私たちの中では風化などしない話が、世間一般では——若い世代の間では——風化をしていることはまぎれもない事実なのである。平成元年に生まれた子供が30歳を過ぎているのである。しかしフォークが社会のムーブメントであった時代があるのだ。若者がこぞってギターを弾いていた時代があるのだ。そこをどうにか伝えたいし、残していかなければと思うのである。フォーク・

ソングが台頭してきた黎明期から、つまり我々の知っている時代はすでに遠いとこへいってしまっているのであることは実相なのである。ならば、そこに少しは近寄らせたい。これからますますフォークが風化することは必至であろう。こんな時代があった、そこでこんなに青春をたぎらせた人たちがいた、そこを少しでも残そうと思っているのである。

高田渡という人物を紹介することで、それが垣間見られると思っている。フォーク全盛の時代を経てなお高田渡は存在してきた。

渡ちゃんが亡くなってしばらくは彼の歌を聴けなくなってしまっていた。思い出すのが辛かったからである。彼の語るような歌い方が、あたかも本人が側にいるように感じてしまうのである。考えてみれば、亡くなってからずっと高田渡の歌を聴くことはなかった。今回、この一冊を上梓するにあたって高田渡を聴いた。もう平気だと思っていたのだが、やはり渡ちゃんが側にいるのである。すげぇな〜、それが高田渡なんだよな。

高田渡氏のことを、私は渡ちゃんと呼んでいた。古くからの友人などは渡と呼んでいたが、不思議なことに高田さんと呼ぶ人は稀であった。渡、渡氏、渡ちゃん、渡さんがほとんどであった。文中は、高田と敬称なしで呼ばせていただいている。他に登場する中にも敬称を省略させていただいている方もいる。敬称略、こうしたことは巻末に書くことかもしれないが、本書ではその失礼を先に断っておくことにする。文中、高田、渡、渡ちゃんと呼称が混在しているが、そのつどの言い回しなので、そちらも理解していただきたい。ちなみに渡ちゃんは私のことを、なぎら氏、あるいはなぎら君と呼んでいた。

「なぎら君、余計なことは書くなよ」そう言われそうである。

目次

出会いと黎明期

出会いと黎明期

まずは高田渡との出会いのことを書いておこう。ここでは高田渡だけに絞ることをせず、ちょっと横道にそれるが、その時代のフォーク事情も含めて簡単に列挙しておこうと思う。これは拙著『日本フォーク私的大全』（ちくま文庫）や『関西フォークがやって来た～五つの赤い風船とフォークの時代～』（ちくま文庫・近刊）とかなり重複してしまうことは否めないのだが、それを語っておかないと話が進まないので、ご理解いただきたい。自分としての思い出は一つしかないので、下手に脚色したり誇張させてしまえば事実を歪曲することにもなりかねないので、それはやりたくない。少ない真実をリピートして書くしかないことをお許しいただきたい。

私が初めて高田渡のステージを見たのは忘れもしない1969年3月19日、東京労音が主催する『フォークのつどい』と題されたコンサートでのことである。

その少し前、モダン・フォーク（モダン・フォークとは和製英語で、米国ではコンテンポラリー・フォークと呼ばれていた）なる音楽が大学生を中心に拡散してきていた。それらはカレッジ・フォーク、キャンパス・フォークとも呼ばれており、それが徐々に若者の中に浸透してきていたのである。しかしまだフォークはお茶の間を席巻するにはいたっておらず、一大ブームが起きるまでにはもう少し時間がかかった。

さて、東京労音が主催する『フォークのつどい』だが、出演者に高石友也（現・ともや）の名前があり、私の目的はその高石であった。当時私は高石のレコードを聴き、今までのフォークと違う流れを感じており、氏のコンサートを是非観ておきたかったのである。しかし私は労音の会員ではなかったため、チケットを手にする手立てが分からなかった。ところが運よくクラスメイトに労音会員のS君がいて、「なぎら、高石友也が好きだって言っていたよな。チケット手に入るぞ」そう声をかけられ、二つ返事でその人物にチケットを融通してもらった。

場所は、東京都渋谷区にある渋谷公会堂であった。

当時私は高校1年から2年に上がる頃であり、住んでいたのは葛飾区の金町であった。渋谷公会堂にどのようなアクセスでもって電車を乗り継いで行ったのかはまるで覚えていない。多分常磐線で上野まで出て、山の手線に乗り換えて渋谷を目指したのではなかろうかと思う。

同年、東京に進出してきた高石事務所が、『あんぐら音楽祭』と銘打ったコンサートを東京と大阪で開催する。大阪公演、東京公演と同じ内容、同じタイトルでのコンサートが行われた。共に6日間の日程（3月20日〜4月2日）で行なわれたコンサートである。高石音楽事務所とは、高石友也の名前を冠したコンサートの企画やプロダクション的な要素をもった事務所であった。それまで、大阪でアート・プロモーションという名前で、海外アーティストなどのブッキングなどをやっていた秦政明なる人物が代表で、次々とアーティストを所属させフォーク時代の幕開けを担った。

さて、『あんぐら音楽祭』だが、大阪公演の場合、『オープニング・コンサート』『ジャックス・ショウ』『プロテスト・ソング大会』『五つの赤い風船と六文銭』『加藤和彦・端田《はしだ》宣彦《のりひこ》とシューベルツリサイタル』『岡林信康リサイタル』の順である。初日の『オープニング・コンサート』以外は、大阪と東京ではコンサート順番の入れ替わりがあった。

当時一般的に名前の通っているフォーク・グループといえばフォーク・クルセダーズであったのだが、彼らの名前はそこにはない。彼らのブッキングを管理していたのも、高石音楽事務所であった。

ちょっと話は横道にそれるが、フォーク・クルセダーズ（当初はフォーク・クルセイダーズ）のことに触れておいたほうがよかろう。このグループが放った『帰って来たヨッパライ』が、フォークをお茶の間に浸透させ、一大ブームを作る先鞭となったので、そこを避けて通るわけにはいかない。

加藤和彦、北山修、平沼義男、芦田雅喜の4人の編成であったフォーク・クルセダーズ（通称フォークル）は、大学卒業を期に解散をするのだが、その記念に作られた自費出版レコード『破廉恥（ハレンチ）』の中に収録された1曲が『帰って来たヨッパライ』であった。

『帰って来たヨッパライ』は1967年11月5日、ラジオ関西の深夜番組『若さでアタック』で流され、まずは関西から火が着いた。それにいち早く目を付け原盤権を獲得したのが、パシフィック音楽出版である。その専務だった高崎一郎が、自らパーソナリティを務めるニッポン放送『オールナイトニッポン』で流したところ、リクエストが殺到することとなったのである。

発売にはレコード会社各社が手を上げた。各社争奪戦のうち販売権利を射止めたのは、東芝音楽工業であった。そして暮れも押し迫った1967年12月25日に発売された。

東芝から発売された理由の一つに、東芝だけがフォークル側が提示した年内発売の条件を受け入れたからとあるが、確かに年末が押し迫った25日の発売は異例であった。

暮れから正月休みをまたいで、まだ松も開けない1968年正月、レコード小売店の店主が東芝本社前に列をなし、「何枚でもいいから売ってくれ」と嘆願したという逸話が残っているほど、あっという間に世間に浸透していった。

素人の奇抜な発想で吹き込まれた奇妙なこの曲は、またたくまにお茶の間を席巻していくこととなった。すでに音源はできあがっていたため、東芝が制作費をかけることなく、『帰って来たヨッパライ』は戦後最大のヒット曲となるのである。

しかし『帰って来たヨッパライ』のヒット時にはフォーク・クルセダーズは解散をしていた。加藤和彦はフォーク・クルセダーズの中心人物であったが、解散してからはソロで活動をしていた。それが、活動1年間の約束でフォークルの活動を承諾したのである。しかしかつてのメンバーを招集することができず、そこで北山修を説き伏せ、代わりに端田宣彦を参加させ、3人で活動を開始することになった。端田は京都で活動していたドゥーディ・ランブラーズというグループから引き抜いた人物である。フォークルというと加藤和彦、北山修、端田宣彦という印象が強いだろうが、実は1年間の活動約束で急遽組まれた3人組だったのである。ということは、『帰って来たヨッパライ』の録音時には、端田宣彦は参加をしていないのである。

『帰って来たヨッパライ』のヒットにともない、1年間の約束で活動をしたが、その活動も『あんぐら音楽祭』のときには、すでに終わっていた。そこでフォーク・クルセダーズ名ではなく、『加藤和彦・端田宣彦とシューベルツリサイタル』となったのである。

さて、『あんぐら音楽祭』に話を戻そう。その『あんぐら音楽祭』からチョイスされたスタイルをそのまま労音のステージに持ってきたのが、『フォークのつどい』であり、私はそのコンサートに足を向けたわけである。

出演者は高石友也、岡林信康、五つの赤い風船、そして高田渡であった（共に高石音楽事務所の所属）。しかしその中で私が知っている名前は高石友也、岡林信康のふたりだけであった。

後にアングラ・フォーク、あるいは関西フォーク、反戦フォークと呼ばれる名称は一般的ではなく、まだ草創期にあった。顕著なフォーク少年を自負していた自分であったが、その私ですら、高田渡と五つの赤い風船の名前は初めて耳にするものであった。まだその名は、知る人ぞ知る存在であった。つまり私としては真っ白な状態で彼らの歌に接することができたわけである。出演順は記憶があいまいだが、確か高田渡、五つの赤い風船、岡林信康、高石友也ではなかっただろうか。

そのときのそれぞれの印象を記しておく。持ち時間は各者、5曲ぐらいではなかったか。まず、馴染みのない名前の高田渡の登場である。しかし実は馴染みがあったのである。馴染みがあったというと語弊があるかもしれないが、なんと私の母（旧姓・高田）の弟の名前が、高田渡なのである。若くして亡くなってしまったが、私の叔父が高田渡なのである。

第一印象は失礼だが、「風采の上がらない見映えだな」であった。言い換えれば「暗い、貧乏臭い」とも目に映った。普段着としか思えない格好で、ポツリポツリとしゃべって歌うその姿に、「なんだこの人は?」と思ったのを覚えている。そのとき進行役の高石が、「彼はまだ高校生です」と紹介した。私も高校1年から2年になる頃である。

——ええ〜っ、同じ高校生かよ!

当時の高田は、市ヶ谷高校の定時制に通っていた。まあ、定時制ともなると4年制だし、諸事情を抱えた人も多くいた時代であるから年齢も様々であった。そうしたことを聞き及んでいたもので、なんとなく得心ができた。それにしてもかなり歳上に映った。訥々としたしゃべりで、これまた聴いたことのないような歌と歌唱であった。またその声に独特な味を含んでいた。

『自衛隊に入ろう』の段になると、会場から拍手が起こった。と同時に、レコードと同じく高田が「さくら!」と客席に投げかけたのである。私はその時点でまだ彼のレコードを聴いていなかったのだが、拍手が起きることで、彼を知っている人たちがいるんだと、妙な感心をさせられた。というのも、『あんぐら音楽祭』の客ならその名前や歌を知っていて然りだが、このときは労音のお客さんなのである。

そして五つの赤い風船なのだが、西岡のスタイルに驚いてしまった。黒いジャケットに黒いパンツ。サングラスに口髭。今までフォークでは見たことのないスタイルであった。それまでのフォークのスタイルは、モダン・フォークに象徴されるような、IVYルックがほとんどであった。それがロック紛いの格好なのである。ところが歌う歌は聴いたこともないような音で構成されていた。まず、ヴィブラーフォン、オートハープ、リコーダー。西岡の器用さが前面に出ていた。

西岡と藤原秀子のハーモニーが独特な雰囲気を醸し出しており、私は今まで聴いたことのないフォークに接して心をわしづかみにされた。

続く岡林信康はしゃべりが上手かった。西岡も負けず劣らずであったが、関西フォーク特有と言っていいのか、このおしゃべりもかつてのフォーク・ステージでは聞けないものであった。岡林は『ガイコツの歌』『くそくらえ節』とその2曲で全部をさらっていってしまった。

岡林の名前は知っていたと前述しているが、それはあるドキュメント番組のことであった。尼崎で肉体労働をしながら歌うある若者、というような紹介のされ方であったと記憶する。確か裏番組でアメリカのカントリー歌手、ジョニー・キャッシュのサン・クェンティン刑務所でのコンサート模様が流されていた。それを交互にチャンネルをガチャガチャいわせながら観ていた覚えがある。ちなみにこのジョニー・キャッシュのサン・クェンティン、ドキュメンタリー映像を手に入れることができたのは、それから40年後、DVD化されたときである。

そのとき、ふと番組最後のほうでチャンネルを回す手が止まった。岡林のレコーディング風景の画面の中に高石友也を発見したのである。その時点で私の知っている高石の歌は『受験生ブルース』だけであった。彼がフォーク・シンガーであることさえあまりよく知らなかったのである。つまり『受験生ブルース』で聞き及んでいた氏を、コミック・シンガーだと思っていたのである。「なんでコミックソングを歌っている高石が、働きながらフォークを歌っているこの硬派な男の前に現れるんだ?」よく分からないままに、見ていると『友よ』をふたりで歌っているのである。そして、岡林は高石に感化されて歌い始めたということが語られていた。「へぇ〜、そうなのかい」

確かそのぐらいの感想だったと思う。

コンサートは高石友也と続き、会場は盛り上がった。

もっともこの『フォークのつどい』に足を向けたのは前述のとおり高石友也を聴きたかったからある。先の岡林のドキュメンタリーを見たすぐ後だと思うが、コミック・シンガーの印象を払拭させてくれたのが、『ボーイズライフ』という雑誌の記事であった。

『ボーイズライフ』は青年向けに小学館から発行された月刊誌で、1963年（昭和三十八年）4月号から1969年（昭和四十四年）8月号まで発行された。

そこには「フォーク・ソングの〝魂〟を歌う　放浪の歌手　高石友也」と題され、「『受験生ブルースを大ヒットさせた男。受験をひにくり、政治家を怒り、ベトナム戦争をにくんで歌う男!!』」とあった。1968年5月号である。

「えっ?」私はその文章に目を持っていかれた。

高石のプロフィール等が紹介され、大阪釜ヶ崎で労働者相手に中華そばを売り、歌を歌っていた、とある。さらに読み進めると「マイク真木なんかはできあがりのものをうたっているだけでしょう。甘っちょろい。土のにおいがする労働者の歌声、それが真に美しい歌だと思います」なる一文が目にとまった。さらに高石は「〝英語でカッコいいものまねのフォーク・ソングをうたう歌手なんか、クソくらえ。〟という気持ちでうたいつづけた」「ぼくはこのままでいい。四十歳になっても五十歳になっても、ただひたすらに歌いたいだけだ。坂本九は民衆歌手みたいにもてはやされているけど、あれはインチキだ。自分の生活はスターになって豊かになっているのに、うたうときだけ民衆歌手だなんていう顔をしているにすぎない。(中略) 歌はつくられたものをオオム返しに歌っていたんではなんにもならない。自分の魂をこめて歌うべきで、ぼくはそれを〝創唱〟とよんでいます」

――おいおい、なんだこの人は?

英語で歌うフォーク・ソングはおろか、マイク眞木や坂本九を真っ向から否定している。『受験生ブルース』を歌うコミック・シンガーとはいささか早計な考えだったのか?

私はこの文章がひっかかり、早速LPレコードを買いに走った。『受験生ブルース　高石友也フォークアルバム第2集』(ビクター) というタイトルで、1968年1月12日大阪サンケイ・ホールでの第2回・高石友也リサイタルの実況録音盤であった。このアルバムを聴いて驚かされたのは、全てがギター一本の弾き語りということであった。バッキングがない分、詞が直接訴えてきた。是非ステージを観たい――聴きに行こう。それを実現となったのがこの夜であった。

『フォークのつどい』で圧巻だったのは、エンディングの『三億円強奪事件の唄』であった。メインヴォーカルとフラット・マンドリンは高田、ギターが中川イサト、バンジョーが岩井宏、フィドルが西岡たかし、ウッドベースが長野たかしであった。岡林はおもちゃのベルを叩きながら、またピストル型のサイレンを持ち、替え歌と茶々を入れることでもって会場を沸かせた。このベルは五つの赤い風船が『もしもボクの背中に羽根が生えてたら』の歌唱時に用いられたものを、岡林が借用したのである。

アメリカにはこの手のトピカルソング (時事歌) が多くある。しかし日本ではかつての明治大正演歌以来、久しく聴かれることはなかった。それ以後、高田の歌にトピカルソングは見当たらないものの、そうした演歌に感化されていたことには間違いない。そのあたりは後述するとしよう。

三億円強奪事件とは言わずと知れた、1968年12月10日に東京都府中市で発生した窃盗事件である。

その事件を歌にしたわけだが、レコードでは「♪ 今を去ること半年あまり」と歌われているが、コンサートの時点では「♪ 今を去ることふた月あまり」と歌っていた。事件が発生したのは1968年12月10日のことである。このコンサート時では3か月が過ぎてはいたが、事件が発生して2か月後にはすぐに出来上がっていたのであろう。つまりトピカルソングは旬でなければ伝わらないということを、見事にふまえていたわけである。そして『三億円強奪事件の唄』はURCのシングル盤としてレコード化されるが、それ以来高田が歌うのを見た記憶はない。

この唄の最後で高田はこう歌っている。

「♪ 冷たいお墓のその中で
鼠小僧が笑ってる
八っつあんも熊さんも三代目
あれから百余年」

この歌詞にあるように、結局三億円事件の犯人は捕まることなく、1975年（昭和五十年）12

月10日に公訴時効が成立して、未解決事件となった。まあ、犯人が捕まらないことを見越して作ったわけではなかろうが、見事に高田の推量は当たったことになる。

この歌詞に登場する鼠小僧とは、大名屋敷を専門に荒らした窃盗犯であり、義賊としてもてはやされたというのが通説であるが、どうも義賊は虚構であるらしい。

実はこの曲の原曲は、アメリカの古謡『ジェシー・ジェイムス（Jesse James）』である。ジェシー・ジェイムスとはアメリカ西部開拓時代のガンマンであり無法者であった人物である。しかし後に伝説化され、義賊という風説もささやかれた。

『ジェシー・ジェイムス』はアメリカの伝統的なカウボーイ・ソングであるが、ジェシー・ジェイムスは実在した人物である。ジェイムス＝ヤンガー・ギャングを結成して、銀行や列車を襲い殺人を繰り返した。金持ちから強奪して貧しい人に配っていたという、義賊的な伝説が残っており、それが歌にもなっているが、歌詞は美化されているものが多い。ここで「多い」と書いたのは、数多くの歌詞が存在するからに他ならないが、民謡のように伝承されている内に、その土地土地で歌詞が変容し、また創作されていったに違いない。

この三億円事件の犯人とジェシー・ジェイムスを結びつけて作ったのだとしたら――多分そうであろうが――天晴れとしかいいようがない。このあたりの外国曲に日本の詞を乗せるという高田独特の手法はすでにこの時期に開花していたのである。

四者四様に個性あふれるステージと歌でもって観客を魅了したこの夜のコンサートは、まさにフォーク時代の到来を告げるものであった。当然私もその一人であったわけなのだが、とにかくこのコンサートで私は大いなるカルチャーショックを受けた。今まで歌ってきた英語のアメリカン・フォークは一体何だったんだろうという疑問さえ持ち、アングラ・フォークに強く感化されていったのである。それ以来、それまでのモダン・フォークのコピーは一切捨て、アングラ・フォーク一辺倒になるのである。

ここにその夜のコンサートを観た方の感想が、当時の労音の会報に載っているので紹介しておこう。

「この例会を見て、今まで考えていた歌というものを根本から考えさせられました。私たちが日常生活の中で矛盾に思うこと、不満なことを歌であらわしてくれるこういう歌を、私たちはまっていたのです。すばらしい歌をきかせてくれてありがとう」（板橋・女性・21歳）

「久々に胸がスカッとした。最初から一貫して笑いつづけ。私たちの手で、マスコミが流すエロ、グロ、ナンセンスの歌と対抗して、こんなフォーク・ソングを守り育てていかなくてはと思った」（小金井・安藤時子・20歳）

このふたりの感想を見ると、やはりフォークブームの到来を裏付けている。いや、今までと違うフォーク・ソングがやってきたことを示しているのである。

そしてこの夜、アングラ・レコード・クラブ（URC）という会員配布のレコードがあることを知るのである。

西岡、高田が双方ともステージ上で「聴きたくないほうの面をヤスリで削ってください」と言い合っていた。よって、片面が五つの赤い風船、片面が高田渡であることが分かった。

このレコードが高田渡のデビューレコードということになる。レコーディングは１９６８年11月3日、毎日放送の第一スタジオに観客を入れて行われた実況録音盤である。ちなみに、一方の五つの赤い風船の面は68年11月10日、11月26日、69年1月13日にやはり毎日放送の第一スタジオで行われている。高石事務所が毎日放送になんらかのコネを持っていたのかもしれない。

予算の関係で制作費が安価ですむ実況録音の形がとられたのか、高田の歌はこうした録音がいいと、意図的にお客さんの前で歌わせたのかは知るところではないが、高田は当日までこうした形でのレコーディングを知らされていなかったということを後に語っていたので、おそらく前者だったと思われる。しかしこの録音形態が、高田の歌唱スタイルに合っていたことは間違いない。URCのことは後述するとして、まずは高田の1stアルバムに収録された曲を紹介しておこう。なお、作詞作曲はライナー・ノートの記述のままであるが、その後にあるのが、私による楽曲解説である。

『事だよ』
作詞　高田渡
作曲　ジス・トレイン

『This Train』は、南西部地方で働く黒人達のワーキング・ソングである。アラン・ロマックス（民謡研究家）が採譜したゴスペル・ソングであり、ピート・シーガーの歌唱で知られる。

1962年にワーナー・レコードから『ジス・トレイン』と『レモン・トゥリー』でデビューしたのがP・P・M（ピーター・ポール&マリー）である。

『現代的だわね』
作詞　唖蝉坊＋高田渡
原曲　ロンサム・ロード・ブルース

ウディ・ガスリーはこの『Lonesome Road Blues』を『Dust Bowl Refugee』と改作してレコーディングしているので、高田はそちらを参考にしたと思われる。

『自衛隊に入ろう』
作詞　高田渡
原曲　マルビナ・レイノルズ（原曲　アンドラ）

この『アンドラ（Andorra〈I Want to Go to Andorra〉）』は、マルビナ・レイノルズが作詞をし、ピート・シーガーが作曲をして1962年に発表されたものである。
マルビナ・レイノルズは、60歳でプロになった異色の遅咲きのおばちゃんシンガー・ソング・ライターで、高石ともやの『小さな箱』、中川五郎の『カッコよくはないけれど』の原作者であり、洒脱なプロテスト・ソングを多く書いている。URCからCentury Cityレコードレーベルとして『レイノルズ+ヤング・ニューフォーク・コンサート』というアルバムが発売されている。

1961年当時、レイノルズは膨大な軍事費をつぎ込み、ベトナム戦争を推し進めるアメリカ合衆国と、ヨーロッパ西部のピレネー山脈中にある立憲君主国、アンドラ公国の軍事費を対比させたのである。アンドラ公国が支出した軍事費は、式典用空砲の購入にあてた、たった5ドルだけだったという。この事実を知り、小国ながらも平和なアンドラと、膨大な軍事費を費やす、軍事大国のアメリカの対比を詞にせずにはいられなかったのだろう。

高田はこの歌の反戦部分に共鳴して、『自衛隊に入ろう』の詞を乗せたのかもしれない。レイノルズ本人はこの歌を歌わなかったが、ピート・シーガー自身が補作詞を行い、複数のアルバムに収録している。

『マイ・フレンド：高田渡青春日記1966-1969』(河出書房新社)によると、高田はピート・シーガーに送る書簡の中で、

ぼくはこの歌〔アンドラ〕を曲をぼくのものにして、ぼく自身が詞をつけて歌ってみたいのです。それには原曲を正確にしっかりおぼえなければなりません。そこで、これらの曲の楽譜を送って下さい。そして、もう2つ3つお願いがあります。ついでにというとなんですが、〔Willie, oh, willie〕(オハイオの河岸で)の楽譜と〔The wreck of The old '97〕(The wabash Cannon Ball)の楽譜も送って下さい。

と書いている。

そこでお気づきであろうか、高田の歌にはいわゆる反戦歌がないのである。しいて言えば、この『自衛隊に入ろう』が唯一の反戦歌——パラドックスではあるのだが——と言えるのではなかろうか。

『ワバッシュ・キャノンボール（Wabash Cannonball）』は『しらみの旅』に、『オハイオの岸辺で（Banks Of The Ohio）』は、3rdアルバム『石』（ベルウッド・レコード　1973年6月25日発売）に収録の、『当世平和節』に使用されている。この歌の詞は添田さつき（知道）の『東京節』『平和節』、添田唖蝉坊《そえだあぜんぼう》『ノンキ節』の詞を合わせて、高田が補作したものである。

『ブラブラ節』
作詞　唖蝉坊＋高田渡
原曲　ワップ・ジャンボリー

『ワップ・ジャンボリー（Whup! Jamboree）』は元々、イギリスの船乗り歌である。

『しらみの旅』
作詞　唖蝉坊
原曲　ワバッシュ・キャノンボール

元々はA・Pカーター（カーター・ファミリー）が作った歌で、ワバッシュ・キャノンボールという弾丸列車を歌ったホーボー（放浪者）・ソングである。カーター・ファミリーの歌唱はいうまでもなく、多くのシンガーが歌い、中でもカントリー・シンガーであるロイ・エイカフの歌唱（1947年録音）で大ヒットした。

『あきらめ節』
作詞　唖蝉坊＋高田渡
原曲

原曲は記されていないが、『ブラック・マウンテン・ラグ（Black Mountain Rag）』の旋律の一節を借用している。『ブラック・マウンテン・ラグ』はホット・リックを応用したフィドルの早弾き奏法で、元来スクェア・ダンス曲である。ドク・ワトソンのこの曲のギターの早弾きは秀逸であり、『ブラック・マウンテン・ラグ』＝ドク・ワトソンのギター奏法とまで言われるようになった。

『冷やそうよ』
作詞　高田渡
原曲　アイ・ソー・ザ・ライト

この曲はハンク・ウィリアムスの歌の中にあって、代表曲の一つである。２０１６年に公開された、ハンク・ウィリアムスの伝記映画『アイ・ソー・ザ・ライト（I saw the light）』のタイトルにも使われ、１９６４年製作のやはりハンクの自伝映画『ハンク・ウィリアムス物語　偽りの心（原題Your Cheatin' Heart）』のラストシーンでも感動的な演出とともに歌われている。

「私は（主の）光りを見た」という詞を「冷やそうよ」にしたところが高田の真骨頂と言っていいのか、まったく元の詞を無視している。

　このアルバムでは多くの曲をピート・シーガーのレコードから拝借していると思われるが、前述のようにまるで元の歌詞をさし置いて詞を乗せている。また、歌っている内に元の旋律と若干変わってしまうこともままあるのだが、それも修正することなく高田の歌として消化している。原曲を詳しく紹介したのは、高田の歌に対する独自の〝形〟及び〝姿勢〟を知っていただきたかったのである。原曲と比べると、やはり渡節《ぶし》以外の何ものでもないことが納得できると思う。

　つまりそれまでの外国曲といえば、元の歌詞の意味をふまえて訳詞を乗せるのが通常の形であった。ロカビリーの時代には、かなり乱暴な訳詞を見ることができるが、いい加減な訳詞であっても、歌詞の持っているプロセスやテーマから完全に逸脱することはなかったのである。それを高田はいとも簡単に壊してしまった。というか、元歌の歌詞の意味などまるで意に介していないのである。前述の『三億円強奪事件の唄』のように、ロカビリーなどには、三億円事件の犯人とジェシー・ジェイムスを結びつけるような要素はまるで見られない。彼が外国曲を借用するのは、詞を聴かせる手段でしかなかったのである。要するに高田が歌いたい言葉に、気に入った曲がはまればよかったのであろう。

このアルバムでは、ほとんどが添田唖蝉坊の詞を歌っている。この頃の高田は、アメリカの音楽に対する憧れと、添田唖蝉坊の持つプロテスト精神を見事に融合させているのである。アメリカのマウンテン・ミュージックやカントリー・ミュージックの歌詞を訳しただけでは、また、添田唖蝉坊に代表される明治大正の演歌を元歌のまま歌ったのでは評価は大きく変わっていたに違いない。

『マイ・フレンド』の中で、「これからは『明治大正の演歌』を新しいフォーク・ソングのメロディーにのせて歌ってやろうと思っている。いわゆる、ウディ・ガスリー風の替え歌である」と語っているのだが、実際ウッディ・ガスリーも曲の借用をよく用いた。たとえば『Union Maid』の元歌が『Red Wing (An Indian Fable)』であり、『The Sinking of the Reuben James』の元歌が『Wildwood Flower』等々、古謡やカーター・ファミリーなどの楽曲に全く関係ない詩を融合させて歌っていた。このスタイルが後々まで高田の歌のスタイルとなるのであるが、ここで既成の曲に詞を勝手に載せてもいいという、安易な発想を肯定化してしまったことにもなるのである。

ここでURCに触れておこう。URCとはアングラ・レコード・クラブの略である。当時多くの曲が社会倫理的に不適当だとされ、発売されないことも多かった。後にURCから発売となる、フォーク・クルセダーズの『帰って来たヨッパライ』の第2弾として発売を目前にしていた『イムジン河』や、岡林信康の『ほんじゃまあおじゃまします』(後の『くそくらえ節』)などがいい例であろう。これには有識者などで構成されたレコ倫(日本レコード協会のレコード制作基準倫理委員会)なるものの判断規定によるものであった。要するにメジャー・レーベルからの発売は難しかったのである。そこで高石事務所のアーティストを中心に自主制作レコードの制作発売に踏み切ったのがURCであり。今でいうところの、インディーズ・レーベルである。

しかし日本レコード協会に所属することも叶わず、流通経路の確保が事実上不可能であった。苦肉策として通信販売で会員制配布という形をとったのである。これは、会員になった者にのみ制作したレコードを配布するというものであった。第1回の配布が69年2月で以後4月、6月、8月、10月と、第5回まで続いた。

隔月の会費は1回に対して二千円であった(最初に5回分の会費を払わなくてはならなかった)。1回につきLPレコード1枚とシングル盤2枚が配布された。もっともこのURC初期のレコード盤の質は通常のエンビ(ポリ塩化ビニール)とは違い、硬度が高いSP盤を思わせる粗悪な素材であった。ちなみに私の元に届いたレコードはレーベル(レコード中央のラベル)が他のアーティストのものが張られており、いい加減な作りであったことは否めない。まあ、それをエラー盤とすれば稀少価値がつくのかもしれませんがね……。

『東京スポーツ』に連載している『オヤジの寝言』という文章にその頃のことを書いているので、横道ついでにそれを載せておく(2017年2月1日。一部修正)。

ブドウパンを見るたびに思い出すことがある。あれは高校2年の終わり頃から、3年の夏にかけてのことではなかっただろうか。

通っていた高校では給食ではなく、弁当であった。あるいは朝授業が始まる前に、パンを注文しておくと、昼には各教室にそれが届けられた。あたしは弁当ではなく、そちらのパン食の方を選んだのである。パンひとつは一律20円であった。牛乳、ヨーグルトも20円であった。ということは百円あれば、パン4つと牛乳が飲めるわけである。しかしあたしはブドウパンひとつしか頼まなかった。ブドウパンとヨーグルトだけである。これは何もあたしの家が貧乏で、お金をもらえなかったから、というわけではない。ちゃんと毎朝、親から百円をもらっていた。それなのになぜ?

実は残りの金を貯めていたのである。親から百円をもらって、40円しか使わない。そうすると、1日60円の金が浮く。1か月20日として単純計算で月に、千二百円貯まることになる。その金で何を買ったかというと、レコードである。

当時、フォーク・ソングにドップリ浸かっており、欲しいレコードが何枚もあった。シングル盤ではない、アルバムである。つまりLP盤というわけである。当時のLP盤の値段が、確か千五百円前後ではなかっただろうか。輸入盤の方は二千五百円ぐらいだったと記憶している。

レコード屋に行くと、次から次へと欲しいレコードが眼につく。当然手に入るレコードより手に入らないレコードの方が多い。そこに新しいレコードがドンドン追加されれば、欲しいレコードは増える一方である。

とにかく買いたいLP盤がわんさかあった。しかもURC（アングラ・レコード・クラブ）なる通販のレコード会社が発足し、その会費の二千円を5回分払わなくてはならなかった。岡林信康、高田渡、五つの赤い風船等、売りだし中のフォーク・シンガーのレコードは、URCでしか手に入れることができなかったのである。そのURCのレコードも欲しい。しかし当時の小遣いからして、とても追いつけるものではなかった。親にねだったところで、買ってくれるはずもない。

そこで一計を案じたのが、昼食を削ってお金を貯めることであった。「アルバイトでもやればよかったじゃないか?」と言われそうだが、当時、高校生が夏休みなど以外でアルバイトをするなど、あまり好ましいこととはされていなかった。親に相談しても「そんな暇があったら勉強しろ」と一喝されるのが落ちであった。

しかし高校生と言えば、一番腹が減る時期である。とにかくパンたったひとつは辛かった。中でもブドウパンを選んだのは、それが一番大きかったからである。しかしいくら大きいとはいっても、パンひとつはひとつに違いなく、到底そんなもんで腹が一杯になるはずもない。端の方に何も入っていないからと、惣菜パンの端を残している級友がいたが、そんな人間を見るにつけ腹が立って仕方がなかった。

冒頭で、「高校2年の終わり頃から3年の夏にかけて」と書いたのは、欲しいレコードが全部手に入ったからではない。ひもじさに耐えられなくなったからである。体重が見る見るうちに落ちたから、見事なダイエットになったことは間違いない。とにかくもう我慢できないと、弁当にしてもらった。

今考えてみるとたった数か月だが、よくやったと思う。今時、そんなことやって金を貯める高校生などいないであろう。ひもじさより情熱が勝った頃であった。

とまぁ、そんなことです。

そのURCの輝かしい第1回配布に選ばれたのが『高田渡／五つの赤い風船』という、カップリングのLPであった。シングル盤がミューテーション・ファクトリーの『イムジン河／リムジンガン』、そしてトリン・コーン・ソンが歌う『坊や大きくならないで／もしも平和になったら』であった。

ちなみにトリン・コーン・ソンとはベトナムの歌手で、『坊や大きくならないで』の作者でもある。この録音はMBS報道部の、南ベトナムでの現地取材テープによるものであるため、録音状況は非常に悪い。『坊や大きくならないで』はカレッジ・フォークのマイケルズによって歌われてヒットをした。後に高石友也も『坊や大きくならないで』『もしも平和になったら』両曲のレコーディングをしている。

ここで第2回目以降のラインナップを紹介しておこう。

第2回配布
LP『六文銭／中川五郎』
EP『くそくらえ節／がいこつの唄』（岡林信康）
『大ダイジェスト版三億円強奪事件の唄（スタジオ録音）／三億円強奪事件の唄（ライブ）』（高田渡）

シングル盤B面の『三億円強奪事件の唄』は実況のレコーディングであり、渋谷公会堂で

1969年3月15日に行われたコンサートの模様である。前述の東京労音が主催のコンサートで、私が初めて高田渡のステージを見た4日前のこととなる。

しかし私が観た労音のコンサートと実況録音盤の『大ダイジェスト版三億円強奪事件の唄』は、岡林や西岡のチャチャの入れ方はまったく同じである。たとえば岡林の「犬が西向きゃ尾っぽは南、変な犬だよみんな見い。とはばけが（頬を叩く）わけが分からなくなりまして」の言い回しの間違いや、「♪　現れ出でたる大怪盗　お～鼠小僧」のところを西岡は「鼠男」と歌う。これは決められていたのだろう、全く同じに演出されていた。これが、リピートされて歌われるうちにそうなっていったのか、最初から作られた演出だったかどうかは知るところではないが。

ちなみに『高田渡読本』（音楽出版社）なるムック本の中に「高田渡のこの1曲」というページがある。高田渡にゆかりのある何人かが、高田渡の好きな1曲（推す1曲）を挙げているのだが、『三億円強奪事件の唄』を挙げているのは私一人だけであった。

第3回配布

LP『休みの国／岡林信康リサイタル』

EP「転身／電車問題」（高田渡）

「ボクを郵便で送りましょう――いやなやつ／退屈なうつり変わり――ポケットは空っぽ」（西岡たかし）

第4回配布
LP「世界のプロテストソング」（オムニバス盤）
EP『私の大好きな街／この道』（藤原秀子／中川砂人）
『坊やの絵／ともだち』（ザ・ムッシュ）

第5回配布
LP『第4回フォークキャンプコンサート（2枚組）』
EP『お父帰れや／竹田の子守唄』（赤い鳥）
『砂漠／森・ふくろう』（西岡たかし）

この配布盤の中で聴ける高田渡は、前掲の五つの赤い風船とのカップリングLP。第2回配布のシングル盤『大ダイジェスト版三億円強奪事件の唄／三億円強奪事件の唄』、第3回配布のシングル盤「転身／電車問題』、そして『第4回フォーク・キャンプ・コンサート』中での『自衛隊に入ろう』『東京フォークゲリラ諸君を語る』『この世に住む家とてなく』（若林純夫とのデュオ）の3曲である。

URC募集会員数は当初千人までの限定としていたが希望者が殺到し、急遽二千人まで広げられた。しかし、第3回の配布後も入会希望の応募が引きも切らず、高石事務所と版権を握るアート音楽出版はURCレコードを新たに設立し市販にふみきる——「アングラ・レコード・クラブ・

レコード」、レコードという言葉がダブっているのはご愛敬としよう。

会員配布がまだ終わっていない69年8月1日、URCレコードは新譜として岡林信康のLP『わたしを断罪せよ 岡林信康フォーク・アルバム第一集』、そして五つの赤い風船の『おとぎばなし』、そして『新宿1969年6月』なる7インチ盤を発売した。しかし前掲のとおり、日本レコード協会との問題があり、流通がままならない。そこで既成の取次ルートを通さず、全国の小売店と直接販売契約を結ぶ形をとった。そこに手を上げた、各地の百店あまりのレコード店や楽器店と販売契約を結んだのである。またそれと同時にアート音楽出版発行の、URCのアーティストを中心とした雑誌『フォーク・リポート』も販売された。

続いて10月に発売されたのが、高田渡の2ndアルバムにあたる『汽車が田舎を通るそのとき』である。このアルバムは高田が曲の合間に女性とおしゃべりをしながら歌うという形式をとっている。それをある雑誌に「若い女性インタヴュアーを相手に弾き語りを聴かせるラジオ番組風の構成で——」と書いた人がいたが、決してラジオ番組風ではない。実は高田がこの形式にこだわったのには理由がある。

高田が憧れた歌い手に、ウディ・ガスリーがいる。そのガスリーが、実はこのような形式で録音をしているのである。エレクトラ・レコード社から出されたBOX入りの3枚組『WOODY GUTHLIE LIBRARY OF CONGRESS RECORDINGS』という貴重な音源がそれである。1940年3月21日と22日、27日の3日にかけて、国会図書館の記録として民謡研究家アラン・ロマックス（奥さんであるエリザベス・ロマックスも共に）によって、対話形式で録音されたものである。

内務省ラジオ放送局の機材（まだテープ・レコーダーが発明されておらず、アセテートのディスクレコーダーに直接録音された）を借りて録音されたこの音源は、貴重な資料とされている。

高田はこの録音に影響されたというか、これを模したかったのである。

この録音時の対話のお相手の女性は、URCの原盤権を管理しているアート音楽出版の事務員で、特に高田の音楽に興味をもってはいなかったという。この録音形式の是非は聴き手に委ねるとしよう。

このアルバム、A面には、

1・ボロ・ボロ
2・春まっさい中
3・日曜日
4・酒屋
5・汽車が田舎を通るそのとき
6・来年の話をしよう

の6曲が収録されているが、どの曲も作詞は本人で、曲もオリジナルである。

B面には

1・朝日楼

2・新わからない節
3・ゼニがなけりゃ
4・出稼ぎの唄
5・鉱夫の祈り
6・この世に住む家とてなく

の6曲が収録されている。

A面は全部、高田のオリジナルの詞にオリジナルの曲をつけている。こうしてオリジナルの詞にオリジナルの曲をつけるということは、このアルバムが最初で最後である。不思議で仕方ないのだが、なぜこの後、高田は自分の詩を詞にすることがなかったのだろうか？

B面はアメリカ古謡、あるいはガスリーの曲が中心である。

『朝日楼』はニューオリンズの娼家を歌った歌で1935年、アラン・ロマックスによってケンタッキーの炭鉱夫の娘が歌うものを採譜したものである。

『新わからない節』は添田唖蝉坊の詞に、ウディ・ガスリーの名曲、『我が祖国（This land is your land）』の曲をつけたものである。よってこの曲は、歌詞と曲の関連性はない。

『ゼニがなけりゃ』の原曲はウディ・ガスリーの砂嵐避難民を歌った歌の一つで、原題を『ド・レ・ミ（DO－RE－MI）』という。

ドレミとはダラー（dollar）のDO音に引っかけた隠語であり、お金のことである。

元々の詞はウディ・ガスリーである。

『DO－RE－MI』

毎日多くの人が故里を捨てて
東を目指して向かうという
砂嵐の道路を苦労して向かうのが
カリフォルニアの州境なのさ
あのダスト・ボウル（砂嵐の意）から逃がれて
砂漠を越えてやって来る
シュガー・ボウル（砂糖が供される皿）に
向かっているんだと思い込んでいるんだろうが
辿り着けばこんな事に出会うんだぜ
おまわりが口にすることにゃ
「今日は一万五千人で終りさ」

※もしかしてド・レ・ミが友達でないとしたら

ド・レ・ミを持っていないのなら
引き返した方がいいと思うぜ
優雅なテキサス、オクラホマ、
カンサス、ジョージア、テネシーへ
カリフォルニアはエデンの園さ
住むにつけ見るにつけ楽園さ
だが信じようと信じまいと
おいそれと上機嫌にはなれないはずさ
ド・レ・ミを持っていないのならね

平和に暮らせて危険な目に遭いたくないのなら
家だとか農場だとかを手に入れたいのならば
山や海で気楽に過ごしたいのなら
しかし牛を売って車を買ったりしちゃダメだぜ
今までいた所に残っている方が賢明なのさ
俺が教えたことをちゃんと胸にとどめておきな
或る日マリオン知事がラジオでこう言ったんだ
マイクに向かってこう言ったんだぜ

※（くりかえし）

この詞を日本語にしたのが、『ゼニがなけりゃ』である。その詞も載せておこう。

『ゼニがなけりゃ』

北から南からいろんな人が　毎日家をはなれ
夜汽車にゆられはるばると　東京までくるという
田んぼからはい出　飯場を流れ
豊作を夢見て来たが
ドッコイそうは問屋がおろさない
お役人が立ちふさがって言うことにゃ
わかってるだろうが　来年は勝負なんだよ

※ゼニがなけりゃ君　ゼニがなけりゃ
帰った方が身の為さ　あんたの故郷へ
東京はいい所さ　眺めるなら申し分なし

住むなら山の手に決まってるさ
　ゼニがあれば ね

デズラをどう使おうと　そりゃアンタの勝手さ
だけど妻子恋しさに　酒びたりなんてのぁもっての他だよ
まして一般人と一緒に付き合いたいのなら
分別ってものをもたなくっちゃね
オレにこと聞いてりゃまずまずさ
お役人だって　テレビでいってたよ

※（くりかえし）

見事な詞である。しかし直訳なのかといえばそれは違う。原詞にインスパイアされた創作と言っていいのかもしれない。高田は独特の言い回しで、上京する人をチクリとやっている。つまり、本来持っている砂嵐からカリフォルニアに逃避する避難民という歌詞をふまえて、それを上手く転化させているわけである。

『鉱夫の祈り（Miner's Prayer）』は、フォークソング・コレクターズ・アイテム第13選定盤『マイク・シーガーとペギー・シーガー』（ARGO）のレコードを参考にしている。ちなみに、マイクとペギーはピート・シーガーの異母兄弟（妹）であり、アメリカの古謡を能《よ》くし、そうしたアルバムを多数出している。そして『鉱夫の祈り』はアメリカの古謡である。
高田もこのシリーズに強く影響を受けていた。というのも、ほとんどの盤に訳詞が載っており、高田はそれも参考にしていたのである。この『鉱夫の祈り』もしかりである。ここでは私なりに訳した詞を載せておこう。

『鉱夫の祈り（Miner's Prayer）』

汽笛の音にじっと耳をすます朝
だが炭鉱は静まりかえっている
目を覚ますと泣き出す子供たち
からっぽの戸棚を見ても食べるものはない
転びそうになる子どもの足はつめたく
ボロ布をからだにピンでとめている
かたむいた家は見るもあわれ
冬のすきま風がいたるところから入る

※飢えに泣く子の声はつらい
他に世話をする人間がさらに二人いる
町に住んでるお金持ちの人よ
少しは温情をくれないか
鉱夫の祈りを聞いておくれ

凍てつく土の下に石炭はある
眠っている石炭をさがしている
この地上では心をいためて祈るしかない
妻や母親は頭をたれて待っている
着るものと食べるだけあればいいんだ
飢えた子どもは歌って遊ぶしかない
小さな温情さえもらえたならば
鉱夫は幸福の祈りをおくる

あまりに直訳っぽく、多少言い回しがおかしいと思うのだが、あえて原詞に触ることをせず、そのままを記しておくということに重きを置いたので勘弁していただきたい。

一方、高田の詞はこうである。

『鉱夫の祈り』

朝もやの中に　ひとつ
こだまする汽笛の音
こたえはいつも　ひとつ
いつもこだまは　ひとつだけ
子供らは　泣きじゃくる
腹をすかし泣きじゃくる
私に出来るのは　ただ
泣きつかれ眠るのをまつだけ

※お願いだ！　聞いておくれ
街に住む　お偉い方
この子らが泣かないように
鉱夫の祈りを聞いておくれ

凍りつく土の下で
鉱夫の汗は流され

凍りつく鉱夫土の下に
石炭は眠りつづける
家族らは今日もまつ
深く頭をたれて
子供らは帰りをまつ
今日の日の終わりを

高田はこれを自分の言葉としてとらえて詞をつけている。こちらも感心させられるとしかいいようがない。

そして特筆すべきことがある。高田は歌にリバーブやエコーなどの艶をつけることを好まないということを頭に置いておいてもらいたい。その歌唱（録音）が、高田独特の唱法となっている。つまり側で生歌を聴いているような臨場感を醸し出しているのである。リバーブやエコーを駆使すると、ホールで歌を聴いているような雰囲気は出るが、耳元で歌を聴いているような臨場感は失われてしまう。多くの歌い手が（あるいはディレクターや、録音エンジニアが）、歌に艶が出すことを（あるいは出ることを）好しとする。

ところが歌にリバーブやエコーなどの艶をつけることを好まない高田にして、この『鉱夫の祈り』の歌唱だけは、リバーブが効いているのを発見したのである。このアルバムの中で、ここまでリバーブが効いているのはこの曲だけである。いやこの後、多くの曲が録音されることになるが、高田はリバーブを嫌っている。なぜこの曲だけがと不思議でならない。

ここで高田にも影響を与えた、〈フォークソング・コレクターズ・アイテム〉シリーズについて触れておこう。〈フォークソング・コレクターズ・アイテム〉シリーズとは、キング、ビクター、コロムビアのレコード会社3社からレーベルを越えて発売されたシリーズであり、17枚のアルバムがリリースされた。選定委員は野口久光、藤井肇、高山宏之、中村とうようと、アメリカ音楽に精通している各氏が行っていた。前掲のエレクトラ・レコード社から出されたBOX入りのウディ・ガスリーの3枚組『WOODY GUTHLIE LIBRARY OF CONGRESS RECORDINGS』は、第4回選定番『ウディ・ガスリー／ヒストリカル・レコーディング』ではインタビュー部分を割愛されて編集されている。

このシリーズはフォーク・ウェイズ社のレコードのように高価ではなく、普通の洋盤の値段で発売されたために、フォーク・ファンにとってはありがたいシリーズであった。

発売された各々のレコードのタイトル、歌手は以下の通りである。

1. ベスト・オブ・ジーン・リッチー
2. ドック・ワトソン
3. バール・アイビス・バラード
4. ウディ・ガスリー／ヒストリカル・レコーディング

5. マイク・シーガー
6. 不滅のオールマナック・シンガーズ
7. 英吉利春歌抄／エド・マッカーディ
8. トラディショナル・ミュージック・アット・ニューポート
9. ブルース・アット・ニューポート
10. ザ・ニュー・ロスト・シティ・ランブラーズ
11. スコットランドの心／ジーン・レッドパス
12. ブルースの王者／ライトニン・ホプキンス
13. マイク・シーガーとペギー・シーガー（1969）
14. さすらいの吟遊詩人-ジャック・エリオット
15. 黒人囚の歌／テキサス州監獄から
16. 永遠のカーター・ファミリー第2集
17. 永遠のミシシッピー・ジョン・ハート

『この世に住む家とてなく』はウディ・ガスリーの砂嵐避難民を歌った歌の一つである。第4回選定盤『ウディ・ガスリー／ヒストリカル・レコーディング』にも収録されている。

この『汽車が田舎を通るそのとき』の時期に高田のギターはアルペジオ、カーター・ファミリー・ピッキング、スリー・フィンガー・ピッキング、チャーチリック奏法とかなり巧みであり、そうした奏法の先駆けと言えよう――奏法的には未熟なところがみられるのはご愛敬として――まだ完成には少し時間がかかるが、すでに高田渡のギターの形をなしている。当時フォークの世界ではカーター・ファミリー・ピッキング、スリー・フィンガー・ピッキングを好んで弾く人は稀であり、後に高田の歌に感化される人たちのお手本となり得た。私なども間違いなく影響を受けた一人であり、特にカーター・ファミリー・ピッキング、スリー・フィンガー・ピッキングは高田のギターに感化されたと言ってもいいだろう。

実はこの『汽車が田舎を通るそのとき』の対話形式の録音以前に、スタジオ録音の音源が存在するのである。このときディレクターをまかされた西岡たかし氏の手元にその音源が残されている。実は私もその音源を聴く機会（シバ提供）があった。

A面はほとんど同じであるが、『来年の話をしよう』はなぜか収録されていない。そしてB面は曲順が違っている。そしてアルバム『汽車が田舎を通るそのとき』は全曲弾き語りであるのだが、スタジオ録音盤（没盤）の『ボロボロ』『出稼ぎの唄』『朝日楼』『この世に住む家とてなく』の4曲はバックにギター以外の楽器が入っている。『ボロ・ボロ』には口笛が入っており、高田の歌の雰囲気からすると違和感がある。『出稼ぎの唄』にはアルト・リコーダー、『朝日楼』にはフィドル（ヴァイオリン）、『この世に住む家とてなく』にはバンジョーとブルース・ハープが入っている。全て西岡たかしの演奏だと思われるが、『この世に住む家とてなく』には西岡のコーラスも入っている。発売された盤、没盤どちらの録音も、歌唱やギターの演奏はほとんど同じである。

先に会話形式のアルバムに対して、「この録音形式の是非は聴き手に委ねるとしよう」と書いたが、私としては、双方を比べれば発売にいたった盤のほうが「いい」と言わざるを得ない。諸手を挙げてそちらの盤が名盤とは言いがたいのだが、スタジオ録音盤のほうはバッキングが邪魔なのである。『この世に住む家とてなく』にいたっては、テンポがかなり速く、その場の雰囲気で録音をして、歌詞や歌唱を考えていないような気がするのである。

果たして没盤の『汽車が田舎を通るそのとき』は、高田本人がその音源を使用することに違和感を覚えたのか、つまり何かが気に入らなかったのかどうかは分からないが、対話形式の録音をとったのである。あるいはその音源はデモテープ扱いの録音だったのかもしれない。

URCでのアルバムは、五つの赤い風船とのカップリングと、このアルバム2枚だけである。その後高田はベルウッド・レーベルに移って、アルバム『ごあいさつ』を発表する。URCがOKを出した経緯には触れないが、その前に高田は所属事務所の『音楽舎（高石事務所から名前を変更）』と金銭的なもめごとを起こしている。『バーボン・ストリート・ブルース』（ちくま文庫）にこうある。

ちょうど二枚目のアルバムが出たころのことだと思うが、ふと途切れたように仕事がなくなる一時期があった。このときに事務所の不正が発覚した。五つの赤い風船のメンバーに対してギャラのダンピングを行なったのである。

それまでは所属シンガーのスケジュールをびっしり組んでしっかり儲けているのに、ちょっと仕事がなくなったらすぐにダンピングするというのは、どうしたって納得できない。僕は怒りを抑えられず、「そういうことをするのでしたら抜けます」と言って、事務所を辞めた。

実は事務所の不正はこれだけではなかった。URCレーベルのレコードはどれも二千枚限定の配付とされていたが、それは表向きの話で、本当は五千枚ないしは一万枚という数のレコードをどんどん出していたのである。なのに事務所は「二千枚限定」と大ウソをついて、上前をはねていたのだ。これはのちに発覚したことであるが。

おそらく事務所とレコード会社の承諾を得たわけではなく、高田本人の意思でベルウッドに移籍したのかもしれない。

アルバム『ごあいさつ』はそれまでの2枚とは違って、豪華なバッキングを従えてのレコーディングである。録音も今までのように、一発勝負のレコーディングではなく、かなりのテイク数を費やしたと思われる。

このアルバムが発売されたのが71年6月である。アルバムを聴いてすぐの頃であるから6月頃と思われるが、どこかのコンサートで高田と一緒になったとき、「ニッティー・グリッティー・ダート・バンドの『アンクル・チャーリー（Uncle Charlie and His Dog Teddy）』の影響ですか?」と聞いたところ、ニヤッと笑ったのを覚えている。たぶん間違っていなかったのだろう。

高田は同年の『全日本フォーク・ジャンボリー』には、ジャグバンドである武蔵野タンポポ団を率いて登場した。実は『アンクル・チャーリー』はニッティー・グリッティー・ダート・バンドの日本盤でのデビュー盤であったが、それ以前のニッティー・グリッティー・ダート・バンドはジャグバンド形式のバンドであった。

いささか脱線しすぎたが、私が最初に彼に声をかけたのは、私家版の詩集『個人的理由』を出す（出した）頃であるから、69年の終わり頃だと思う。どこの楽屋だったかは失念してしまったが、高田は黙々と何やら作業をしていた。見ると、できたばかりの『個人的理由』をかたわらに積み上げ、誤植があったのだろう、同じ文字がずら〜っと印刷されている紙の、その小さな文字をハサミで切っていた。それが終わると、一文字ぶんの紙片を糊で詩集に貼って修正していた。なんと声をかけたか覚えていないが、「大変ですね」というようなことだったと思う。上目遣いにただギロッとにらまれただけであった。「一冊譲ってください」と言うと、「ああ、後でね」とだけ返ってきた。

70年12月1日に神田共立講堂で行われた『岡林信康コンサート』（1974年にURCより発売）のとき、高田渡、岩井宏、加川良がゲスト出演した。そのときも楽屋でのことだったが、高田に『アイスクリーム』はどうやって弾くんですか」と聞いたのだが、やはりギロッとにらまれ、彼はおもむろにかたわらにあったギターを手にすると『アイスクリーム』を弾いてくれた。もしかしたら断られるのではないかと思っていたのだが、いとも簡単に『アイスクリーム』を爪弾いてくれたのである。もっとも「ここはこうするんだよ」など、何のレクチャーもなく、その1回切りで終わりであった。私は「もう一度お願いします」とも言えず、「ありがとうございました」と頭を下げた。

他にも何回か声をかけたと思うのだが、その後頻繁に行き交うようになったため、詳しくは覚えていない。

72年の夏、博多湾の中央に浮かんでいる能古島《のこのしま》で野外コンサートが行われた。能古島は、福岡県福岡市西区に所属する島である。このコンサートで私は高田のステージのギターサポートをしている。『告別式』でピッキングをやったところ、「いいよ」と言われた。そのとき一緒にステージに上がったのが最初かどうかは覚えていないが、「いいよ」と言われたのは最初で最後であった。しかしバックでギターを弾いたとなると、かなり懇意になっていたということであろう。

72年8月31日、日比谷野外音楽堂で行われた『五つの赤い風船　解散コンサート　ゲームは終わり』（1972年にURCより発売）では、私のバックで『昭和の銀次』のマンドリンを弾いてくれている。

この頃になるとかなり親しくなっていたわけだが、まだ遠慮気味ではなかっただろうか？　親しくなってからは頻繁に顔を合わせていたもので、かえって記憶がまだらなのである。

証言1

高田 烈

たかだ・いさお●金工家。別名は長野烈。１９４５年、高田豊の三男として生まれる（高田渡は弟）。１９７０年、初代長野垤志《てつし》（国指定・重要無形文化財）に師事、古釜の調査研究に入る。１９７２年、茶の湯釜の制作を始め、日本伝統工芸展に初出品。１９７８年、日本金工展において文化庁長官賞受賞。銀座和光、壷中居、三越、ホテルニューオータニなど有名ギャラリーや百貨店で個展を開催するなど、現在も精力的に活動を行っている。日本工芸会正会員。

証言1 高田烈

取材日：2019年6月7日

イントロ

なぎら　渡ちゃんの誕生日ってほんとうは1月1日じゃないでしょ？
高田烈　12月31日。
なぎら　でしょ。
高田烈　だけど、あの頃は珍しくなくて、僕だって1か月違うんだよね（笑）。僕は昭和二十年、戦争の終わった年に生まれたから、混乱していたんだろうね。渡のときは、面倒くさかったからでしょ（笑）。
なぎら　1月1日にしちゃったほうが、縁起もいいですしね（笑）。
高田烈　だから昭和二十三年の12月31日がほんとうの誕生日。渡は早産だったの。ほんとうはは2月の予定だったと言っていたよ。
なぎら　かなりの早産ですね。
なぎら　それで、なんで今回本を書こうかと思ったかというと、今までも渡ちゃんはいろいろと書かれているし、あたしも書いたんですけども、もうちょっとヒューマン的に迫りたいなと思っているわけ。ある人は、渡ちゃんは優しい人だということばかり強調しているけども、あたしなんかは、実は偏屈で、変り者で……と思うのよ。昨日の夜も思いつくことを書いていたんですけど……。そうしたことってあまり書かれていないんですよね。人と接するということでも、渡ちゃんを好きな人はほんとうにいい人だと評価する。まあ、誰でもそうなんですけども。一方で、渡ちゃんに飲み屋かなにかで話しかけて「関係ねえじゃん。あっち行ってくれ」って言われた人にとっては悪い人なんですよね。実際とっつきにくい人ではあったんですよ。さらに考えると、渡ちゃんの気持ちの中に、その場限りよければいい、というところが多分にあったと思うんですよね。あたしが見ていて、その場を繕えればいい、という感じがあったんですよ。そこで、どっちの渡ちゃんに接するかで、つまり真実の姿をさらけ出しているときか、繕っているときかで、見方が変わってくると思うんです。これは万人に言えることだと思うんだけど、それがとても顕著だったというのは間違いないですよ。ところで、この本（『高田渡と父・豊の「生活の柄」』本間健彦著 社会評論社）に書かれていることは、けっこう正しいんですか？

高田烈　うん。これはね。

なぎら　時系列をちゃんと追っていると思っていいということですね。

高田烈　うん。この本は非常によく調べてある。この著者の本間さんはうちにも来たし、ふたりの兄貴のところにも行って、全部調べているから。僕らの記憶の範囲では合っているかな。だけど渡のことについては、僕らでも分からないことはあるから。ずっと一緒にいたわけではないからね。

なぎら　まあ凄い取材力で、驚くほど詳しいですよ。ただ、『バーボン・ストリート・ブルース』（ちくま文庫）から引いたところは、元が聞き書きですから、渡ちゃんの思い違いなどがそのまま文章になってしまっているんですよ。それを引用した部分が事実とは違ったことになってしまっていますけどね。

岐阜時代

なぎら　では最初に、岐阜で暮らしていたときは家がお金持ちだったというのはほんとうなんですか？

高田烈　いや、金持ちではないけど、やたらとでかい家にいてね。

なぎら　だけど、でかい家にいられるというのは金持ちでないと（笑）。

高田烈　うちは何度も没落しているんだけど、最後には、戦後すぐの農地改革で全部取られちゃった。持っていた山なんかは、その前に売っちゃっているから田んぼぐらいしか残っていなかったんだけど。

なぎら　それは親父さんが売っちゃったの？

高田烈　いや親父の前に。親父の兄貴だったたかな。京都にずっといましたけどね。だから、最初に家がつぶれたのがいつだったか……。調べれば分かるけど……。

なぎら　じゃあ、没落の原因はあながち親父の豊さんでもないわけ？　その前から傾いていたわけですか？

高田烈　最終的には戦後の農地改革で全部なくなるんだけど。親父の兄貴も京都にいて岐阜にいないから不在地主ということでね。ただ家屋敷はあったから、戦争がひどくなってきたんで、東京から岐阜に帰るんです。当時、日本海事新聞という新聞社で内閣情報局の外郭団体に勤めていたものだから、この戦争はもうだめだろう、というような情報はいち早く知っていたみたいよ。それで名古屋へ転勤するんです。名古屋支局長ということで。それが一日も出勤しないうちに爆撃で（名古屋支局が）パーになって。だから、結局、戦争中に金を分けたんじゃないですか。だからそのとき莫大な金をもらったんですよ。これでもう一生大丈夫だって言って、岐阜に帰ってきたんだけど、そのとき「新円切替」というのがあったの。昭和二十〜二十一年に。お金がタダの紙みたいになっちゃって。それでパーになっちゃうんです。持っていた金が。

なぎら　じゃあ、親父さんが道楽でつぶしたということじゃないわけね。

高田烈　ああ、それはないですね。ただ、それより前に、道楽して、僕らのお爺さんから金をとってね、芸者を身請したとかね、そういう話はある。身請証なんていうのもあった。

なぎら　じゃあ、けっこう親父さんも……（笑）。

高田烈　そうそう。東京に大学に行っていて（明治大学法学部から法政大学文学部仏文科に転籍）、それで東京の出版社に勤めるんですよ。非凡閣という法律専門の出版社に勤めていた。それで、岐阜に帰ったときに、芸者なのか、遊郭……かな、そこの女にほだされてね、その女を連れて逃げちゃうの。兵庫県の豊岡というところに逃げたんだけど、捕まっちゃって、だけどお爺さんもしょうがないからっていうんで、身請するとなったらしい。昭和の初めくらいかな。あとで当時の身請証が出てきたの。だから親父から聞いていたことは嘘じゃなかった。当時のお金で千円。ものすごい金額。今でいえば……一千万じゃきかないんじゃないかな……。家一軒どころじゃなかった。
なぎら　じゃあ、道楽しているんじゃないの？
高田烈　だけど、それで没落したわけじゃないんですよね。道楽はしていたようだけど。
なぎら　それで家が没収されてなくなっちゃって、東京に出てくるしかなくなったってこと？
高田烈　それは戦後ね。結局……母親が死んでからだね。昭和三十二年（1957年）。おふくろはその前に3年だったか、5年だったか寝込んでいるんですよ。ガンでね。それで京都の府立医大とかで検査を受けたり、いろいろしていたんだけど、結局ダメだった。親父はその間、ずっと仕事してないから、ずいぶん借金していたんじゃないかな。それで、昭和三十二年に岐阜の家を全部処分して、借金を清算して東京に出てくるんです。
なぎら　お母さんが亡くなって東京に出てきたんですね。
高田烈　そうそう。
なぎら　それだけ長く寝込んでいたとなると、渡ちゃんはお母さんにはあまり接してなかったということ？
高田烈　一緒にはいたけど……。

なぎら　一緒に手をつないでどこかに行こうとか……。
高田烈　ない、一切ないね。後年、渡がうちの家に来たときに「母親の記憶がない」って言っていた。僕は母親が亡くなったとき11歳だったから記憶はある。でも渡にはほとんど記憶がないって。
なぎら　そうか、渡ちゃんが8歳のとき亡くなったんだから、3年寝込んでいたとして5歳から8歳の間、5年寝込んでいたら3歳から8歳の間、うーん、そうなっちゃうかな……。
高田烈　なぎらさんも渡から母親の話を聞いたことないでしょ？
なぎら　ないですよ。
高田烈　だから渡の記憶の中には父親しかないの。
なぎら　そういうことですね。これは重要ですよね。
高田烈　昭和三十二年に8歳でしょ。それから18歳まで10年間、10年後に親父が死ぬから、その間の父と渡の関係はすごく濃密なんだね。母親がいない分だけ。それが洲崎（塩崎）での生活。
なぎら　親父さんの高田豊さんは、本では「詩人」と書かれているけども、実際はどうだったんですか？　一冊詩集を出していますけどもね。ただ、つまり、あまりやることないし、詩でも書いてみようか程度だったのか、それとも詩人として……というあり方でいたのか、そこが見えない。

高田烈　親父が19、20歳ぐらいのときに詩を書いているんだけど、それが読売新聞で発表されたんだったかな。そういえば、佐藤春夫の全集の中に出てくるんだよ。親父から聞いていたので国会図書館で調べたら、読売新聞に載っているのを見つけた。あと、『退屈読本』という佐藤春夫の本があるんですが、その中に出てくる。だから、親父は詩で身を立てようと思ったんじゃないの？　親父は佐藤春夫の実家、新宮まで行っているんだもんね。

なぎら　やっぱり詩人と言っていいんですかね？

高田烈　うん。だけど、詩は短いからお金にならない、ということになった。当時親父の付き合いがあったのは高橋新吉とかね。高橋新吉とは長いんだけど。

なぎら　じゃあ、詩人という思いはあったんですね。

高田烈　そうそう。あと伊丹十三の親父とかね。

なぎら　伊丹万作ですね。

高田烈　だけど、佐藤春夫は最低だって怒っていたけどね。つまり、佐藤には弟子というのがいっぱいいたんだけど、いつもいい加減なことばかり言ってたからすぐ決別したんだって。それで、当時の作家の代作をすることになった。

なぎら　清書ではなく、代作？

高田烈　そう、代作。宇野千代とかね。それは親父が言ってたから、ほぼ間違いないと思うね。馬込に昔、文士村というのがあったんだって。尾崎士郎とかが住んでいて……尾崎士郎と宇野千代は夫婦だったから。その頃だって言ってたね。

なぎら　代作してたんだ。あたし、所ジョージの代作しかないですよ（笑）。

高田烈　宇野千代の小説でね、岐阜の薄墨の桜のことを書いている小説があるんだけど（『薄墨の桜』）、親父がね、そんなところ宇野千代は知らねえはずだろって言うのよ。『薄墨の桜』は、うちの田舎のすぐ近くだから。

なぎら　だから代作だと。

高田烈　親父がそう言っていた。当時は多かったみたいよ。それを宇野千代が自分の文章に変えたりしたんじゃないの？

なぎら　おもしろい話だねえ。この間、岐阜の生家の近所に行ってきたんですよ。漣くんといっしょに。それで、「このあたりが実家で、ここが墓だ」なんて言って。兄貴も来てましたよ。長男の驍《たけし》さんが。

東京移住

なぎら　それでいろんなところに移り住むんですよね。塩浜に行くのは。

高田烈　塩浜に行くのは渡が9歳のとき。

なぎら　それ以前は1年間引っ越しを繰り返して、東京を転々とするんですよね？

高田烈　そうそう。その頃、親父は自分でなにか書いて生活しようと思っていたんだろうけど、もうダメだということになって……。

なぎら　つまり、食う金がなかったということですよね？

高田烈　そうね、最終的には持っていたお金も使い果たしてしまって。

なぎら　実はあたしも塩浜に住んでいたことがあるんですよ。その頃じゃないいんですが、いつだったかな、父子寮の名簿を写真に撮ってきているんですよ。最初の年は子どもが4人いるんですよ。

高田烈　塩崎町のね。

なぎら　そうです。それで次の年には長男の兄貴が出ていっているんですよ。

高田烈　そうそう。兄貴はね、家を出ちゃって……。

なぎら　一人で暮らしていたと。

高田烈　一人で働いてね。上野高校に行っていたんじゃなかったかな。

なぎら　たしかそうですよね。それで、そこを見ると「ニコヨン」とは書いてなくて、「人夫」と書いてあるんですね。

高田烈　「ニコヨン」というのは俗称だからね。

なぎら　そうですね。工事人夫。建設現場の人夫なんだけどね。

高田烈　「失対事業」というのがあったんですよ。失業対策事業。区の仕事でね。ニコヨンというのは、給金が240円だったから、そう言うんだけど、当時はもうちょっと高かったけどね。

なぎら　この頃に、渡ちゃんは「デズラ」という言葉を覚えているんだよね。

高田烈　そうそう。日当のことをデズラと言うからね。

なぎら　だから、『銭がなけりゃ』という曲で「デズラをどう使おうと〜」と出てくる。漢字にすると「出面」。つまり顔を出しさえすればお金をもらえるというやつですね。

高田烈　失対事業には、当時レッド・パージでクビになった人がものすごく多かった。親父よりも前の共産党員だったんだと思うけど。当時ね、全日本自由労働組合というのがあったんですよ。ものすごい人数の全国組織。それは失対事業の労働者だけの組合だったの。

なぎら　レッド・パージというのは、つまり「赤狩り」ですね。連合国軍占領下の日本で、GHQの総司令官ダグラス・マッカーサーの指令で、日本共産党員とそれに加担する人が公務員や民間企業において追放や解雇されたということですね。つまり親父さんもそうした人物だったわけね。しかし、烈さんはよく覚えていますね。すごい。

高田烈　「全日自労」と言っていたけど、当時は十万から十五万人くらいいたんじゃないかな。組織人員としてね。

なぎら　親父さんはその流れで『赤旗』とかそっちの道に入っていくんですか？

高田烈　いや、うちの親父は戦後すぐ。当時、朝鮮人とか部落の人たちがひどい差別を受けていて、岐阜の田舎にも小学校の裏に特殊部落があったり、朝鮮人の部落もあったりした。そういう人たちが嫌がらせを受けていたんだけど、そういう人たちの支援をしていたの。その頃親父は町会議員をやっていたんだけど、自分一人だけで。そのときに、やはりレッド・パージでクビになっちゃう人たちが、公務員もふくめて、けっこういたの。あんな田舎町でも。そういう人たちといっしょに活動していたこともあって共産党に入ったんじゃないかな。

なぎら　なるほどね。

高田烈　入ったけど、何年くらいいたんだろ……。「六全協（日本共産党第6回全国協議会）」のときに飛び出しちゃう。1955年かな。

なぎら　渡ちゃんが、のちに『赤旗』に関係する印刷所の文選工の仕事に就くのは、その関係があったから？

高田烈　いやいや、それは東京に来てからも『赤旗』をとっていたから。あかつき印刷という印刷屋があってね、渡にそこが募集しているよって。文選工だから、植字ね、活字をひろう仕事。そういう仕事もおもしろいって親父に言われて、入ったんだ。

なぎら　『赤旗』にその募集が載っていたということ？

高田烈　そうそう。『赤旗』を刷っていたところだから。親父が出版社に勤めていたときは校閲という特殊な仕事をしていたの。だから、字だとか文章に詳しい。

なぎら　あたしたちが一番嫌がる仕事だ（笑）。

高田烈　親父は弘文堂にいるときも校閲係だから。その頃に僕らの子どもの名前をみんな付けたんじゃないかな。

なぎら　だから読みにくい名前ばかりなんだ（笑）。少し話は飛ぶけど、渡ちゃんが13歳のときに深川八中に行くんだね。

高田烈　現在は町名が木場になっているけど、昔は平久町《へいきゅうちょう》というのがあったの。

なぎら　平久町は知ってます。

高田烈　その町の一番端に平久小学校があるの。今でも残っているけど、渡はあそこに行ってたの。

なぎら　小学校は平久なのか、今でもありますよ。友達のお母さんが給食のおばさんやっていたし。そばにいい飲み屋があったんですけどね。

高田烈　今はイトーヨーカドーかなんかできちゃったからね。昔はフジクラ電線しかないような町だった。

なぎら　フジクラ電線ね。あそこはみんなフジクラ電線の土地じゃなかったですかね。渡ちゃんは平久小学校だったということは、家からちょっと歩きましたね。うん、そうか、裏側から行けばいいんだな。

高田烈　うん、だけどちょっと距離があるね。町をそっくり横断するから。

なぎら　南開橋とは反対の方角ですよね。

高田烈　うん。平久小学校のわきがもう川だから、川を越えると……。古石場か、牡丹町かな。

なぎら　門前仲町に向かっていけば牡丹町。

高田烈　それで、渡がその小学校を卒業するときに、深川八中というのができたんですよ。

なぎら　そうですよね。これが悪いんだ（笑）。風通しのいい学校でね、窓が一つもないの。みんな割っちゃって（笑）。というのは、あそこに朝鮮の人たちが住んでいる集落があったでしょ。

高田烈　ああ、あるある、よく知っているよ。

なぎら　生徒も結構荒れていましたよね。

高田烈　あそこから枝川にかけて、朝鮮の人が多く住んでいたよね。

なぎら　あたしは一時期あそこに住んじゃったんですから。家賃が安いんで（笑）。だからあのあたり詳しいですから。

高田烈　深川八中から少し西に行ったところに中央自動車学校が今でもあるでしょ？　朝鮮部落よりも塩崎町に近いほうだよ。

なぎら　ああ、中央自動車学校ですね。塩崎町と浜園町がいっしょになって塩浜なんですよね。

高田烈　そうだったの？

なぎら　誰かが言っていたの聞きましたけどね。

高田烈　塩崎町とその奥に枝川っていうのがあって……。

なぎら　枝川は映画『パッチギ！　LOVE & PEACE』（監督：井筒和幸　2007年）の舞台ですよ。

高田烈　僕らはその集落の中に飯食いに行ったよ。

なぎら　あたしも行きましたよ。

高田烈　美味しくてね。

なぎら　しかも安い。それで、あれが多かったですよね、ダンボールとか雑誌とか新聞紙を集めてプレスして……。そういう商売の問屋みたいのがあって。

高田烈　それは後だね。僕らの頃はなかったから。まだ掘っ立て小屋が建っているくらいだったから。

なぎら　あたしが住んでいた頃は3軒あったかな。

高田烈　あそこにはかつて大きな野球場があったの。

なぎら　洲崎球場かな？

高田烈　いや、それではなくて、木場から来て川を越えると今の塩浜という町で、昔の塩崎町。その左のほうにさっき言った中央自動車学校があるんだけど、その先は全部原っぱ。引き込み線があったりして。野球場と言ってもただの原っぱの野球場なんだけど、夏は都市対抗野球の練習場だったの。硬式の球をよく拾いに行ったもん。近くにトロッコがあって、枝川から先はなんにもなかったからね。あの頃は。

なぎら　たしか、国鉄スワローズが練習場にしていたところですね。その先の、夢の島はまだ埋め立てていて、ほこりがすごかったですからね。
高田烈　そうそう。トラックがまだいっぱい走っていて、ほこりだらけでね。
なぎら　砂ぼこりだらけだから、砂町ですからね。それでその頃は次男の蕃《しげる》さんと烈さんは二人とも高校生？　長兄の驍《たけし》さんは出ちゃっていて……。
高田烈　次兄は高校生だけど、僕はまだ中学生だったよ。
なぎら　深川八中？
高田烈　僕のときには八中はなかったの。僕は深川三中っていって、越中島にあるの。ちょっと遠いんです。その後に八中というのができたの。
なぎら　深川三中か、なかなかあそこも（笑）。
高田烈　だから、塩崎町から牡丹町抜けて古石場抜けて、そのまま越中島の深川三中に行くわけ。
なぎら　だから、今の東京海洋大学、昔の東京商船大学のそばですね。
高田烈　そう。向かいね。それでちょっと行くと都立三商というのがあった。
なぎら　三商、これが悪いんだ……（笑）。
高田烈　三商のその先に都立の短期大学があったの。工業短期大学（なぎら註・芝浦工業大学の間違いだと思われる）。
なぎら　知らないなぁ。
高田烈　そこを越えると石川島。石川島に行くとそこにも高校があったのよ。石川島がやっている高校が。
なぎら　1974年頃だったかな。あたしは当時塩浜に住んでいて、都心からけっこう長いことタクシーに乗ってきて、だんだん近づいてきたら、運転手に「このへんをゴミって言うんですよ」って言われたの（笑）。
高田烈　当時は吹き溜まりみたいなもんだもんねぇ。たしかに。
なぎら　昔の東京案内のような本を見ると、そのあたり一帯、はっきりと今で言う差別的な言葉で書いてあります。
高田烈　俺はけっこうね、朝鮮人の同じような年ごろの人と仲良くなったから、怖くはなかったね。
なぎら　ああ、そう。
高田烈　古着だとかそういうものも売っていたしね。自転車なんかはそこで買ったんじゃないかな。まあ、もともとどこからかかっぱらってきたものかもしれないけど（笑）。

実は私、高田一家が住んでいた塩崎町の施設を2009年の12月に訪れている。鉄筋4階建てで、門柱のプレートには『特別区人事厚生事務組合厚生施設　寝所提供施設　塩崎荘』とあった。当時の名簿を見せていただくと、入寮した日の1958年（昭和三十三年）6月5日に高田一家の名前があった。

「高田豊　主男53歳　二男高田蕃16歳　三男高田烈12歳　四男高田渡　9歳」とあるが、どうした理由か長男驍さんの名前はない。前出のように一人で塩浜荘を出て、高校に通っていたと思われる。入寮原因の項には「事業失敗」とある。翌、1959年（昭和三十四年）4月10日には退寮しており「在寮中職業　人夫　退寮原因　移営」とある。「高田豊　主男54歳　長男　驍18歳　二男蕃16歳　三男烈13歳　四男渡10歳」と、ここでは長男の名前がある。転移先は同じく塩崎町の800mぐらい離れた日の出荘というアパートである。これを見ると塩崎寮には10か月しかいなかったことになる。

私が訪れた翌年、この施設は改装された。高田はアルバム『汽車が田舎を通るそのとき』の中で、おしゃべり相手の女性を前にして「僕のふるさとってのはね、岐阜と深川ふたつあるの」と語っているが、深川とは江東区塩崎町（現・塩浜）のことである。

岐阜から夜逃げ同然に上京した家族は、約1年の間東京都内を転々としたあと、この塩崎の父子寮へ落ち着く。最寄りの駅というと、錦糸町車庫前と日本橋を結ぶ都電28系統しかなく、駅は木場三丁目ということになり、徒歩で15分ぐらいはかかる。洲崎遊郭のあった洲崎駅で降りると少し遠回りになる。地下鉄東西線が開通する以前の話である。

江東区の塩浜にある塩崎町厚生施設、塩崎荘に1958年に入居して生活をすることになったとき、前掲のように渡は9歳の小学生であり、父豊は53歳であった。

敷地内にある住居施設は独身寮と父子寮が1棟ずつあり、他に5、6棟の家族寮があった。八百人から千人ほどが暮らしており、娯楽室や食堂などもあった。食堂を利用できるのは独身寮の人たちとされており、その食堂で3食分配してもらうのが常であった。調理することは叶わず、鍋にもらった家族分の食べ物を部屋で鍋から直接すくって食べたという。昼食はパンのみが支給された。

父子寮は2階建てであったが、それをさらに上下に分けて5、6世帯が住んでいた。上下に分けたため、天井の高さは1・5mぐらいしかなく、たえず頭をぶつけていたという。

高田一家は4人で2階にあたる四畳の部屋をあてがわれた。間仕切りは紙の壁であり、プライバシーなどない空間であった。隣の二畳間にいたI田さんは中学に通う女の子と、渡より1歳年上の小学校に通う男の子のふたりが住んでいた。ともに不登校児だったらしい。

その隣の二畳間にはS藤という30歳前後の男性とその子供がいた。I田とともに父親は酒乱であったらしい。

トイレは共同であったが風呂はなく、近所にある枝川町の銭湯まで通った。

1959年（昭和三十四年）4月10日、皇太子御成婚の日に、塩崎町の父子寮から日の出荘に転居する。こちらも都の施設であり、今は臨床福祉専門学校になっており、深川第八中学の隣の敷地ということになる。

渡はここから平久小学校に通っていたが、やがて隣に新設された深川八中に通うことになる。

部屋は一間の四畳半だけであり、洋服ダンスや本棚があった。テーブルはなく、一斗缶の上に板を敷いて食卓代わりにしたという。

炊事のために石油コンロと炊飯器を買ってきた。この炊飯器は近所の奥さんに羨ましがられたという。そしてつり棚の下にはステレオが鎮座していた。つまり渡が最初にレコード音楽に接したのは、この日の出荘で、ということになる。

日の出荘には1962年（昭和三十七年）12月半ばまで住み、三鷹に転居していくことになる。渡が中学一年生のときである。

「僕のふるさとってのはね、岐阜と深川ふたつあるの」とは言っているが、幼きゆえに記憶が散漫である岐阜。そして困窮の中にあった深川の生活。ふるさとだと語るそのふたつの土地で、高田は何を見て、何を思っていたのであろうか。

今はこの塩崎荘、かなり近代的な建物になっている。

詩、ステレオ、レコード

なぎら　渡ちゃんは、豊さんの詩は1曲しか歌（『火吹き竹』）にしていませんけども、やはり詩人である父親からの影響があったのか、そうした父親がいるという自慢のようなものが強かったのか……。

高田烈　平久小学校に行っているときにね、渡はノートに詩らしきものをいつも書いていたの。僕の親しい人のお母さんが平久小学校の先生で渡のことを知っていたのね。その方が言っていたのは、いつもノートに書いていると。だからいつも「もし足りなかったらノートをあげるよ」って言ってたというわけ。そのノートを親父が見て、ここはこうするんだよ、ああするんだよということを言っていたのは僕らも見ていたけどね。

なぎら　上の3人は全然興味ないの？

高田烈　そうね。本を読むことはあったけど、詩を書くということはなかったね。そういう意味では、渡には親父の影響があったんでしょうね。

なぎら　それで、渡ちゃんの本（『バーボン・ストリート・ブルース』）を読むと、家にちょっと小金が入って、ステレオを買うかテレビを買うかの選択を迫られて、兄貴の誰かがステレオを選んだというのはほんとですか？

高田烈　それは事実。

なぎら　どの兄貴が言ったんですか？

高田烈　誰かな……。二番目の兄貴かな。それはね、別に金があったわけじゃなくて、テレビが出てまだ間もないときで割合高い時代だったしね。あの頃、門前仲町に月賦屋があったの。

なぎら　月賦屋ね。懐かしい言葉（笑）。

高田烈　『丸愛』っていう店があったの。

なぎら　そういえば、みんな「丸」つけてたんですよ。『丸興』とかね。

高田烈　「丸」をつける発祥って知ってる？　あれの始まりは今治。俺、今の仕事の関係で取材に行って、今治の人から聞いたんだけど、月賦屋は今治の人が始めたんだって。『丸興』というのがあったの。あれが最初なんだって。それでばかもうけした。それからみんな「丸」ってつけるようになった。月賦屋といえば、あとは『緑屋』とかね。

なぎら　『緑屋』は新宿にもありましたね。

高田烈　『丸井』ももとは月賦屋じゃない？

なぎら　そうです。あれも月賦屋ですよ。

高田烈　あのとき、なにが最初に欲しいかとなって、まず洗濯機を買った。それ以前はみんな洗濯を手でしていたから。次は電気釜だったかな。

なぎら　それは父子寮にいた頃？

高田烈　ううん、出てから。日の出荘というところにいたとき。日の出荘というのは東京都がやっている住宅困窮者用の住宅。その頃はそういう施設があったんです。長屋みたいにずらーっと並んでいてね。

なぎら　そうだ、本には次男がステレオと言ったとありましたね。

高田烈　その頃のステレオは、ビクターかなんかで、脚のついたやつでさ。

なぎら　家具調のやつね。

高田烈　買うと一枚レコードが付いているんだよ。デモ音源。汽車が走っている音が入っていて、片方が片方へダダダダダって。そんなのが付いていた。それからいろいろレコードを買って、聴くようになった。

なぎら　それはつまり、ステレオとはこうしたものだっていうレコードですよね。ここではまだ渡ちゃんはレコードを買うことがなかった？　兄貴の買ったものを聴いていたっていうことですか？　兄貴

高田烈　そうそう。一番上の兄貴が買ったんじゃないかな？　ブラザース・フォアとかさ。

なぎら　渡ちゃんの本では、テレビかステレオかというときに、兄貴がステレオを選んで、そしてブラザース・フォアを聴いたっていう記述があるんですよね。

高田烈　ブラザース・フォアは買ってきたんだと思うよ。記憶はないけど。最初はデモのレコードしかないから。

なぎら　でね、『マイ・フレンド』が書かれている頃になると、もうブラザース・フォアは出てこないんですよ。そして、やたらバンジョーのことになるんですよ。当時のフォークのバンジョー・プレイヤーというと、ピート・シーガーなんですよね。やっぱりシーガーからの影響が大きいんじゃないですかね。

高田烈　ピート・シーガーの前に、僕が買ったカントリー・ウエスタンのレコードがあった。そばかすだらけの兄ちゃんが童謡をやったりしている

レコード。名前は忘れちゃったけど、渡にあげたから友恵さん（渡の2度目の奥さん）のところにあるのかもしれないね。

なぎら　なんのレコードか知りたいですね。聴いてみたいし。

高田烈　そういうのを何枚か買っていたから。ブラザース・フォアとかを買っていたのは長男。次男はそういう音楽は聴かなかったな。

なぎら　次兄はあまり興味がなかったと。なるほどね。それでね、ブラフォーから突然バンジョーに興味を持ち出しているということは、どこかでピート・シーガーを聴いているんですよ。というのは、ある意味、ピート・シーガーという人が日本にバンジョーを広めたんですよ。ブラフォーのアルバムに『花はどこへ行った』なんて曲がありますが、あれはピート・シーガーが作ったんですよね。だから、カントリー&ウエスタンということでいえば、洋盤はともかく日本盤になると、フォークもカントリーもごちゃまぜになって出ていたから、そういうレコードに入っていたのかもしれない。

『マイ・フレンド』の冒頭で「ぼくがフォーク・ソングに興味をもったのは、昨年（65年）」のことであると書かれている。高田16歳のときである。最初にお兄さんが買ってきたブラザース・フォアのレコードが、高田にフォークの興味を抱かせたことは間違いないと思われる。

ブラザース・フォアは65年の時点ですでに、13枚のアルバムを発表している。

米国の音楽チャートで有名な音楽業界誌『ビルボード』にフォーク・ソングの名前が頻繁に登場し始めるのは1960年代である。それを列挙しておく。

ビルボードで初めてフォーク・ソングがランクインするのは、キングストン・トリオである。キングストン・トリオの『トム・ドゥリー』が一位に輝くのは、1958年11月17日のことである。なんと年間のランキングの18位にも輝いている。高田がフォークに興味を持つ7年前になる。

ブラザース・フォアがランキングに顔を出すのは1960年の『グリーン・フィールド』であり、

年間のランキング21位に入っている。

次にフォーク・ソングが登場するのは1961年、ハイウェイメンの『漕げよマイケル』で、年間の11位に輝いている。

1963年にはルーフトップ・シンガーズの『ウォーク・ライト・イン』が年間15位に登場している。

ピーター・ポール&マリーの名前を見ることができるのも1963年のことであり、ビルボード年間ランキング27位に『風に吹かれて』がランクインし、31位に『パフ』が入っている。ボブ・ディラン『風に吹かれて』は、セカンド・アルバム『フリーホイーリン・ボブ・ディラン』(1963年)に収録され、シングルカットされた楽曲であるから、同年にP・P・Mが歌ってヒットさせたことになる。それまでのランキングにボブ・ディランの名前は見当たらず、1965年になって初めて29位に『ライク・ア・ローリング・ストーン』の曲名を見ることが出来る。

『ミュージック・ライフ』という、新興音楽出版社(現・シンコー・ミュージック・エンタテインメント)が発行した音楽雑誌があった。1937年(昭和十二年)〜1998年(平成十年)まで60年間発行された音楽雑誌の中心的な存在であり、その中にフォークという名前が登場し始めるのはいつ頃であろうか?

1960年2月号の記事にこうある。

さて、ヴォーカル・コーラスのナンバーワンはどれでしょうか？　答は、ザ・キングストン・トリオです。日本では『トム・ドゥリー』のヒット位しか知られていませんけれど、このトリオのアメリカでの人気は凄まじいまでのものがあります

そして記事はこの後も続くのだが、ここではフォーク・ソングなる名称は一切出てこない。

キングストン・トリオと言えば、アメリカのフォーク・リバイバル・ブームの立役者である。

1960年12月の記事にはもう一つの雄、ブラザース・フォアが登場する。

彼等はこうした民謡調の単純な美しいメロディーを生かし、アレンジも原曲の持ち味をそのまま素朴な感じで表現するスタイルをとっており、それがロッ

ク全盛の時代にあって、ある一服の清涼剤の作用をなして成功した原因のようです

ここでもまだ民謡調と言われているのである。1963年2月号に写真入りでピーター・ポール&マリーの紹介が載っており、欄外にこう書かれている。

『パフ』『風に吹かれて』でソフトなムードをきかせてくれた女性一人、男性二人の民謡をコーラス・チームです。ごらんの通りちょっとモダン・ジャズでもやりそうなスタイルですね

とあるが、ここでも民謡とは言われているが、フォークの文字はない。P・P・Mに対して「モダン・ジャズでもやりそうな民謡コーラス・チーム」であるとは、ちょっと笑える。

フォーク・ソングの文字を発見できたのは64年7月号のことであり、「特集！　フォークソングリバプールサウンド真夏の決闘」という記事である。それまでに登場していたのかもしれないが、私はここで初めてフォーク・ソングという文字が使われていることに気づいた。

一方これ（リバプールサウンド）の対抗馬と目されているフォーク・ソングのほうはどうだろう。それにはまず、今年上半期の二大ヒットの一つ『花はどこへいった』に登場してもらわなくてはならない。この曲はキングストン・トリオのレコードが昨年の末から静かに盛り上がりを見せていたフォークソング・ムードの一つの開花となった象徴的な曲である。ご存知のようにキングストン・トリオの他にコニー・マボス、ピート・シーガー、ピーター・ポール・アンド・マリーなど多くのフォーク・シンガーによって歌われ、この曲がヒットパレードの1位につくための礎石となったものだった

2ページに渡る特集記事だが、リバプールサウンドと対比させているところが時代なのであろう。この頃になり、やっとフォーク・ソングの名称が一般で使われ出したのであろう。今では子供さえ知っているこのフォーク・ソングであるが、はたしてそれまでフォーク・ソングという言葉は使われていなかったのだろうか？　ズバリ、その通りである。あれは私が中学生のときであろうか、近所のレコード屋に行くと新しいコーナーが作られていた。そこには「フォーク・ソング」ではなく、「ホーム・ソング」と書かれていた。それほど、フォーク・ソングという名称は知名度が低かったのである。というか、誰も使っていない言葉だったのである。

フォーク・ギターも当時はウエスタン・ギターと呼ばれていた。1966年にヤマハがFG－150とFG－180を発売して、FGつまりフォーク・ギターとの名前を冠して、フォーク・ギターの名前が一般的になる。

1961年に『花はどこへ行った』を発表して、モダン・フォークを最初に流行らせたキングストン・トリオは、その際、この曲がトラディショナルであると信じて著作権表示に自分たちの名を記した。ところが、そのときピート・シーガー側の指摘を受けて、シーガーの手による作品であることが判明して、表示はピート・シーガーの作詞作曲に修正された。この曲が収録されているキングストン・トリオ盤は、翌1962年に、ビルボード誌のチャートで最高21位に達するヒットとなった。彼らは、この楽曲を最初にヒットさせたグループである。

シーガーのオリジナル録音に比べると、歌詞に若干手が加えられている。多くの歌手がカヴァーをしているが、ブラザース・フォアもそうしたアーティストの1グループである。

高田烈　俺が買ったレコードはだいたい……。あの頃レコード高かったでしょ？　1800円とかさ。

なぎら　今の物価からするとずっと高いですよ。

高田烈　それで、神保町のね……。

なぎら　『ハーモニー』？

高田烈　『ミューズ社』

なぎら　ああ、『ミューズ社』に行ってたの。

高田烈　あそこで中古のレコードをよく買ったの。ジャケットの隅に穴の空いているやつね。

なぎら　船便で送るときは、ジャケットの隅に穴をあけるか、角を削るかしていた。

高田烈　そこで買ったものを何枚か渡にやったね。だけど、その頃、ピート・シーガーなんて俺も知らなかったな。向こうの人たちばっかりのレコードで、バンジョーとかが鳴っているカントリー&ウエスタン。ものすごく泥臭い感じの。そういうのをだいぶ買ったよ、俺。

なぎら　その影響でしょうね。『ミューズ社』か、懐かしいな！

高田烈　もうないの？

なぎら　いや、どうなんですかね？　あれ。

高田烈　三崎町あたりだったかな？

なぎら　それがきっかけになって、13歳の頃にピート・シーガーに出会ったのかもしれない。そうすると、音楽がみな好きだったけど、長男はそういう種類の音楽ではなかった？　クラシックだった？

高田烈　クラシックは次兄。僕はクラシックもカントリーも半々というところ。今でもクラシックはよく聴くんですけれど……。僕はまあ、なんでも聴くんだけど、だからフォーク・ソングも聴いていた。でも、渡がくれたから聴いていたというのもあるかな。

なぎら　当時は大事に聴きましたからね。一枚あると。じゃあ、みんな一応音楽は聴いていたということですね。

高田烈　そうそう。一番の上の兄貴はアンプなんかも自分で作ってるから。

なぎら　手先が器用なんだ。

高田烈　好きなんだろうね。今でも真空管のアンプを作ったりしているから。趣味でね。でも、音楽を一番聴いているのは……。僕かもしれないね。仕事中聴いているから。

『ミューズ社』は三崎町ではなく、千代田区神田神保町1丁目7番地にあり、「ウエスタンとフォークの……。」が売りのレコード店であった。一方『ハーモニー』は千代田区神田駿河台3丁目1番地にあり、当時手に入りにくかった新品のフォーク・ウェイズ社のレコードを扱っていたが、いささか値段が張った。日本盤より4割ぐらい高かかったのではなかっただろうか。しかしフォーク・ウェイズのレコードを扱っている店は他にほとんどなく、珍しいレコードが揃っていた。2軒とも、高田もよく顔を出していたレコード店である。また彼は新宿の『コタニ』にもよく通っていた。

　他に洋盤の中古レコードが手に入る店としては『ハンター』が有名であり、スキヤ橋本店、大井町店、六本木店、ソニー・ビル店、都立大学店があった。ここの中古レコードには烈さんの話にあるように、ジャケットの角に穴が開いているか、角が切り取られていたものが多かったが、これは洋盤の新古品である。売れなくて在庫がたくさんあるなどの理由で、商品価値が無くなり定価では売れないと判断したLPには、丸い穴か、もしくは四隅のどこかをカットして販売するレコードが存在した（CDにも稀にある）。それをメーカーが特価で小売り業者に卸し、投げ売りのように在庫処分していた。

　このカット盤には妙な思い出がある。75年頃だったか、記憶が定かではないが、まあその前後であろう。渡ちゃんの家に泊まらせてもらったことがあった。そのとき彼が「珍しいレコードがあるんだけど、聴く？」と聞いてきた。出されたLPを目にすると、『WHITE LIGHTNIN' File Under Rock』（ABC）であった。そのジャケットを見て「あれ？」と思ったのである。私もこのアルバムは持っている——いや、正確にいうと「持っていた」のである。しかしそのジャケットに見覚えがあった。カットしてあるジャケットの側に傷がある。どう考えてもそれは私のレコードなのである。

　「渡ちゃん、それどうしたの？」と聞くと「もらった」と返ってきた。「誰に？」とさらに聞くと「ヒロ柳田に……」と。

　私が1stアルバムを作るとき、アレンジャーのヒロ柳田さんに、アレンジの参考になればと、このアルバムを貸したのである。その後、いつまで待ってもそのアルバムは返って来なかった。たぶんヒロさんも誰から借りたレコードか分からなくなり、そうした音楽に興味のある高田にあげてしまったのであろう。「それあたしのだよ」と経緯を説明すると、「そうか」と割合すんなりとそのレコードを渡してくれた。

　71年、当時青山にあった『青山タワーホール』という会場で日曜日にコンサートがあった。高田渡が出演しており、楽屋を訪ねた。友人の車でやって来ていた私は演奏が終わった渡ちゃんに、「これからお茶の水の『ハーモニー』に行くんですけど、一緒に行きますか？」と聞いた。一瞬拒否するような顔をしたので、「車で行きますけど」と言うと「行く」と返ってきたもので、渡ちゃんと同乗してお茶の水まで出かけた。
　店内ではさしたる興味もなさそうに少しの間アルバムをさわっていたが、すぐにやめてしまった。『ハーモニー』での入荷は年に数回しか行われず、ほとんどがそれまで目にしたことのあるレコードで、渡ちゃんにしても興味をそそられるような新盤はなかったのであろう。
　我々が帰ろうとすると、「新宿まで送ってくれる?」と言うので、送ったのを覚えている。我々は葛飾に帰ろうとしていたのに新宿は逆方向である。まあいいかと遠回りして新宿駅でおろした。あの頃は、高田渡と一緒にいられることが夢のような時代であった。

添田唖蝉坊

なぎら　渡ちゃんは、それから反骨的なフォーク、いわゆるプロテスト・ソングのほうに向かっていくんですけど、これはたとえば『赤旗』なんかの影響というのはあったんですかね?

高田烈　『赤旗』からそのまま影響を受けたということはないと思うけど、そういう環境にはあるからね。親父が。

なぎら　どこかにあったんでしょうね。

高田烈　それでね、本ではちょっと違っているんだけどね……。最近再版したみたいだけど、岩波新書でね。『添田唖蝉坊の演歌への道』だったかな? あれ僕が買ってきてね、渡にやったんですよ。それにいろいろ出ているんですよ。添田知道っていう人が書いた本でね。

なぎら　唖蝉坊の息子さんですね。音楽評論家に三橋《みはし》一夫《かずお》さんという方がいらして、その人に薦められたっていう本は『演歌の明治大正史』という岩波の新書なんですよね。そうすると、その前に添田唖蝉坊に接していたということですか?

高田烈　そうそう。だから、それについては本を読んでいておかしいと思ったの。時系列的にもね。もう歌をやっていて、三橋さんのところに行ったわけだから。

なぎら　それはこれまでの定説が崩れていくなあ。

私は『添田唖蝉坊の演歌への道』という本は知

らない。おそらく烈さんの間違いだと思うのだが、当時高田が誰かの口添えで演歌に興味をもったのは間違いない。

『マイ・フレンド』にこういう記述がある。

「それと『ガスリーの詩』のような詩を書きたいと思っているんですが、うまくいかないんですが、どうしたらいいんでしょうか」

三橋さんいわく

「それは、日本の民謡の言葉の使いから、もっとわかるようにいうと『明治・大正の演歌』を書いておぼえるんですよ。これはぼくはやったことはないんですが、絶対に身につきますよ。しかし、ちょっと時間がかかりますがね。でもこれは保証できますよ。この本、いいですから、ぜひかって読みなさいよ。『演歌の明治大正史』、この本まだ出ていますから……」（1966年9月24日）

と書かれているのである。

後日、高田は、

そして、ここでこういう事を思いついたのである。「明治・大正の演歌をフォーク・ソングのメロディーにのせて歌ったら」（1966年9月26日）

ということにいたるのである。

その2か月後の日記にはこう書かれている。

そして、ぼくが最近はじめているフォーク・ソングのメロディーに明治大正の演歌をそっくりのせて歌うことを話し、やってみた。三橋さんも「こりゃあ、まいったなあー」といった感じであった。（1966年11月13日）

これがデビュー当時（その後も何曲か演歌をフォークの曲に乗せて歌っている高田の歌の形態になるのである。

つまり2年半後の1stアルバムでは、その形態に固執している。

高田烈　俺のほうが先だもん。僕が買ってきてね、おもしろい本があるよって渡にあげたの。渡には他に親父の本もあげていたはず。大正か昭和だったか、伊丹十三の親父とかがね、そういう人たち

が『詩集　左翼戦線』（日本詩人協会編　1924年）という、名前がすごいんだけど、そういう本を出したの。そこにいろんな人が詩を発表しているんだけど、その中に親父も出していてね。そういう本を買って、渡にあげたんじゃなかったかな。高い本でね。

なぎら　烈さんは添田唖蝉坊のなにがおもしろかったの？

高田烈　演歌師っていうのがおもしろいと思ってさ。

なぎら　その存在が。

高田烈　うん。そのへんは詳しくは知らないけど、親父からそういうのがあったというのは聞いていた。石田一松っていう人がいるでしょ。そういう話を聞いていたから。こういうのがあるんだって。それでね、小沢昭一がLPを出しているんですよ。

なぎら　『日本の放浪芸』ではなくて？

高田烈　もっと前に。それにそういうのが出てくる。

なぎら　小沢さんが監修のやつかな？

高田烈　それに添田唖蝉坊の歌だけじゃなくて……。

なぎら　神長瞭月《かみながりょうげつ》の歌とか、あるいは『コロッケの唄』とか、そういうのが入っているやつですか？

高田烈　『まっくろけ節』とか。そういうレコードは僕らが買ったね。渡にあげたと思ったな。でも、それは渡が音楽を始めた頃かどうかは記憶にないんですけどね。けっこう高いレコードだったよ。

なぎら　何枚組かでしょ？

高田烈　たしか二枚組くらいの。

なぎら　見開きのね。『日本歌謡史』かな？　でも小沢さんが監修じゃないし。ところで、先に話した添田知道の『演歌の明治大正史』は、あたしたちのバイブルですよ。とはいえ内容は、演歌の話をはしょって書いているから分かりにくい部分が多いですね。渡ちゃんもそうだったと思うんだけど、詞が載っていたから、明治大正演歌の詞に接することができたんですよ。演歌の歴史うんぬんよりも、そこに歌詞が載っていたことが大きかったんですね。それから30年後くらいに添田唖蝉坊の全集なんかも出ますけども、それまでは演歌に対する情報がなかったんですよ。何曲か譜面が載っているけれど、渡ちゃんは譜面が読めないし、どんな歌か分からないのに、なにか興味を引くものがあったんでしょうね。詞だけが載っているわけだから、原曲が分からない。その詞をのっける曲が欲しいというときに、ぴったりはまるアメリカの曲があったんですね。当時渡ちゃんが、アメリカの曲は日本語がはまりやすいと言っていました。

楽器、岐阜の実家

なぎら　そんなこんなで、気が付くと渡ちゃんは楽器持ってやっていたということですか。

高田烈　あかつき印刷に勤めてから、ウクレレ買ってきて。当時、へ～って言って見てたから。バンジョーを自分で作ってたよ。

なぎら　うん、本を読むとやっていたみたいね。

高田烈　タンバリンかなにかに弦をつけてね。こりゃダメだって。

なぎら　あれはね、みんなやるんです(笑)。あたしはやりましたから。

高田烈　それで、御茶ノ水の楽器屋だか、あのへんに調べに行ったんじゃない？　結局高くて買えないんだけど。

なぎら　高いから模倣して作ろうと思ったんですよね。なるほどね。だんだん見えてきました。それじゃ、お兄さんにこういう楽器をやりたいとかそういう相談というのはまったくなかったんですね。

高田烈　そうそう。それはもう勝手に自分で。僕らも興味がないから。

なぎら　兄弟の中で一番会話していたのは誰なんですか？

高田烈　それは僕。一番歳が近いからさ。電話はしょっちゅうだし。大きくなってからもね。渡は一番上の兄貴とは8つ離れているから、話が合わないよね。僕は3つしか違わないから。しょっちゅう電話かかってきたもんね。朝だったかな、渡はわりあい朝早く起きるから。

なぎら　そうなんですよ。あたしにはだいたい6時にかかってきましたよ(笑)。

高田烈　電話がきて、僕が「おまえなにしてんだ」って言うと、「いま暇だから」って。

なぎら　だけどみんなは忙しいですからね(笑)。話が少し前に戻りますけど、渡ちゃんの岐阜の実家に行ったときに聞いたのは、廊下で三輪車が乗れるくらい広さだったと。

高田烈　うん。だって盆踊りの練習をうちでやってたもん。

なぎら　え？　みんな集まって？

高田烈　町内の。

なぎら　すげぇ（笑）。

高田烈　じいさんが材木屋をやっていたから、家がばかでかい家だったの。だから僕らは自転車の練習をするのが家の中だもん（笑）。それは嘘じゃないよ。

渡のレコードデビューあたり

なぎら　それで渡ちゃんのレコードが出ることになりますよね。楽器を始めたときはそれに対しては別にいいんじゃないのって思って見ていて、それがプロになる、レコードとなるということを聞いたときはどう思ったんですか？

高田烈　まあ、とくになにも感じなかったけどね（笑）。初めてのレコードはURCから出たやつでしょ？　あのときは渡が持ってきたから、「ああ、そう」って。

なぎら　その程度なの？（笑）

高田烈　だって、その先どうなるか分からない話だもん。

なぎら　よくやったね、とか。

高田烈　そんなこと言わない（笑）。ほんとうにその先どうなるか分からない話だから。でしょ？

なぎら　うんうん、やくざな商売だからね（笑）。

高田烈　それで飯が食えるか、ということも考えなかったな。つまり趣味の延長として見ていた。

なぎら　それはね、プロになったフォーク・シンガーは全員言ってるんですよ（笑）。あたしは前の西岡さんの本でも書いたけど（『五つの赤い風船とフォークの時代』アイノア）、いろんな人に「プロになったって実感したのはいつぐらい？」って聞くと、だいたいLP4枚目くらいなの。それぐらいでやっとみんな。だから、今烈さんが言ったように、最初は「趣味の延長」で、そんなもので禄《ろく》を稼ぐなんて、そんなことは世間様が許さないだろうし、神様は見ているんだから、みたいな考え方でね（笑）。みんな一様に言いますよ。

高田烈　俺が渡の歌を初めて聴いたのは、いつだったかな。四ツ谷駅のちょっと行ったところ、町名でいうと本塩町というところだけど、そこに野中ビルっていうでかいビルがあったの。最近壊したけど。その会議室みたいなところで、いわゆるコンサートみたいのをやったの。それが渡の歌を聴いた最初。それがね、「ばとこいあ」の最初だったんじゃないかな。

なぎら　ああ、なるほど。60年代ですよ。「ばとこいあ」というのは「合言葉」を反対から読んだのね。でも「ばとこいあ」関西だし、渡ちゃんが所属していた「アゴラ」じゃないのかな？　そのとき遠藤賢司もいっしょでしたか？

高田烈　俺は誰だか知らないけどね、渡しか聴きに行ってないから。それでテーブルが置いてあって、パイプの椅子があって。そのビルは1～2年前に壊したんだよ。すぐそばには雪印のビルもあったの。

なぎら　そのとき渡ちゃんの歌を聴いてどう思ったんですか？

高田烈　なにも感じなかったね（笑）。ふ～んって思っただけよ。そのときに歌った歌の中には添田唖蝉坊のやつもあった。あと『自衛隊に入ろう』なんかも歌い始めた頃じゃないかな。

なぎら　じゃあ、ほんとうに初期ですね。最初のアルバムを出した頃ですかね。

高田烈　たぶん、その前だよ。

なぎら　『高田渡／五つの赤い風船』（URC）が出る前。へえ～。たとえば『自衛隊に入ろう』なんて歌は、わりあい喝采受けていた歌ですけど、それを見てどう思ったんですか？

高田烈　格別にはなかったけどねえ。渡が「風刺して歌っているんだ」っていうようなことをよく言ってたから「ふーん」なんて思っていた程度だけどね。なぎらさんは渡にいつ頃会ったの？

なぎら　あたしは遅いですよ。よく話をするようになったのは1970年頃です。

高田烈　渡とさ、岡林（信康）だとかが、セットでぐるぐるツアーを周っていたというときは知っているの？

なぎら　その頃はもう十分知ってます。

坊ちゃん刈り、吃音

なぎら　歳がいってからと若いときの、渡ちゃんに対する接し方は変わらなかったですか？

高田烈　変わらないね。かわいかったしね。かわいかったっていうのは、子どもの頃、当時はみんな全員丸坊主なのに、渡だけ丸坊主じゃないんだよ。

なぎら　坊ちゃん刈りだったの？

高田烈　うん。あいつ、坊主にしたことないんじゃないかな。岐阜にいる頃から。それで、わりあいかわいい顔してたから。それで渡はどもり（吃音）だったでしょ。

なぎら　うん？

高田烈　そんなひどいどもりではなかったけど、僕らは冗談でよくからかってたけどね。それでいつのまにかよくなったんだね。あれ歌を歌うようになってよくなったんじゃないの。歌を歌うとよくなることがあるでしょ。

父・豊の死後

なぎら　それで親父の豊さんが亡くなって、渡ちゃんは佐賀に預けられちゃうの？

高田烈　預けられたっていうのか……。実はよく分からないんだよね。親父が1月5日に死んで、川越のほうに従兄妹がいるんだけど、その従兄妹に言われたんじゃないかなあ。おまえは三鷹（その頃は深川から三鷹に転居していた）にいてもしょうがないから、おばさんのところへ行けと。つまり、その従兄妹の母親なんだけど、そこに行ったらどうかって。だけど、そのへんは詳しくは分からないの。その佐賀のおばというのも、うちの親父と仲がよかったんです。歳が近いから。それで、親父が死んだときは、親父の兄弟は全員死んじゃって、そのおばしかいなかったから。

なぎら　そういう言えば、でっかい鳥居があったよなあ。渡ちゃんが、列車の中から鳥居を見て、「俺、このそばに一時いたんだよ」って言ったの。

高田烈　それは佐賀の？

なぎら　そうそう。

高田烈　あそこ（祐徳稲荷神社）は日本三大稲荷とか言われていたんでしょ？　豊川稲荷と伏見稲荷と。

なぎら　それで、その話を聞いたときは、佐賀にいた話を知らなかったから。岐阜と東京だけに縁があると思っていたから、なに言ってんのかなって思いながら聞いてたの。

高田烈　一年もいないんだもんね。

なぎら　逃げちゃってね（笑）。だけど、その頃にレコードをたくさん手に入れてんだよね。

高田烈　そうそう、佐賀で。僕は会ったことないんだけど、佐賀にその従兄妹の子どもたちが3人ばかりいて、彼らがまだ小さい頃だから、渡がお兄ちゃんみたいだったんじゃないの？　あと、ハーモニカにつける金具（ハーモニカ・ホルダー）？　あれは向こうになかったもんだから、近所の鉄工所の友達に頼んだら、ばかみたくでかいのができちゃって。

なぎら　重たくて、首が下がっちゃう（笑）。あれが佐賀の話でしたっけ？

高田烈　佐賀の話ですよ。

なぎら　それから新宿若松町に来たときには、渡ちゃんは一人住まいだった？

高田烈　俺は若松町のアパートには一回しか行ったことがないんだけど、そのときに、誰だか分からないんだけど、関西の大学生が来ていたね。中川五郎ではなくて。当時は業界新聞って言ったかな、そういうところに勤めてるんだよね。

なぎら　業界紙の配達のアルバイトってやつですね。それにしても、そのとき渡ちゃんはなぜ夜学に通おうと思ったんですかね？　もうあっち行ったり、こっち行ったりしていたら、ふつうやめちゃうけどねえ。

高田烈　だから、まだそのときは、歌手としてやっていこうと思ってたわけじゃないんじゃないの？

なぎら　うん、そうでしょうね。

高田烈　だけど、渡の本にもあったかもしれないけど、佐賀のあんなところにいたらおかしくなっちゃうと思ったみたいよ。だから、半年くらいしかいなかったでしょ。だから佐賀から帰ってきたときは、フォーク・ソングをやりたいとは思っていたけど、プロになるとかいう話ではなかったんじゃないの。続けてやっていたっていうだけの話で。

なぎら　本格的には、67年の後半あたりから68年にかけてですね。みんなの前で歌おうと思うのはね。

高田烈　だから一番上の兄貴は俺らに「あいつはどうすんのかね」っていう話はしていたよ。どうやって食っていくんだろうって。

なぎら　そりゃ兄弟としては心配するよね。

高田烈　だけど、男の兄弟4人だから、あんまりお互い干渉しないしね。お互い「あ、そう」という話で終わっちゃう関係だから。そういえば兄貴が昔、春日部にある武里団地って大きな団地に住んでいたとき、渡と岡林（信康）が来て、汚いやつが二人来て、飯食わせろとかそういうことがあったって言ってた（笑）。だから、まだ二人とも食えない頃じゃないの？

なぎら　だけど二人が組んでいるっていうことは、すでに高石事務所に入っているっていうことですよね。

高田烈　そうだね。それで神宮だか、そのあたりに事務所があったの？

なぎら　そうです。駅としては原宿なんですけど、原宿セントラル・アパートっていうところ。もう一つ有名なセントラル・アパートっていうやつがあるんだけど、それとは別で。そこにあったのが、のちの音楽舎ですね（70年に高石事務所から社名を変更）。

高田烈　それは渡から聞いたことがある。それでLPが出て……。URCのレコードが出たのはいつなの？

なぎら　1969年の2月ですね。

高田烈　『自衛隊に入ろう』っていうのは、LPじゃなくて、小さいドーナツ盤かなにかで出たの？

なぎら　最初はLPだけに収録されていたんですけど、グレーのジャケットですね。でも、これはLPからのシングルカットではなくて、69年のフォーク・キャンプのときの音源ですね。岡林さんがチャチャチャ入れているやつ。

渡とお金

なぎら　そういえば、渡ちゃんから烈さんへ金の無心なんかはなかったの？

高田烈　それは、まったくないね。最後のほうは、俺なんかより金回りがよくなったんじゃないかな？「大変だったら、貸すよ」って言ってたくらいだから。僕の仕事もいつお金が入ってくるか分からない仕事だからさ。渡から金の無心を受けたことはないね、一度も。

なぎら　他の兄弟もそうですかね？

高田烈　まあ、五千円とか一万円貸してくれっていうのはあったかもしれないけど。『マイ・フレンド』には、金を借りたってあったけど、俺なんかは一円もないね。最初の頃は、俺も『ぐゎらん堂』に行ってたけど……。あの頃は渡も大変だったと思うけど……。金貸してくれっていう話はないね。富美子さん（最初の奥さん）といっしょになってからもそういうことはなかったね。そういえば、俺は離婚したの知らなかったもんね（笑）。

なぎら　ところで、渡ちゃんといえば酒の話が出てくるんだけど、彼はかなり遅かったですよね。

高田烈　たばこも吸わなかったし。

なぎら　20歳過ぎてからショートホープ吸っていましたよ。

高田烈　僕も20歳を過ぎるまで、たばこも酒も飲まなかったよ。親父が飲んだくれだったからね。

なぎら　反面教師で？

高田烈　うん。飲んだくれっていっても暴れるわけじゃないけど。だから、渡が酒を飲んでいるって誰かから聞いたときには、酒飲むの？って思った。

なぎら　よくありがちなのが、酒飲み出すのが遅い人ほど、飲み方が分からないから、かなりいっちゃうんですよ。

高田烈　そういえば、友恵さん（再婚した奥さん）から電話かかってきてさ、俺が鎌倉に住んでたときだけど、「お義兄さんちょっと来てください」って言われて、吉祥寺の銀嶺荘に行ったことあるもん。「お酒やめさせてください」って（笑）。「お義兄さん、どうしたらいいですか？」って言うんだけど、俺がずっとそばにいるわけにもいかないし、本人がそう思わないとダメだよって言って。そうしたら、「今あるお酒全部持って帰ってください」って言われて、持って帰ったことがあるよ（笑）。

なぎら　最後は料理酒まで探すからねえ（笑）。

フォーク・ジャンボリー

高田烈　フォーク・ジャンボリーっていうのは、なぎらさんは第1回から行ってるの？

なぎら　あたしは1回目は行ってません。渡ちゃんは行ってますけども。最初は規模が小さかったんですよ。ほんとに近隣の人というか、かなりのマニアックな人しか知らないような。

高田烈　じゃあ、2回目からか。僕は今の仕事をやり始めたのが、その頃のことなんだけど、長野県の岡谷というところで鋳造を習っていたんだけど、そのときに行ったの。渡から言われて。それでバンガローみたいなところに泊まってね。

なぎら それはいい待遇ですよ。あたしたちは野宿ですから（笑）。

高田烈 加川良とかはいたかな……。それだと第2回か……。だけど、ものすごい人が来ているという感じはなかったかなあ。

なぎら じゃあ、行かれたのは第1回じゃないですか？ 2回目からはものすごかったですよ。2回目は何千人ですから。

高田烈 それだと、1回目だったのかなあ。だけど1回目のとき加川良っていた？

なぎら 1回目は出てません。加川良は2回目のときに飛び入りです。飛び入りというか渡ちゃんが連れてきたかたち。

高田烈 じゃあ、2回目かもしれないな。中津川ってところにそのとき初めて行ったもん。長野県の岡谷から下って。飯田線かなんか乗ってさ。

なぎら 坂下っていう駅から山にあがっていくのが大変だったでしょう。バスかなにかで？

高田烈 いや、そのあたりはまったく記憶がないんだよ。行ったことは覚えている。2泊くらいしたんだもん。だけど、泊まったことは覚えているんだけど、飯も食ったかどうかは覚えていないもんな。1971年くらいかな。

なぎら 71年だと、そうとう人がいますよ。何万人。71年だと渡ちゃんは武蔵野タンポポ団です。加川良もすでにデビューしています。

高田烈 それは2回目くらい？

なぎら 2回目は70年。

高田烈 武蔵野タンポポ団は、渡から試聴盤のレコードをもらったことがある。

なぎら 71年ですね。夜中には黒テントかやっていました。

高田烈 どんな湖があるのかなと思っていたんだけど、小さな池みたいだったよ。まあ、あんまり聴いてなかったなあ。うん、2回目だったかもしれない。

なぎら 大阪万博の年ですよ。それで、そのときはお祭り騒ぎで、いい感じでした。

高田烈 だけど変な騒ぎはなかったね。

なぎら じゃあ、70年でしょ。もう分からない（笑）。

全日本フォーク・ジャンボリーとは、別名中津川フォーク・ジャンボリーとも呼ばれており、岐阜県恵那郡坂下町（現在の中津川市）にある椛《はな》の湖《こ》の湖畔にて行われた。1969年から1971年にかけて3回開催された野外フォーク・イベントであり、当初は中津川労音事務局長の笠木透氏などが中心となり、「フォーク・ジャンボリー実行委員会」を立ち上げ、地元の有志がコンサートの準備を行い、いわば手弁当での手作りコンサートであった。

いささか長くなってしまうが、このジャンボリーのことに触れておいたほうが、フォークの流れがよく分かると思うので、お付き合いいただきたい。中でも高田渡は3回に渡って出演した数少ない歌い手である。

第1回は1969年8月9日（18時開幕、10日9時30閉幕）に行われたが、観客は約二千人から三千人で、まだ全国的な知名度は低く、知る人ぞ知る存在のイベントであった。

音楽評論家の黒沢進氏は、『1969フォーク・ジャンボリー』（東芝EMI）のライナーノーツでこう書いている。

宣伝らしい宣伝もせずに、交通の便の悪い岐阜の山奥にこれだけの人数を集めたのは当時としては驚異的なことだった。芸能界とは違う「場所」の存在を認識させたことも大きい。

（中略）

69年、70年、71年の3回のフォーク・ジャンボリーのうちで、〈伝説〉という言葉の最もふさわしいのがこの69年の大会である。70年や71年はマスコミでもさかんに報道され、ラジオではライブ・テープもばんばん流れ、伝説でも何でもなかった。しかし、69年は写真類もほとんどなく、録音も簡易な機材で録ったこのテープ（CD音源）が残っているだけなのだった。

同CDのライナーで、グレートマエカワ氏（フラワーカンパニーズ）はこう語っている。

この中で特に心を奪われたのは高田渡氏でした。どの曲もすごい。なんかヒョウヒョウと唄っているのに、詩の内容は攻撃的かつラジカル。（中略）渡氏の出現で音ではなく、言葉の力強さを初めて感じたりした。

と。

私は今回この音源を聴き直してみて、高田の歌の上手さを再認識させられた。

第2回に行われた1970年8月（8日13時45分開幕、9日12時閉幕）のジャンボリーとなると、フォークブームと相まって、全国から多くの観客が集まり、和気藹々《あいあい》としたムードの中でのコンサートとなった。

開演前のステージをアマチュアに開放しようということで会場に「歌いたい人は自由に歌ってください」というインフォメーションが流れた。要するに飛び入りのような形で、一人1曲の時間が与えられ、申し込み順にステージに立った。その中の一人に高校生の私がいた。

本番の出演者もフォークだけにとどまらず、チェコスロバキア・スルク大舞踏合唱団、田楽座、村岡実ニュー・ディメンション、リチャード・パイン&カンパニー、浅川マキなどの名前もあり、コンサート自体がお祭り騒ぎの体で、まさにフォークブームの絶頂期での大イベントとなった。出演者も30を越え、中でも人気があったのは岡林信康、五つの赤い風船、遠藤賢司ではなかっただろうか。

高田渡が連れてきた加川良は、アマチュアらしからぬ堂々としたステージっぷりを見せつけ、あっという間にその名前を広めていくこととなる。

第3回は1971年8月7日～9日と3日間にわたってのコンサートの予定であった。足の便が悪いにもかかわらず、三万人近くの観客が集まった。しかし1回目、2回目のお祭りムードの様相とは違って、何か違和感のようなものをかもし出していた。いわゆるアングラ・フォーク側にいないものは――URC側と言ってもいいのだが――多かれ少なかれ罵声を浴びた。前年度、コーナー司会を任され、マーガレットという即興グループでステージを熱し、声援を受けたはしだのりひことクライマックスでさえ、猛烈な帰れコールをくらった。はしだはどちらかといえば、アングラ・フォークの流れの中にいた。しかしヒット曲を持ち、商業ベースに乗ったとされ、罵声を浴びたのである。学生運動の流れもあり、商業主義批判、官憲の排除、入場料の払い戻しなどを観客が口々に叫び、いささか異様な様相を呈していた。

吉田拓郎もしかりで、メインステージでは烈々たる帰れコールをくらった。71年のフォーク・ジャンボリーを「吉田拓郎の『人間なんて』に始まり、『人間なんて』に終わった」と語る人がいるが、それはいささか皮相的な見方ではなかろうか。メインステージの怒号の前に彼は早々にステージを退散せざるをえなかったのである。ではなぜにそれほど『人間なんて』が取り上げられるのであろうか？

実はこの71年のフォーク・ジャンボリーには3つのステージがあったのである。メインステージと、2つのサブステージは、それぞれ「ロックサブ」と「フォークサブ」と名付けられていた。ロックとフォークに分かれてはいたが、ロックとフォークの垣根はなく演者は自由に往き来をしていた。

吉田拓郎が『人間なんて』を歌ったのは、1万人以上が見守るメインステージではなく、数百人収容のフォークサブステージであった。拓郎の出番は、高田渡、岩井宏、加川良の出演後であり、当時この3人は3バカトリオと言われていた。このの3人のときはなんの異常もなかった音響のマイクが、吉田拓郎の段になって、なんらかの理由で音を拾わなくなってしまったのである。そこで拓郎は「PAを入れろ、何かの陰謀だ」とマイクなしで歌い始めた。やがてマイクは生き返り、そのまま『人間なんて』を即興で歌い続けたのである。そこに次の出番を待っている六文銭が加わり、盛り上がりを見せるにつけ、徐々に人だかりが増えていった。

一方メインステージではアンチ吉田拓郎派が、もし彼がステージに上がったらと、投げ入れるコーラ瓶やロケット花火を手に拓郎が現われるのを虎視眈々と待ち続けていたのである。しかしサブステージでの拓郎の演奏を知らず――もし知っていたら、暴徒と化した人間が押し寄せ剣呑な騒ぎになっていたことは間違いない――90分に及んで歌い続ける『人間なんて』は拓郎派のファンに支えられ、伝説化していったのである。

その少し前、ロックサブでは高田渡が歌っていた。そのとき、客席に拓郎が現われ、高田をヤジったのである。そのとき高田は「吉田拓郎、いつか殺してやる」とそのヤジに対しての言葉を返している。それを耳にしたある人間が、「高田渡と吉田拓郎は仲が悪かったんですか?」と聞いてきたが、決して仲は悪くはなかった。むしろ当時は親しかったのではなかろうか。ではなぜ「いつか殺してやる」になったかというと、これはその頃流行っていた漫画からとったセリフである。『少年チャンピオン』に連載されていた、ジョージ秋山の『ざんこくベビー』に登場する、ベビーの決まり文句であるセリフが、この「いつか殺してやる」だったのである。それが流行っており高田が引用したに過ぎない。

69年のジャンボリーでの高田は、URCからレコード化された曲をチョイスし、飄々としたスタイルでステージを熟している。

70年は岩井宏と加川良を従えてのステージであった。アマチュア時代から歌っていた加川（URCと同系列のアート音楽出版の『フォーク・リポート』などの配送を手伝っていた）だが、今まで公のステージを踏むことはなかった。それを高田と岩井が背中を押したことで、フォーク・ジャンボリーのステージにお目見えすることになった。これを飛び入りとする文章などが多いが、けっして飛び入りではない。すでに出演は決まっていたのだが、まだ無名な加川の名前はそこにはなく、飛び入りのような演出の中での出演となったのである。

加川は素人離れした歌いっぷりと、その歌唱の見事さで観客の眼を釘付けにした。『教訓I』『赤土の下に』『その朝』と歌い、高田はフラット・マンドリンでバックを務めている。

またこのとき（時間帯は違う）、やはり高田の勧めでステージに立ったのがシバであるが、彼はソロで歌った。高田の紹介は「淡谷のり子とかがブルースとか言って歌っているが、あんなものは偽物で、彼が歌うブルースが本物です」というものであった。

また加川良はこれを境にプロとなり、71年6月にURCからアルバム『教訓』をリリースし、1年後の71年のフォーク・ジャンボリーでは絶大なる声援を受け、メインの岡林信康を食ってしまうほどの人気者となっていた。またシバも72年3月にURCからアルバム『青い空の日』をリリースしている。

71年の高田渡は、ロックサブ、フォークサブ両方のステージにソロで登場しているが、メインステージでのソロはなく、武蔵野タンポポ団を従えてのものであった。

高田にとってのフォーク・ジャンボリーは、本人に印象を聞いても、決して悪くなかったはずである。メインステージで帰れコールを受けなかった数少ない一人である。69、70、71年と3年続いたジャンボリーでのステージは、その都度、高田の成長を見せるようなステージになったのである。

おしんこ嫌いの真相

なぎら　そういうえば、渡ちゃんはおしんこ嫌いだったけど、あれはバイトをやっていたから?

高田烈　もともと嫌いだったんじゃないの?

なぎら　子どものときから嫌いでした?

高田烈　うん。食べなかったね。

なぎら　なんかね、若いときにおしんこ屋でバイトをやっているんですよね。

高田烈　そうそう。京都でね。

なぎら　その影響かなと思ったんですけどね。

高田烈　いやいや、それは関係ない。あのね、岐阜っていうのがね、漬物食べないところなの。

なぎら　ほんと?

高田烈　僕らが生まれた北方ってところはとくに。たくあんくらいしかないんだよ。

なぎら　ぬか漬けとかはないんだ。

高田烈　今は違うけど、当時はそばも食べなかったよ。俺は東京来るまでそばって知らなかったんだよ。というのは、僕らが生まれたところというのは、濃尾平野で、非常に肥沃な土地でね。だからそばなんていうのはね……。

なぎら　あれはやせた土地のものですからね。

高田烈　だから、畑っていうのがだいたいなくて、ほとんど田んぼだった。漬物はたくあんくらいだったなあ。

なぎら　じゃあ、食べる習慣がなかったんだ。渡ちゃんは、とにかくおしんこがダメだった。弁当でもなんでも、必ず残していたから。だけど、おしんこ嫌いな人間がおしんこのバイトに行かなくてもいいようなもんですけどね(笑)。

高田烈　もともと嫌いだから食べなかったからっていうだけの話だと思うよ。

兄弟、父親、思い出

なぎら 渡ちゃんがデビューしてから、烈さんは渡ちゃんの歌は聴いていたんですか？

高田烈 渡がくれるからね。だから、みんな知ってるよ。

なぎら くれなきゃ聴くかどうかは分かんなかった？

高田烈 そうだね（笑）。だって、ふだんは接触ないもんね。カントリー&ウエスタンの曲だとかは聴いていたから、渡の歌に違和感はなかったけど、買って聴くってことはなかったな。もらったから聴いてただけで（笑）。

なぎら 聴いていて「渡、よくなったなあ」とか、そういうことはなかった？

高田烈 そういう気はない。なんで、あんな歌が売れるんだろうと思ったことはあるよ、字余りみたいな（笑）。今のかみさんは、俺といっしょになるまで、渡のこと知らなかったもんね。高田渡って誰？って。渡と同い年なんだけど。

なぎら まあ興味ある人とない人がいますからね。音楽かじっていれば必ず知ってますけどね。

高田烈 前のかみさんのときは、渡もいっしょに3人で住んでいたこともあるから。三鷹で、一時期。

なぎら 『マイ・フレンド』に出てくる名前の方？

高田烈 あれはまた違うの（笑）。

なぎら まあ、お盛んで（笑）。これ、ある人が言ってたんだけど、事実かどうかはわからないですよ。その人の妄想かもしれないんだけど、渡ちゃんが酒に溺れている姿を見ると、小さいときにお母さんを亡くした影響がどこかにあるんじゃないかなって言っていた人がいました。

高田烈 うーん、酒と母親は関係ないだろうねえ。若くして結婚したのは、母親がいなかったからというのはあるかもしれない。

なぎら 渡の破天荒さとか、世間から逸脱した感じは、お母さんとは関係ないだろうと。

高田烈 結局、うちは家庭的なことというのが一切なかった。母親が早く死んでいるし、生きているうちも母親の愛情というのがないわけだから。父親はね、酒飲んだりいろいろしているけど、渡もそうだし僕もそうだけど、兄弟全員「あの親父め」みたいな悪い感覚はないね。不思議だと思うよ。今のかみさんに言わせると「よくそんな父親といたね」って言われる。

　母を幼い頃に亡くし、父もまたいちばん多感な時期に彼岸へ行ってしまった。生前本人はほとんどそこに触れる事はなかったが、親の愛情がそこで途切れてしまったことは事実である。また、兄弟の中でもそれが一番重くのしかかったのは、年齢からいっても渡だったことは間違いないだろう。そこで途切れてしまえば、そこまでの思い出は増幅されることになる。つまり、そこまでの思い出は存在するのだが、それ以後の思い出はない。よってそれまでの残像が膨れ上がることはあっても、それ以後の思い出は作りようがないのである。

　渡がさらに加年後になってから父との別れがくるが、それもまた増幅される事はなかったはずである。多感な時期に触れた父の姿は、父の死後高田の中で大きく膨れあがり捨てがたいものとなったのではなかろうか。父の生き様をよく知らないうちに模倣するような形になってしまったのではなかろうか。渡は父の思い出を自分の中に留めておきたかったのかもしれない。己の生き方を貫くといった渡の姿勢は、父が見せた社会に対する正義感やブルジョアを批判することなどをふまえた父の影がそうさせたように思われてならないのである。無意識のうちに、そこに自分を作り上げてしまったのかもしれない――または、作りたかったのかもしれない。知らず知らずのうちにそうしたことを自分の生き様としたかったのだろうか？　そこに父の姿を裏打ちする、高田渡がいたのであろうか？

　これは私の全くの憶測であるが、そう考えることで、ある意味高田の生き方が見え隠れするのである。もし渡ちゃんが生きていればそうしたことは真っ向から否定をしたかもしれない。しかし私はどうしても、それを否定できないのである。

　『バーボン・ストリート・ブルース』の中で親戚に預けられたときのことを高田はこう語っている。

僕はずっと父と暮らしてきた。物心がつく前から母

親は入院していたから、いなかったようなものだ。ある意味では、まともな家族というものを知らないわけで、そういう生活が染みついていたから、母親のような存在であるおばさんにどう対応していいのかわからなかった。ちゃんとした家庭というものに、どうしても馴染むことができなかったのだ。

なぎら　岐阜でいろいろあって東京に出てきて、ニコヨンやって……という親父に対して文句を言わなかったっていうことですね。

高田烈　やむをえないことだもんね。そうなっちゃったことは。ほら、昭和三十二年（1957年）って東京タワー作っているときだから、あの頃はみんな貧しかったもんね。それと、親父がニコヨンになったときも、レッド・パージでクビになった人とか、そういう人たちが非常に多かったのよ。今でいう、日雇い労働者っていうのともちょっと違っていたね。

なぎら　その頃、次兄は何年生くらいでした？

高田烈　蕃《しげる》は3つ違うから……。高校1年くらいじゃなかったかな。

なぎら　一番上のお兄さんは？

高田烈　驍《たけし》はもう高校3年だったかな。長兄は高校2年のときに東京に出てきているの。

なぎら　驍さん蕃さんとはいくつ違いなの？

高田烈　2つ違いだね。学年で3つかもしれないけど。

なぎら　蕃さんと烈さんは？

高田烈　4つ。それで僕と渡は3つ。一番上は昭和十五年生まれ。

なぎら　驍さんは戦争の真っただ中に生まれているんだ。

高田烈　そうそう。上の二人は京都で生まれているの。親父が弘文堂に勤めているとき。それで僕と渡が岐阜で生まれているの。親父は、酒飲むと、よくいろんな話をしていた。自分の最初の嫁さんはこうだったとか（笑）。ふつう子どもの前で話すことじゃないけどさ。俺は芸者を身請けしたとかさ。

なぎら　ふつうはしないよね（笑）。

高田烈　けっこうそんな話していたよ。あと、出版社に勤めていた頃の話はよくしていたね。だから字のことはうるさかった。澤瀉久孝《おもだかひさたか》という有名な万葉学者の本の校閲をやっていたんだけど、そんな著名な国文学者の原稿を変えちゃったらしいの。それでクビになる寸前までいったんだって。そうしたら、澤瀉久孝から手紙がきたらしい。「僕が間違ってました」って。親父はそういうことに自信があったんだろうね。その話を聞かされていたから、澤瀉なんて字は子どもの頃から知っていたもんね。東京にいたときは非凡閣という法律関係の出版社だったから、当時の新進の学者と本を作ったから、法律をずいぶん勉強したみたい。そういうところだから、法律関係のいろんな人と会う。すると、あいつは嫌な検事だ、弁護士だとか言っているわけだけど、そうしたら、戦後に、親父が嫌な検事だと言っていた人が検事総長になっていた（笑）。まあ親父の話を聞いているのはおもしろかったな。

なぎら　それにしてもお酒ばかり飲んでいた。

高田烈　親父の最期だけど、病状が悪いというので家族が集まったら、枕元に一升瓶があるのよ（笑）。そこでも飲んでいたのかね。まあ、せっかく家族が集まったのだから、ご飯でも食べようということになって、食事の支度ができたところで、俺が呼びにいったらもう亡くなっていた。親父はとにかく酒を飲んでいたね。つまみを食べていたという記憶はない。仕事の日はともかく、それ以外は朝から。だけど、それで暴力をふるうとか悪態をつくとかはなく、ただ飲んでいた。そういう親父でも、兄弟4人、貧しい暮らしでもグレるということはなかったね。そういう暇がなかったんだろうね（笑）。

証言2
高田 漣

たかだ・れん●音楽家、プロデューサー、作曲家、編曲家、マルチ弦楽器奏者、執筆家。1973年、高田渡の長男として生まれる。現在まで7枚のオリジナル・アルバムをリリース。自身の活動と並行して、アーティストのアレンジ及びプロデュース、映画、ドラマ、舞台、CMの音楽を多数担当。2015年、高田渡の没後10年を機にトリビュート・アルバム『コーヒーブルース〜高田渡を歌う〜』をリリース。2017年には4年ぶりとなるオリジナル・アルバム『ナイトライダーズ・ブルース』をリリースし、第59回 日本レコード大賞 優秀アルバム賞を受賞。細野晴臣のライヴ・セットのサポート・メンバーでもある。

証言2 高田漣 第1部

取材日：2019年6月25日

イントロ

なぎら 漣くんは細野晴臣さんのバンドでアメリカツアーを回ったとのことだけど、向こうではどういう音楽をやってたの？

高田漣 基本的にふだんと変わらないですね。日本でも、古いアメリカの音楽とかもやりつつ、昔のオリジナルもやる、という感じなんですけどね。

なぎら アメリカでは、今でもYMOを覚えている人が来ているの？

高田漣 もちろん。でも、そういう人が多いのかなと思ってたんですけど、もっと若い世代が来ていますね。YouTubeとかで、細野さんを知ったという人が多いみたいです。あと、今、アメリカで金延幸子《かねのぶさちこ》さんもすごい人気なんですよ。

なぎら ほんと？

金延幸子は大阪府出身のシンガー・ソング・ライターで、第3回関西フォーク・キャンプにおいて、東京のフォーク団体『アゴラ』（遠藤賢司、南正人、高田渡らが所属していた）のボロディランこと真崎義博と共演している。69年に五つの赤い風船を脱退した中川イサト、瀬尾一三《せおかずみ》、松田幸一らと『秘密結社○○教団』なるグループを結成して、6月にURCよりシングル盤『あくまのお話／アリス』を出している。また同じメンバーであるが、『愚』名義でシングル盤『あかりが消えたら／マリアンヌ』（70年2月）も発表している。後にソロになり、URCよりLP『み空』を72年9月1日に発表している。

高田漣　アメリカに、かつてのURCあたりの音源を積極的に再発しているレーベルがあって、そこが起点になって日本のそういう年代の音楽が面白いということになっている。何年か前から、そういう噂はあったんですけどね。

なぎら　そこには『悲惨な戦い』はないだろうなあ（笑）。

高田漣　いやいや（笑）。URCだけではなくて、山下達郎さんとかも人気ですね。

なぎら　面白いね。日本でもそうだけど、当時を知らない世代は、まったく真っ白なわけだから、新しい音楽として入ってくるわけだ。

高田漣　そういうことみたいですね。あと、アメリカの若い人たちが、母国語じゃないものを面白がっているという感じはあります。この間のツアーで、アメリカで人気のアーティストがゲストで来てたんですけど、彼も細野さんの曲を日本語でカヴァーしているんですよ。

なぎら　へー、ほんと？

高田漣　そうなんです。長らく英語じゃないと売れないといわれていたわけですが、最近では韓国のBTS（防弾少年団）っていうグループがビルボードで1位を獲っているように、なにか別の流れが起きているみたいです。だから、日本語でやることに障害がないというか。

なぎら　昔だったら、言葉が分からないから行かないとなっていたのが。

高田漣　海外のアーティストが言っていることや歌っていることが完璧には分からなくても、日本のお客が聴きに行く感覚と近いのかもしれないですね。

なぎら　かえって、想像力たくましく、勝手に解釈しているかもしれないしね（笑）。

高田漣　そうですね（笑）。まあ、それこそ、うちの親父やなぎらさんがやっていた頃には考えられないことが起きていますよね。不思議な状況です。だって、エンケン（遠藤賢司）さんとか、南正人さんとかが、ふつうにコンピレーションアルバムに入っていて、そこそこ売れたりしているという（笑）。噂には聞いていたんですけど、まあ局地的な話だろうと思っていたんです。だけど思った以上にわ〜っと浸透しつつあるみたいです。

なぎら　面白いね。

高田漣　だからYMOのときみたいに、レコード会社がお金を使って、ある程度プロモーションして、という動きとは全然違うみたいです。たぶんYouTubeが大きいのだと思うんですけど、少しずつ浸透していっているのはたしかですね。

父の影響

なぎら ところで、漣くんはこれまでも多々、渡ちゃんと比較されることがあったと思うんだけど、それに対してはどう思っています?

高田漣 自分でも不思議な感じはするんだけど、あんまり気にならないといいますか……。僕がシンガー・ソング・ライターでデビューしていたら、またちょっと話が違ったのかもしれないですけど。長いことミュージシャンとしてやってきて、しかも親父ともいっぱい演奏していたせいか、コンプレックスのようなものがないんですよね。

なぎら だけど、中には、「なんでお父さんみたいにやらないの?」って言う人もいるよね?

高田漣 はい。昔はとくにいましたね。今はさすがにいないですけど。また妙なことに、そういう方もいれば、アンチ高田渡みたいな人もいたり(笑)。

なぎら 面白いねぇ(笑)。もし親父と同じだったら、来なかった人たちなわけね。

高田漣 そういうことですね。それこそYMOのファンとかにしてみれば、親父は違うだろうし。だけど、自分はあまりどっちも違わないという気がしているんですけどね。いずれにせよ、音楽をやっているときはそういう雑音が気にならないというか……。自分ができることをやるだけなんで。あとは、なぎらさんはよくご存じですけど、音楽業界ってすごく狭いですからね。僕もミュージシャンとしていろんなところで演奏する中で、ここは高田渡とは関係ない現場だろうというところに限って、「実は以前、六文銭のマネージャーをやってまして」というスタッフさんがいたりする(笑)。だから、高田渡の影に抗う気もなくなるというか……。自分が子供の頃に見ていた親父の周辺とは別の世界だと思っていた音楽業界が、大きな一つの共同体なんだなと感じましたね。親父に反発していたというのはないんですけど、親父とは違うところに入ったと思って、通りを抜けてみると、同じ実家に戻っちゃった、ということがたくさんありました。

なぎら　ファンの中には、ずっと高田渡を信奉してきたという人たちがいて、なんで親父と同じことをやってくれないのっていう人もいる。まあ、やっかいな方々だけど（笑）。

高田漣　そういうことを言われる方に限って、たとえば僕が父の曲を歌ったアルバムにはそれほど反応されないという（笑）。

なぎら　なるほどねぇ。

高田漣　だから、そこは僕も気にしてないというか、マイペースでやるのがいいと思っています。このことに関しては、珍しく親父が僕に話していたんですよね。「いろいろと外野から言われると思うけど、お前はお前なんだから、お前のやりたいことを好きにやればいいんだ」って。これはソロデビューするときに最初に言われて、それが今でも自分の中に残っているんです。

なぎら　俺と同じところに来てくれって言われなかった？

高田漣　言わなかったですね（笑）。とくに、僕のデビューアルバムがインストゥルメンタルだったから、父も言いやすかったのかもしれない。もしそこでシンガー・ソングライターとしてデビューしていたら、また違うことを言ったのかもしれないですけど。

なぎら　あのね、親として見るとね、うちの子供も音楽をやっていたんだけど、むしろ「こっちに来てくれるなよ」っていうのがあったの。外野は変な比べ方をするだろうし、本人はわずらわしいだろうっていうのがあったからね。だから尾崎孝さん（スチールギター奏者）の息子さん（尾崎博志）とか、よく同じ道いくなって感心しちゃう。比較されちゃうのにって。

高田漣　そうですよね。

なぎら　漣くんはミュージシャンとして違う方向で歩んできたわけですけど、音楽的においてお父さんの影響はあると思いますか？

高田漣　すごくあったと思うんですけど……。

なぎら　幼いときから親父さんの背中を見てきているからね。背中なのかどうか分からないけど（笑）。

高田漣　影響は絶対に受けているんですが、ただ、あまりに身近でしたから、なんと言えばいいか……。なぎらさんもよくご存じのとおり、うちの親父は僕のことを子供の頃にしょっちゅうライブに連れまわしていたんで。

なぎら　そうだよな（笑）。

高田漣　だから、自分でもどれくらい影響を受けているのか分からないくらい、ずっと一緒にいたんですよね。あとになって、自分がいろんな音楽を掘っていく中で「これ聴いたことある」「このジャケット見たことある」っていうのが、すごくあって、そこであらためてそうとう親父の影響を受けているんだなって思いましたね。

なぎら　知らず知らずのうちにということなんでしょうね。刷り込まれちゃっているというか。

高田漣　そうでしょうね。

旅行

なぎら　渡ちゃんが違うのは、ふつうの親なら子供を動物園に連れて行こうとか、遊園地に連れていこうとか考えるところを、俺が行くところに連れていけばいいんだという考え方なのね（笑）。

高田漣　そうそう、そういうことです（笑）。

なぎら　だから、旅行といっても、ふつうの家族旅行じゃなくて、演奏旅行があるからそれに引っ張って行くという（笑）。それで思い出したけど、演奏旅行で花巻の大沢温泉に行ったとき、うちのカミさんと、ふみさん（富美子）と漣くんが来たんだよね。だから、漣くんはうちのカミさんの裸を見ているはずなんだ（笑）。一緒に入っていたから。

高田漣　それは僕の中で一番古い記憶の一つかもしれないです。あとになってなぎらさんから聞くまで、それがどこだったかというのは覚えてなかったんですが……。なぎらさんと温泉に行ったという記憶はあって、たぶんライブがあったんだろうとか、そういうぼんやりした記憶なんですが、旅館の感じとかはなんとなく覚えています。

なぎら　あそこは湯治場でね。それで何回か行っているから、あたしも記憶が混ざっちゃってるんだよね。渡ちゃんと二人でということもあったから。でも、家族がいるとなれば、家族ごとに部屋をとっているよね。だから、渡ちゃんが朝の5時にテレビの砂嵐（放送休止時の画面）を見ていたというのは、そのときではないはず（笑）。朝ずっと砂嵐を見ているんですよ。うるさくてしょうがないから「なにやってんの?」って言ったら、「いや、テレビ見てるんだ」。テレビ見てるんだって言ったって、放送始まっていない砂嵐なんだから音を小さくしてくれない？って言ったら、「音小さくしてたら、放送が始まったときに分からないから」（笑）。ひどいでしょ。

高田漣　言ってましたね（笑）。

なぎら　あれも大沢温泉だったんだけど。あの砂嵐のときは高田一家との旅行ではなかったと思うんだよね。別のときだった思うんだけど、一緒のときは幼稚園くらい？

高田漣　だと思います。小学校入る前だと思うんですよね。

なぎら　幼稚園は行ってたの？

高田漣　保育園に行ってました。

なぎら　よく休めたね。まあ、小学校より自由か。

高田漣　そうですね。ちょうど小学校に入るくらいのときに両親が離婚するので、それと関係あるのかどうか分からないんですけど……。小学校に上がったらいろいろ自由がきかなくなるんで、夏に親父が軽井沢でライブをやっていたので、それにあわせて一緒に行ったんだと思います。だから小学校の6年間、中学校の3年間は父の音楽から若干離れる時期があったんですね。

なぎら　子供の頃に演奏旅行について行ったとき、お父さんが演奏しているときはなにをやってたの？

高田漣　軽井沢のときはなんとなく覚えているんですけど、演奏中は寝ていたらしいです（笑）。リハーサルをいつも見ていたんですって、面白くて。だけど、夜になると眠くなって寝ちゃう。だけど、ライブが終わってから、みんながお酒飲んで楽しそうにしている光景は覚えているんで、そのときは起きてたんでしょうね（笑）。

なぎら　不憫《ふびん》な子だな。あの頃、おもちゃのギターを買ってもらってね、それで漣くんが友達と遊んでいたんだよね。ライブごっこ。友達がギャラリーになってね。

高田漣　そうです。それでライブごっこが終わると、隣の部屋に移って、今度は打ち上げごっこをするという（笑）。そういう風景が、日常だったんで、子供の僕としてはなにか変わったことをしている意識はなかったんでしょうね。

なぎら　だけど、いっしょに遊んでいた友達にとっては日常じゃないから（笑）。

高田漣　よくいっしょにやってくれましたよね。おそらく彼らは意味が分からなかったと思いますよ（笑）。ライブごっこですら意味が分からないのに、ましてや打ち上げって。ジュース持って、「かんぱ〜い」なんて（笑）。

子供時代に聴いていた音楽

なぎら　漣くんはYMOが好きだったと。

高田漣　小学校のときですね。当時のYMOは人気のピークだったと思うんですが、音楽というよりもテレビのタレントとしての露出が多い頃で、子供心にもアイコンとして映っていたのかもしれませんね。

なぎら　なにが面白かったの？

高田漣　最初に気になったのは、漫才ブームの頃で、フジテレビの『THE MANZAI』に3人が出ていたのを見てからですね（「トリオ・ザ・テクノ」として）。だけど、小学校に入る前に、母親から「藝大出のすごいピアニストがいて、坂本くんって言うのよ」みたいな話は聞いていたんですよ。それで、ああ、この人なんだって。細野さんも名前は聞いて知っていましたから。つまりおらが村のスターがテレビに出ているみたいな感覚だったんだと思います。どういう音楽かは全然分からずに、ポップアイコンとして見ていたんですよね。斉藤哲夫さんの『いまのキミはピカピカに光って』も同じような感じで見ていました。

なぎら　「この人『ぐゎらん堂』で見たことある」とか（笑）。

高田漣　そうそう。おじに笑われたのですが、僕の母親は京都出身なんで子供の頃はよく京都に行ってて、そこでお婆さんが「ここは坂本龍馬がね……」と話していたら、僕が「YMOの？」って言ったくらい（笑）。僕の中では坂本と言えばYMOというふうに覚えていた。

なぎら　音楽そのものが好きだというわけではなかったと。

高田漣　そうですね。全然分からなかったです。今になって思うと、その頃の歌謡曲とか、お笑いの人たちが出していたレコードとか、YMOがらみのものがたくさんあったんですが、当時はまだ小学校の1年とか2年だったんで、自分でレコードを買うこともなく、テレビをぼんやり見ていて『ザ・ベストテン』に出てきた、という感じでしたね。

なぎら　漣くんは子供の頃なにを聴いてたの？

音楽はなにから入りました？っていう質問って、あたしもよく聞かれるんだけど、当時聴いていたものと、今いる音楽の世界とは違うから、なんとも言えないかもしれないんだけど。やはりふつうの子供たちといっしょで歌謡曲とか？

高田漣　小学校の頃ですか？　そうですね、同じです。寺尾聡の『ルビーの指環』とか……。ふつうだったと思います。

なぎら　テレビやラジオなどから耳に入ってくるヒット曲という感じかな。それはあたしもそうなんだけどね。たとえば、森山加代子やニール・セダカなんかが耳に入ってきていたけど、それがのちにプロの音楽家になることにつながるような影響ではないわけですよね。

高田漣　そうです。もっと無意識に聴いていた。もちろん音楽を聴くことは好きだったので、テレビでも音楽番組は全盛だったからよく見てはいたのですが、そこで見聴きする音楽と、父がやっている音楽は違うものと思っていましたね。

音楽体験

なぎら　たとえば、あたしにとっては渡ちゃんがそうなんだけど、コンサートを初めて観たとき、ものすごい衝撃を受けた。そのときは岡林（信康）さんと五つの赤い風船なんかもいたんだけど、「俺は今までなにやってたんだろ。わけ分からない英語で歌って」って。漣くんには「これだ！」っていうような音楽体験というのはあったんですか？

高田漣　そうですね……。記憶があいまいですが、洋楽などをだんだん聴き始めた頃に、たまたまテレビの音楽番組に憂歌団が出ていたんですよ。それがあまりにも衝撃で。なんというか、ああいうテレビの華やかな世界に、どうもうちの親父と似たような香りのする人がいる（笑）。よく分からなかったんですが、なんかこの人たち面白いって思ったんですよ。懐かしい、というか。

なぎら　それがいくつくらいのとき？

高田漣　たぶん中学校に入るか入らないくらいの頃ですね。それで、そのときに僕が「おお！」ってなったら、それを見ていたうちの母親が「そういえば、今度『のろ』でやるらしいよ」っていう話をしたんですよ。『のろ』はうちの親父が入り浸っていたライブハウスですが、子供の頃から行ってたところなんで驚きました。つまり、そのときに初めて、テレビで見た人たちと、親父がいるテリトリーが重なった。肉屋と八百屋くらい違うものと思っていたんだけど、同じものなのかもしれないって思った瞬間でした。それで実際に『のろ』に憂歌団を観に行きました。

なぎら　行ったの？

高田漣　行きました。

なぎら　お金払ったの？

高田漣　いや、あれはどうだったろう……。僕は払ってないですけど。それで行ったら、もうぎゅうぎゅう、しかも関西弁が飛び交っている（笑）。ふだんの吉祥寺の『のろ』と全然違うんですよ。だけど、僕も子供の頃から関西に行ってたんで、それほど違和感はなかった。

なぎら　でも、まわりから見たら「子供が来たよ！」って感じだよね（笑）。

高田漣　そうだと思います。でも、そもそもそのライブがあることを母親に教えたのが友部正人さんの奥さん、ユミさん（小野由美子）で、それに店にいた人たちも「渡ちゃんの息子やでぇ」みたいな感じででしたし、子供なんだけど違和感はなかったと思います。それまでテレビで見ていた音楽と親父の領域の間にあったパーテーションがなくなった瞬間でした。

なぎら　憂歌団を見てどうだった？

高田漣　すごかった。のちにスライドギターをやることになったのは憂歌団の影響です。対外的にはライ・クーダーと言ってますし、実際もちろん影響も受けてるんですが、ライ・クーダーの前に勘太郎さん（内田勘太郎）を観ちゃっているんですよ。

なぎら　ずいぶん若くして衝撃を受けちゃったねすごい衝撃でしたね。（笑）。

高田漣　しかも、なぜに憂歌団というのもありますが（笑）。

高田家とスポーツ

なぎら　そのときはまだ楽器をやってなかったと。

高田漣　そろそろ始める頃でしたね。

なぎら　いつごろなんの楽器を始めたとかは覚えています？

高田漣　実は僕、小学校の終わりから中学校までずっとサッカー少年だったんです。

なぎら　え！　ほんと！

高田漣　そうなんですよ。とくに中学校のサッカー部はほんとうに強いところだったんで、自分の時間がまったくなくなったんです。部活だけの生活。

なぎら　あたしは高田家と運動は無縁だと思ってたよ（笑）。

高田漣　だけど、うちの親父の自慢は、中学時代にサッカー部を作ったってことなんですって。三鷹五中（現・鷹南学園 三鷹市立第五中学校）で、当時はまだなかったサッカー部を作ったって言ってました。ただ部員が一人しかいなくて、すぐになくなったらしいんですけど（笑）。

なぎら　ほんとかなぁ（笑）。あたし、渡ちゃんは、世界一運動神経ないと思っているから（笑）。

高田漣　そういえば、エンケンさんの昔の思い出話を、最近浦沢直樹さんが漫画化したものがあるんです。エンケンさんと、当時アンドレ・カンドレ名義だった陽水さん（井上陽水）とガロ、そしてうちの親父がツアーで回っていたときの話なんですけど、その中で、みんなでストリップを見に行ったら、なぜか蛇が出てきて、それに陽水さんが恐れおののいて走って逃げたんですって。それを見ていたエンケンさんが「陽水は脚が早いな」って言ったら、うちの親父が「いや、俺のほうが速い」って言って、河原で競争することになったんですって。そうしたら、ほんとうに親父のほうが速かったっていう（笑）。

なぎら　えー！　ほんと？

高田漣　それで、今思い出したんですけど、うちの親父はスケートがすごい好きだったんですよ。

なぎら　いや、それはまったく知らない。

高田漣　今でいうインラインスケートみたいなやつを持っていましたね。よく井の頭公園で滑っていたんですよ。スケートだけは昔から好きだったみたいですね。上手かったですよ。

なぎら　うそ～！　まったく考えられないね。そんな話、一回も聞いたことなかった。身体を動かすといえば、ビリヤードをやっていたことくらいしか知らなかった

高田漣　ビリヤードも好きでしたね。どれほど得意だったかは分からないですが。

なぎら　あたしとどっこいどっこいだったから大したことないです（笑）。それにしても、サッカー部作ったって言っても一人でしょ。一人言で「サッカー部作りました」って言ってるだけみたいなもんだもんね（笑）。しかし、驚いたな。

楽器を始める

高田漣　話がそれちゃいましたが、そんなことで中学校時代はサッカー部だったんで、音楽から遠かったんですね。だけど、3年になって大会も終わって、ようやく自分の時間ができてきたんですね。それまでもMTVのようなものを見ていて、すごく興味もあったから、楽器を弾きたいなとは思っていたんです。

なぎら　じゃあ、洋楽を見ていたんだ。

高田漣　そうですね。そこで初めて楽器を手に入れて弾き始めました。最初は人からいただいたアコースティック・ギターでしたけど。

なぎら　そのときは親父の音楽はやらなかったのね？

高田漣　そうですね。最初はローリング・ストーンズとかがすごい好きで、そこから始まって、いろいろと聴いていくうちに、気づいたらブルースに完全にはまっちゃったんですよ。

なぎら　ストーンズからブルースだと、ちょっとたどり着くまで距離がありそうだけど。

高田漣　なんというか、その頃から、というか子供の頃から、なにかというと過去に遡る気質があって……。

なぎら　それは親父も一緒だね。

高田漣　それこそ、お笑いも最初はみんなとおなじように漫才ブームで出ていたツービートとかが好きだったのに、気がついたら、いとしこいし（夢路いとし・喜味こいし）を好きになってたりとか（笑）。子供の頃からマニアックな気質はたぶんにあったんだと思います。だから、音楽も最初はストーンズだったのに、気がついたら古いフォーク・ブルースになっていた。これは親父の影響もあると思うんですが。もう一つ、母方のおじが京都で『むい』って店をやっていて、そのレコードコレクションの影響もあったと思います。いずれにせよ、楽器弾き始めてすぐにミシシッピー・ジョン・ハートとかにいっちゃってたので、すぐに親父と同じ世界のほうに来ちゃったというか。

なぎら　ミシシッピー・ジョン・ハートにいっちゃったの？　ライトニン・ホプキンスとかじゃなく？

高田漣　とりあえずなんでも聴いてみようという感じで聴いていたんです。そのときまた、運がよかったのか悪かったのか、中川イサトさんが久しぶりに大阪から東京に出てきていた頃で、うちの近所に住んでいたんですね。それでイサトさんとか、佐久間順平さんとかが、僕が楽器を弾き始めたと聞いて、家にやってくるわけですよ。僕としてはブルースが好きだったものの、心のどこかではまだエディ・ヴァン・ヘイレンとか、もしくはぎりぎりスティーヴィー・レイ・ヴォーンとかやりたかった。しかし、そうさせてもらえない。どんどん二人がギターの一子相伝の奥義みたいなものを伝えてくるんです（笑）。だから楽器を弾き始めて数年で、うちの親父と演奏できるような音楽の領域に引き込まれてしまった。

なぎら　そうやって引き込まれたけど、ヴァン・ヘイレンみたいなものも聴いていたことは聴いていたのね。

高田漣　そうです。中学から高校の頃は、今みたくネットでタダで音楽を聴けるということはなかったので、お小遣いでレコードを買うわけですけど、当然限りがあります。だけど、他の音楽も聴きたい。先ほど言ったおじの店がもうその頃には閉まっていたので、三千枚くらいあるレコードから「好きなの持ってってええよ」と言ってくれたんです。それはありがたかったんですが、好きなものと言っても当時10代の僕が好きなものというよりも、古典的なものばかりなんですよ。それをバッグ2つにそれぞれ20～30枚ずつくらい、京都に行ったら持って帰ってくるということをしていました。

なぎら　重いんだよねえ、レコードって（笑）。

高田漣　そうなんですよ。だけど、そこでもらったレコードは親父の影響以上に、血肉になっているかもしれない。ただ、そのコレクションってほぼほぼ親父のものと同じだったりするんですよ（笑）。もしくは、ボブ・ディランのこのアルバムは聴きたかったんだよなあって思ってジャケットを見ると、あれ？　これ、子供の頃に『ぐゎらん堂』で見たことあるな……。というようなことがあったり。それからほどなくして、大学生になったらレコードもふつうに買えるようになって、お店でCDを選んでいると、隣でがさがさと同じように探している人がいるなと思ったら、うちの親父だったとか（笑）。だから、いつのまにか、もともといた場所に吸い寄せられると言いますか、戻っていったんです。

なぎら　なぜミュージシャンを目指したのかと聞こうと思っていたんだけど、それはやはり自然となった、と言うことなんだね。環境がそうだったし。

高田漣　そうですね。あと、高田渡が身近にいたわけですが、高田渡に憧れたというよりも、最初は佐久間順平さんだったり、イサトさんだったり、徳武（弘文）さんだったりっていう、後ろにいるプレイヤーに憧れたんですよね。だから、楽器を弾き始めてからも、自分でなにかを表現したいというより、楽器を曲芸的に上手く弾ける人たちにものすごく憧れたんです。音楽家というよりもミュージシャンが憧れの対象だったんですね。

なぎら　なるほどね。楽器を上手くこなしてみたいというのが願望としてあったということですよね。

高田漣　まあ、楽器を始めた頃はまだ子供でしたから、父の歌っている内容まで分からなかったというのもありますが。

プロの音楽家になる

なぎら　以前、西岡たかしさんの本（『五つの赤い風船とフォークの時代』アイノア）を書いたときに、多くの人に話を聞いたんだけど、プロになることに自分の周辺は違和感を持たなかったか、というような質問をしたのね。そうすると、ほとんどの人が親から「まっとうな仕事に就け」と言われているんです。また、自分がプロになったなと思ったのはどういうときかという質問では、最初のアルバムもしくは最初のシングルですねって言うのはだいたい歌謡曲の人なの。それでフォーク・シンガーはどうかというと、ほとんどがアルバムの3枚目か4枚目を出したくらいからなんです。そこでやっとプロになったと思ったと。斉藤哲夫も2枚目の『バイバイグッドバイサラバイ』ぐらいのときだと言ってた。あたしもやはりアルバムの2枚目か3枚目。西岡さんにいたっては、五つの赤い風船が解散する頃だって（笑）。そういう、音楽でプロになった人たちの話があるんだけど、漣くんがミュージシャンをやりたいとなったときに、止める人はいなかったの？

高田漣　最初に音楽でお金をいただいたのが、西岡恭蔵さんのアルバムだったんですけど、それが17歳のとき。もちろんその後も好きでギターを弾いて、いろいろなお仕事に参加させてもらっていたんですけど、まだどこかで大学を卒業するまでのアルバイトみたいな感覚だったんですよ。大学に入った頃は新聞記者になりたかったんです。もしくは物を書く仕事がしたいと思っていた。音楽家になろうという意識はまったくなかったんですよ。ただ、ありがたいことに、いろいろな先輩方がいろいろな場所に呼んでくださるから、なんとなく演奏していたんです。今でもそうかもしれませんが、当時は3年の時点で就職活動をして4年では就職先は決まっている、というのが当たり前だったんです。僕はそういうことにまったく疎《うと》かったので、4年になったときに「そろそろ就職活動しようかな」って言ったら、まわりのやつに「おまえバカじゃねえの」って（笑）。「もう俺ら決まっているよ」とか、もしくは「俺は大学院にいくわ」とかみんな進路が決まっていた。僕には誰もそういうこと教えてくれなかったんですよ（笑）。

なぎら　今頃なに言ってんだと（笑）。

高田漣　就職ってそういうもんなのか、と。しかし就職が無理そうだからといって、うちは裕福でなかったから、大学院に進学してこれ以上家に負担をかけるというわけにもいかず、さあどうしようってなって。それで、バブルは終わってましたけど、当時まだ音楽業界が裕福だったんですね。大学生がなんとなくやっていても、ひょっとしたらギャラは今よりよかったくらいでしたから、ちょっと甘い考えで、じゃあダメだったらダメでいいから、1〜2年バイトしながらでもいいから音楽をやってみようかなって、そのとき初めて思ったんですよ。

なぎら　その頃の楽器の腕前を今から見ると？

高田漣　もう全然ダメですよ（笑）。それで、そうなったら、これまでさんざん僕のことをステージに引っ張り出していたはずの親父が電話をかけてきて「お前、ふざけたこと言うな」と。「お前、なんのために大学に入ったんだ」って言って、すごい怒りだしたんですよ。

なぎら　初めて親らしいことを（笑）。

高田漣　そう。それまで『MANDA－LA2』とかに僕が親父のライブを観にいくと、「漣、1、2曲やるぞ」って言ってさんざんステージに引っ張り出してたくせに（笑）。それで、電話かけてくるなり怒っていたんですが、ちょうど僕が卒業する頃というのは、バブルが弾けた後、いわゆる就職氷河期というのが始まりかけていた頃で、終身雇用制度が崩壊し始めていたんです。たぶん、うちの親父もそんなに詳しくはないまでも、なんとなくそういうニュースをテレビで見て、かいつまんで知っていたんでしょうね。最初は怒っていたんだけど、だんだん話していくうちに「まあ、とはいえ、たとえ一流企業に就職したところで、お前がその企業に一生面倒みてもらえるわけではないよな」とか、見聞きしたニュースを混ぜながら話をしているうちに、だんだんトーンダウンしてくる（笑）。それで、最後は「まあ、とりあえず、がんばれよ！」って電話を切られたんです（笑）。

なぎら　最後まで反対する高田渡でいてほしかったなあ（笑）。だって、その話で、渡ちゃんの人の親らしいところを初めて見たもん。

高田漣　そのときは、僕もびっくりしましたよ。怒るんだっていう。僕もこういう歳になると、ああ、親父も父親だったんだって思いますね。ただ、今になって思うと、親父は僕が大学に入ったというのがよほどうれしかったんだと思います。大学に入るということはすなわち自分とは違う世界に行くということだろうと。そういう親としての期待感が壊れたから怒ったのかなって気はするんですけどね。

なぎら　どこの親もそういうもんですよ。

高田漣　僕も今この歳になって、同世代とか少し上のアーティストから「子供が音楽をやりたがっているんだけど、漣くんのところはどういう関係だったの？　俺はどうしたらいいのかな」って相談されるんだけど、僕に言われても全然分からない（笑）。

なぎら　親としては2つの気持ちがあるのよ。一つは親と同じところに来てくれたかと、ありがたいなと。もう一つは、冗談じゃないよ、こんな大変な世界でやるなんて。そういう気持ちが交錯しているんだよ。

高田漣　親父のあの感じは、まさにその通りでしたね。

なぎら　で、話しているうちに、ありがたいなっていうのが勝っちゃったんだね（笑）。

高田漣　もし僕がもう数年前に生まれていて、卒業するときにバブル絶頂期だったりしたら、話も変わったかもしれないですけど。

怒った話で思い出したが、高田が猛烈に怒ったのを私は2回見たことがある。

普段は飄々としていて、酒を飲むと小さなことで人とぶつかったりすることはあった。しかしそこで相手が反論してきても、相手の話をまるで聞く耳を持っていなかったり、「おたくとは話したくないから」と突っぱねるような言い方をする。無視をされたような形で相手の怒りは収まらないのだが、まるで聞く耳を持たないので、そのうち相手も根負けするように黙ってしまう。あるいは「このバカ野郎」と言い捨ててその場を去って行ってしまう。やがて時間が経過して、「さっきはすみませんでした。しかしあの話は……」など相手が言っても、「おたくが間違っているから」と、決して自分の非は認めない。話はむし返し返され、またその場の空気がおかしくなってしまう、などというようなことは茶飯事であった。

やがて酩酊してテーブルにうっ伏して、その議論をぶつけた相手に介抱される羽目になったりする。そんなことも一度や二度ではなかった。その人たちは一様にしょうがねぇなということで片付けてしまう。

これは高田のもっている人柄なのであろうか？ また強さなのであろうか？ この場合の強さとは、高田渡という名前の強さの場合もある。高田渡と知っている人間はどこかで、「あの渡さんと対峙している」という一歩引いた立場にいるのである。決してそれが強さとは言えないのかもしれないが、高田のほうがやはり上にいる。そこに酒が入っている。酒がそうさせているに過ぎないと判断される状態の上、あの高田渡なのである。酒の力で、本人が持っている妙な理論が展開されることになる。理論は酒でもって歪曲されることが多いが、高田は頑としてそれを曲げない。しいて言えばそれも強さなのかもしれない。ふつうは酒を飲んでいる人間の弱さでもあるのだが、巧みに言葉にすることで強さに変わり、それをぶつけられると——本人が自覚しているかどうかは別であるが——相手は言葉を失ってしまうのである。あの高田渡を前にしているという、最初からのハンデがそうさせる。知らずの内に名前を巧く利用してしまっている。当人は全くそれを自覚していないし、その場であったことは覚えていない。というのはある意味その都合良さが、強さかもしれませんがね。

いずれにせよ平素はその程度のもめごとであった。

ところが烈火のごとく怒ったのである。それを最初に見たのは、『ぐゎらん堂』でのことである。あれは70年代の半ば頃ではなかっただろうか？

当時私もよく『ぐゎらん堂』に出入りしていた。その頃私は東京の最東部にあたる葛飾区に住んでいた。吉祥寺は多摩地域の武蔵野市であるので、葛飾からは常磐線、山手線、中央線を乗り継いで行かなければならず、かなりの時間を要した。

店では酒を飲み、顔見知りと実にもならない話を時間が許す限りしていた。

その日『ぐゎらん堂』のドアを開けるとなんだかいつもと違う空気が感じられた。そこにシバだか友部だったかがいたのだが、誰だったか失念してしまっている。しかし誰か、仲間の歌い手がいたことには間違いないので、仮にその人物をAとしよう。

しばらく話を聞いていると、どうも某という人間が『ぐゎらん堂』に集まるミュージシャン数人に手紙を書いて渡す、ということらしいのだが、その手紙の内容があることないことを書き連ね、その人物の批判をこれでもかというぐらい書いてあるのだという。批判はまあいいとして、あることないことは半分妄想のような内容で、少々頭のほうを疑ってしまうとまで言うのである。それがその夜話題に上っていた。

Aが折よくその手紙を持っていたので見せてもらったが、まともな字で文章もしっかりしているのだが、その内容は個人的な見解を一方的にぶつける、かなり辛辣なものであった——しかしよく読むと半分は意味不明であった。私はそれを見て、本人に直接意見をぶつけることの出来ない気の小さな人間だなと思わずにはいられなかった。

しばらくすると、店内の空気が凍ったようになった。「なんだ?」と側にいた人間の顔を見ると、入ってきた男を顎でしゃくった。そして小声で「あいつだよ」と言ったのである。

私は咄嗟にそちらに目をやった。男は普通の若者であった。まあ、普通という表現もおかしいのだが、どこにでもいそうな、どちらかというと気の弱そうな男であった。

その男が座ると、すぐにAが近づいていった。「おい、なんだよこの手紙」と目の前で封筒を振ってみせる。男は顔を上げると、「何のこと?」というような顔をしてAを見上げる。「この手紙!」と再度言うと男はキョトンとしたような顔のままで、「ああ」と言った。それからAが詰め寄っても、ほとんど反応がないのである。本当にこの人物か? しばらくあってAは、まるで反応のないその男に呆れてしまったように、「いい加減にしろよ」と言い残して私の隣に座って「だめだ、おかしいよあいつ」と首をかしげる。

そこに高田がやって来たのである。高田はAと私に「よう」と声をかけ、目の前に座った。なんとなく空気を読んだのか「どうした?」というような顔をした。

Aがわざと聞こえるように、「あいつだよ、手紙の主」というと、一瞬解せないような顔をしたが、すぐに察したのだろう「あいつか」と言うと、席を立ってその男の前に立った。「おたく、どういうつもりだよ」と声をかけた。男はゆっくり顔を上げるとニヤッと笑ったのである。すると高田の顔色が変わった。しかし男はAのときと同じように、まるで柳に風である。途端に高田が豹変した。「いい加減にしろよ、表へ出ろ」と声を荒げて男の腕をつかんだのである。男は立ち上がって、高田に胸ぐらを捕まれたまま店の外へ連れて出された。何人かが立ち上がってそれに続こうとしたが、私がそれを制して「まあまあ相手は一人だよ、渡ちゃんに任せておけよ」と座らせた。

しばらく高田の怒声がドアの外から聞こえていた。多分、暴力沙汰になっているに違いない。まあ、あの男にしてみればいいお灸だと、しばらくそのままにしていたが、あまりの高田の威勢にそろそろ止めたほうがいいだろうと、私は席を立ってドアを開けた。

ふたりは床に伏していたが、まだ高田の怒号は続いている。しかし私は慌ててふたりを引き離した。勢いのいい声にきっと高田が上になって相手を組み敷いているものばかりと思っていたのだが、高田は下になり、男は高田の上にまたがり両腕を押さえていた。男は手出しこそしていなかったが、今にも手を出しそうだった。高田は腕を押さえられ、下になってもまだ怒号を浴びせているのだ。弱いな〜、カブト虫より弱いかもしれない。

私はふたりを引き離して男に「帰りな」と言ってやったのだが、高田は飼い主を見た犬のように果敢にその男に向かっていく。それを押さえてどうにか店の中に入れた。それからしばらくは、怒りが収まないのか誰彼構わずあたり散らしていた。


もう一度は90年代だったか、Sという人物が窓口となって、ランブリン・ジャック・エリオットとマイク・シーガーを日本に招聘するという、夢のような話が持ち上がったときのことである。その共演者としてなぎら健壱と高田渡があがった。Sは私と高田のファンでもあり、またふたりがジャックとマイクに傾倒しているのを知っていたため、そこで高田と私に白羽の矢がたったというわけである。私は小躍りして喜んだ。高田も同じであったことだろう。ふたりのスケジュールを調整しなくてはならないという段階まであと少しのところであった。

しかし、理由はよく覚えていないが、招聘はジャックとマイクの意思や、また意向をちゃんと固めていないままの希望的観測だったのだろう。つまり呼びたいという気持ちだけが先行していたに違いない。あるいは土台無理からぬ話であったのかもしれない。あっさり話は頓挫してしまった。電話で「あの話はいろいろな理由があってなくなりました」だけであった。ガッカリさせられたが、最初から努々《ゆめゆめ》無理な話だと、そんな気持ちはどこかにあり、残念だが、まあ仕方ないと納得した。

その月の私の『MANDA-LA2』の定例ライブに謝罪なのか釈明なのか、Sが現れたのである。私は「まあ仕方ないよな」程度の言葉で済ませた。ところがそこに高田が偶然やって来たのである。もう酒が入っていてご機嫌で、私に声をかけてきた。ところが、Sの姿を見るやいなや、表情が変わった。「おい、お前！」と言うが早いか、Sのところへツカツカと歩み寄った。そして高田らしからぬ大きな声で「何ふざけたこと言ってんだ。どういうことだ今回の話は……」「すみませんでした」「すみませんじゃないんだよ。お前のやっていること、一体自分で分かっているのかよ。こっちはスケジュールまでちゃんと立てているんだよ」

Sが何かを言おうとしても、全くしゃべらす隙を与えずえらい剣幕である。私はこんなによどみなく次から次へと言葉を発して憤慨する高田を見たことがなかった。Sは何も言えず、ひたすら頭を下げているのだが、そんなこと一切おかまいなく怒鳴りつけている。

やがて「帰れよ。顔も見たくない」の言葉でSは逃げるようにその場を去って行った。憤懣《ふんまん》やるかたない高田はしばらくぶつぶつ言っていたが、「お酒ください」と注文すると、それをあおりながら「なぎらくん、頭にくるよね」と憮然とした表情をして言った。

その他にも渡ちゃんが機嫌が悪く、言葉を荒げているところに居合わせたことはあったが、目つきまで変わって、「どこにこんな渡が……」と思ったのはこの2回だけである。

大学の入学祝い

なぎら　大学に入る頃にちょっと話は戻るんですが、その頃は渡ちゃんとお母さんは別れているよね。それで入学祝というかお金はどっちが持ってきたの？

高田漣　うちの親父でしたね。

なぎら　それは誰からかもらったお金だったのかな。それとも自分のお金だったのかな。

高田漣　おそらく、こつこつ貯めていたんじゃないかなと思うんですよ。というのは、晩年は仕事もうまくいっていて、僕が大学に入った後くらいからテレビとかに出だして、いわば再ブレイクのような時期だったと思うんですけど、その前だったからそうとう厳しかったはずなんですよ。

なぎら　いや、ほんとうに厳しかったですよ。

高田漣　その頃に、そこそこの額というのは急に手に入るものではないと思うから、ちょっとずつ貯金して、これだけは必ず僕に渡そうと思っていたのかなと思うんですよね。

なぎら それで聞いたところでは、妙な金額だったんですよね？

高田漣 そうそう。キリが良くない金額だったんですよ。

なぎら 最初は、キリがいい金額を渡そうと思っていたはずですよ。

高田漣 キリよく何十万円、何万円という金額じゃなくて、何万何千何百円って、人に渡すお金にしては端数が変なんですよ（笑）。うちの母は大爆笑して「らしいわね」って言ってました。あとで親父から聞いたんですけど、実はまとまったお金を渡そうと思ってたんですね。ところが僕に渡す前に一度大学に行って、学食とかを見て回ったんですって。そのときに、「こんな大学に入れるんだったら、あいつはもう安泰だ」って思って、僕に渡しに来る前に一杯飲んじゃったって言うんですよ（笑）。

なぎら 飲んじゃったら飲んじゃったで、端数を取っちゃえばいいのにね（笑）。

高田漣 そうなんですよ。そういうところは変に律儀なんですよ。

なぎら お釣りを入れておくという（笑）。

高田漣 たぶんなんですけど、残りの端数を自分の財布に入れておくと、奥さんにばれるじゃないですか。だから、残せないんですよね（笑）。

なぎら ああ、そういう部分もあったんだね。このお釣りまでちゃんと渡そうと。いやあ、心にしみる話ですよね。

高田漣 そういえば、それに似たような話なんですけど、自分がプロになって一緒に演奏するようになってからのことなんですが、あるとき「いやぁ、実は漣くんに謝らなければならないことがある」って言いだしたんです。なんだろうって聞いていたら、「実は漣くんがまだ小さい頃に、一回学園祭で大きな仕事をしたんだ」と。僕もうっすらと記憶にあって、おそらくですが中島みゆきさんもいたように思うんですけど、何組かで出たらしいんです。それで僕は先に帰ったらしいんですけど、そのとき親父はものすごい額をもらったんですって。おそらく何十万か。それでメンバー全員にギャラを渡して、その後新宿で中華料理かなにかをおごったらしいんです。その後メンバー全員を見送って、またもう一杯飲んでいたと。そうしたら終電がなくなっちゃった。なくなっちゃったから帰れないってなって、うちの母に電話をしたらしいんですよ。親父は、どこかホテルでも泊まるかとなったんですが、どこも満室で、唯一どこかのホテルのスイートルームだけ空いていたと。そのことを母に伝えたんですね。そうしたら、うちの母もだいぶ面白い人なんで、「じゃあ、外国に行った気分で泊まってきたら？」それもどうかと思うんですけど（笑）、うちの親父もそう言われたのを真に受けて、持っていたギャラを全部そのホテルにおいて、「このお金がなくなったら俺を追い出してくれ」って、それから一週間泊まり続けたんですって。もちろんルームサービスなんか使ったらすぐなくなっちゃうから、食事は自分のお金で近所の安い店で済ませてたようなんです。それで、親父が言うには「俺はこんなことをしていたから、蓄えがない」と。「だから、君にはそうとう迷惑をかけたと思う」って、今さら言われてもしょうがないことを言う（笑）。

なぎら　その話は初めて聞いたよ。

高田漣　そういうのをうちの母もよしとしていたというところがありましたね。

なぎら　早く帰って来いって言えばいいのにね（笑）。

帰ってこない

高田漣　親父の場合、帰ってこないときは一日とかじゃないんですよ。有名な話ですけど、たばこを買いに行ってくるって言って、そのまま何日も帰ってこなくて、やっと帰ってきたと思ったら、うちの母に「あんた、たばこは？」って言われて「忘れた」（笑）。それでももう一回買いに行ってくるという逸話があるくらい。晩年も一個の仕事に、前々乗り（前々日）くらいな感じで行って、その後も帰ってこない。だけど、まさか都内でもそういうことをやっていたとは思いませんでした（笑）。

なぎら　だけど、お母さんも「帰って来い！」って言うべきだよなあ（笑）。

高田漣　うちの母は、やや世間離れしているところがあるんで。京都の茶道の家元の娘なんですよ。子供のころはすごいお嬢様で、ほんとうに世間知らずだったと思うんです。だから高田渡といっしょになって、駆け落ち同然で東京に出てくるということもできた。うちの母が言うには、なんか楽しかったんですって。たぶん貧乏を経験したことがないから、ほんとうにお金持ちのお嬢様って。

なぎら　世間には、お金がないってことがあるのねっていう（笑）。

高田漣　そうそう、全然分からないですから。それでちゃぶ台がないってときに、早川義夫さんの家に行って「これ欲しい」って持って帰っちゃう人ですから（笑）。高田渡伝説っていっぱいあるのですが、今になって思うと、実は母のほうが破天荒だったのかなって思うこともある。

なぎら　うん、いい話だよね。

高田漣　かなり世間離れしているというか。じゃないと、ふつう駆け落ち同然で東京に出てこないですよ。まったく行き先も見えないわけですから。

なぎら　それも楽しかったのかもしれないね。冒険だ、みたいなね。

高田漣　母が言うには、高田渡はそれまで見たことがない人だったんですって。男性として魅力的だったというのもあるかもしれませんが、それよりも見たことがない人種と言いますか。京都の茶道の家元のおかたい世界にいたらそうですよね。

なぎら　まあ、渡ちゃんはどこの世界の人であってもあまり見ない人種だけどね（笑）。

高田漣　たしかに。それで離婚して、その後どうしようとなるわけじゃないですか。それこそ一流芸能人だったら慰謝料がどうとかの話になったと思うんですが、親父は金がない。それで僕は子供の頃にすごく貧乏をするんですけど、今、冷静に考えてみると、離婚したときに京都に帰れよって話なんですよ。京都のど真ん中に家がありますから、ほんとうに大金持ち。中学生の頃、学校が休みのときに京都の家に行くと、おじさんに連れられて毎晩祇園に行ってるんですよ。本物の大金持ちだから（笑）。だから生活を考えれば、ふつうは京都に帰ればいいはずなんだけど、帰らずに吉祥寺に住んでいたというのは、京都のお茶の世界の外に出たかったんだと思うんですよね。だから、親父と別れてもその後もなぜか近くにいるんですよ。変な元夫婦ですよね。母親も三鷹で過ごした数年間の生活が、しっくりきていたんでしょうね。

自転車事件

なぎら　高田渡に『仕事さがし』という歌がありますが、これ渡ちゃんが10代のときの曲なんだよね。それであたしは『仕事さがしの高田渡に捧げる唄』というアンサーソングを作ったんだけど……アンサーソングでもないな（笑）。パロディ・ソング、まあそういった歌を作りました。渡ちゃんのほうは

乗るんだよ　電車によ
乗るんだよ　電車によ
雨の日も風の日も
仕事にありつきたいから

という歌詞。あたしのほうは

盗んだよ　自転車をよ
盗んだよ　自転車をよ
吉祥寺駅前の駐輪場から
自転車を盗んだよ

あるとき、仕事がらみで渡ちゃんのアパートにジ・アルフィーの坂崎（幸之助）くんと遊びに行ったんですよ。そうしたら裏にぴかぴかのマウンテンバイクがあったのね。「なにこれ？」って言ったら、「それはいいじゃないか」と（笑）。そう言うのよ。そしたら、そのマウンテンバイクは漣くんにプレゼントしたんですね。漣くんはありがたくそれに乗っていたと。ところが、交番で職質を受けたと。それで漣くんは、親父からもらった自転車なんだけど、嫌な雰囲気がしたもので、その自転車の出所をかたくなに喋らなかったと（笑）。すごいよね、いい話ですよ、エピソードとして、あたしはずっとライブで喋っていたんですよ。

高田漣　親父から話を聞いたんですね。

なぎら　「かたちを変えればいい人情噺だよ」なんてことを言ってたんですよ（笑）。美談として漣くんにも話していたよね。そうしたらある日、漣くんが少し曇った顔つきで、「なぎらさんはああいうふうにお話ししていましたけど、真実は違うんです」と。

高田漣　そもそもうちの親父の自転車もそうらしいんですけど、親父の話によると、アパートの目

の前にいっぱい放置自転車があったんですって。親父はもともと自分の手で物を作るのが好きで、それで自転車も好きだったから、ボロボロになった自転車を見て、落ちているパーツを集めて自分で作っちゃったんですよ。

なぎら アッセンブルしたのね（笑）。

高田漣 そうそう。それで最高の状態のマウンテンバイクを作った。でもきっと、父の頭の片隅には「これ乗っていたら捕まるぞ」っていうのはあったと思うんです。だけど、しばらく自分で乗っていて、そのうちに僕にあげようと思って、連絡してきたんですよ。急に「漣くん、マウンテンバイクいる？」っていうから、そりゃくれるっていうなら子供なら欲しいじゃないですか。「乗りたい！　乗りたい！」って言ったら、家に取りに来いと。それで行ったんだけど、どうも親父の物言いの歯切れが悪いんですよ（笑）。なんかぶつぶつ言っている。要約すると、「おまえがこの自転車に乗っていて、万が一警察になにか聞かれても俺の名前は出すな」「分かっていると思うけど、お父さんは世に出ている人間だから、面倒なことになったら困るんだよ」って言ってるんです（笑）。

僕も子供ながらになんとなく理解はしたんですよ。だけど、それよりもなによりも乗りたいという思いが強いし、原型が分からないくらいに作ってあったから大丈夫だろうくらいに思っていたんです。だけど、乗り始めて一週間も経たないうちに捕まっちゃった。それでうちの親父は、僕がなにも言わなかったと思っていた。

なぎら あたしもそう聞いていて、実にきれいな話だと思っていた。

高田漣 それは親父がそう思い込んでいたのか、うちの母親がそう伝えたのか、分からないのですが、実際は全然違っていて、捕まって、いの一番に全部話したんです（笑）。これは父親がこうしてああしてって詳細にわたって全部話したんですよ。でも、取り調べしている人は「そんな親がいるわけない」と、ずっと言うんです。それで僕もそう言われ続けたもんだから、途中で面倒くさくなって、「いや実は僕が盗みました」（笑）。そう言ったら「そうだろ、最初からそう言えばいいんだよ」。それで僕はそのまま、家まで車で送ってもらったんですよ、夜中に。それで家に着くと母親が出てきて、少年課の人が、実は息子さんが自転車を盗んで捕まりましたって説明するんですが、その間母親はずっとニコニコしてるんですよ。うちの親父に「あんた、こんなの乗っていたら捕まるよ」ってさんざん言っていたから、ほ〜ら言わんこっちゃないって顔をしている（笑）。だから少年課の人も最初は諭すように説明していたのに、母がそんな表情なもんだから、途中から少し切れ気味に「こういうことじゃ困るんですよ！」って（笑）。

なぎら　お母さんが叱らないでどうするんだと（笑）。

高田漣　夜中だしボロアパートだから、大声出したら聞こえちゃうから怒鳴りはしなかったですけどね。だから、親父はこの話をいい風に解釈したんでしょうね。

なぎら　そう。「漣は言わなかったんだよなぁ」と言ってた（笑）。

晩年の親父

なぎら　ところで、プロになってから親父を見る目というのは変わりました？

高田漣　そうですね。一緒に演奏をするまでは、なにをやっているのかよく分からなかったんですが、高校生くらいから一緒に演奏するようになって、音楽もそうなんですが、なにを喋っているんだろうか、どういうことを言わんとしているかが子供ながらに少しずつ分かるようになっていった。音楽家ということ以前に、父との距離が近づいたという感じでした。それは音楽をやっていなかったら、なかったと思います。とくに晩年はいろんなところで一緒にやっていますから。よく仲がいい親子と思われていますが、ずっとそうだったわけではないです。ふつうに学生生活を送ってきた頃は、なにを歌っているかとか全然分からなかった。だから一緒に演奏し始めてからですね。

なぎら　なるほど、そりゃそうだよね。では、ずばり、嫌な面もありました？

高田漣　いや〜、もう、いっぱいありましたね（笑）。まあ、プライベートなところはともかくとして、いつも気になっていたのは、ステージ前の飲酒量があまりに過ぎると、ステージとしてほぼ成り立たないような状態があったんです。そのぎりぎり手前くらいだったら、ある種の面白さで成り立ったかもしれないんですけど。とくに晩年のある時期を越えてからは、お酒をしばらくやめて、また飲み始めてっていう繰り返しになっていたから……。

なぎら　あれは藤村さん（藤村直樹。高田渡の主治医）がいたからね。それで余計に安心しちゃった部分があったかも。

高田漣　飲むと手がつけられないときもあったんです。本来であればお客さんが怒っていいレベル。だけど、逆にそういう高田渡を見られたということをよしとする風潮と言いますか、ある種の高田渡伝説が大きくなりすぎてしまっていた。みんながそれを助長していたところがあったんじゃないかな。

なぎら　うん、それは分かる。

高田漣　自分としては高田渡を知っているつもりだし、この人はちゃんと演奏したらすごいんだということが分かっているが故に、すごく腹が立ちましたね。僕はやっぱり音楽家として接していたかったから。

なぎら　なるほど、分かりますよ。

高田漣　それがある時期、映画（『タカダワタル的』）が終わったあたりから、顕著にひどくなっていって。だから実は最後のほうっていうのは、僕も本気で怒って「そんなことしていたらダメだよ」って言ってましたし、ときには一緒に演奏するのを断ったりもしました。飲まないんだったらやるよって言っていたんです。今になってみると、たしかに面白い部分もあったんだけど、やっぱり身内としては見てられないっていう……。ちゃんとやればもっといい演奏、いいライブっていうのがいっぱいあったから。まあ、それは、息子としてというよりも、いちファンとしてもったいないなと。

なぎら　その通りだと思う。渡ちゃんの破天荒なところを面白がった人たちがいたときに、そのことを本人が良しと思っちゃったというのが失敗なんですよね。ほんとうは良しじゃないんですよ。悪しなんです。客は無責任だからそういう高田渡を見たいと勝手に言うわけ。そういうお客さんたちがいると、自分の甘えが出ちゃう。要するに厳しく、叱ってくれる人がいなかったというのが大きいんですよ。父親のような存在の人がいなかったっていう。だから我が儘を通してしまう。かといって小言をいえば、その人から距離を置いてしまうしね。自分が煩わしいと思えば付き合わなくなる。今、漣くんが言ったことを、渡ちゃんに言える人がいなかったね。イサっちゃん（中川イサト）

くらいかな。

高田漣　そうですね。それで最後は自分にそういうことを言う人を避ける。一緒にやらなくなったりとか。それは自分にとって都合が悪い人だと。

なぎら　うっとおしいと。つまり渡ちゃんになにも言わず、ヨイショするような人間ばかりが残っていってしまうという。

高田漣　どんどんそうなっていた。だから、もしあのまま生きていたら、たぶん身体が悪くならなかったとしても、人が離れていったと思うんですよね。やっぱり、みんなもどこかで気づいたと思うんです。

なぎら　そうですね。だから面白がっている人も、これは面白がってはいけないと気付く前だったからよかったけど、気づいた後だったら、それまでの作品が支えてきた高田渡も全部否定されてしまったかもしれない。

高田漣　そうかもしれないです。

なぎら　だから、いいときに中断しちゃった、という部分もあるかもしれない。持続していたらどんどん負の部分に入っていったということもありえたかもしれない。今、おっしゃったとおりだと思いました。

細野晴臣との幻の共演

なぎら　最後に、今となってみて、渡ちゃんと一緒にやりたかったな、ということはありますか？

高田漣　亡くなる2年くらい前でしたか、親父に細野晴臣さんともう一度共演しろって勧めていたんですよ。その頃は細野さんと仕事のつながりができて、会う機会もあったので。細野さんも「渡はどうしてるの？　元気なの？」って言っていたんですよ。僕も二人がもう一度出会ってなにかやれる機会はないものかと思って、ずっと画策していたんです。それで親父にもずっとそう言っていたんですよ。そうしたら親父も「細野くんとやるならもうちょっとちゃんとしなきゃいけないな」って（笑）。やっぱり若い頃の自分を知っている人だから、今の状態ではよくない、ということに感づいていたんですよ。

なぎら　ちゃんとしなければできないというのは分かっていたんだね。

高田漣　そうなんです。それでふだん腰が重いはずの細野さんが、珍しく乗り気になってくれていたんですよ。親父が倒れて、まさに亡くなった日、ギターを弾いて歌う細野晴臣の復活のライブ（『HOSONO HOUSE』が作られた、かつての自宅近くの埼玉県稲荷山公園での『ハイドパーク・ミュージック・フェスティバル2005』）があるというので、主催者の麻田浩さん（185ページ参照）という、親父とも古くからの知り合いから電話がかかってきて、「よぉ！　漣、元気か！　渡が倒れたって聞いたけど、大丈夫なんだろ？　いや細野くんが一緒にやりたいって言ってるんだけど」。結局それが、細野さんからのうちの親父と一緒にやりたいという最後のメッセージになってしまった。不思議な縁で、その日から僕はずっと細野さんと一緒にやっている。考えようによっては、父が引き合わせてくれたのかなとも思います。ただ、やっぱり残念ではありますね。

なぎら　ふと思うんですけど、「残念」を残したほうがいいという感じもするんだよね。まあ、それによって漣くんが渡ちゃんを継いでいる感じもしますからね。

証言2 高田 漣 第2部

取材日：2019年6月25日

イントロ

なぎら　親父さんとは飲みに行くことはあったの？

高田漣　行ってました。ただ、待ち合わせて行くというのはではなく……。

なぎら　会っちゃうの？

高田漣　そう。吉祥寺っていっても行く店は少ないじゃないですか。僕はさすがに『いせや』は行かなかったですけどね。親父の行きつけの店がだいたい3軒あるんですよ。『いせや』、さっきも話に出た『のろ』、それともう一つ『ハバナムーン』。それで僕はその『ハバナムーン』によく行ってたんですよ。親父はその3軒をどこも勘定せずに、途中で抜けてはこっちに行って、こっちに行っては……。ってうろちょろしていたんです。その3軒を線で結んで、〝魔の三角州〟って呼んでいたんですけど（笑）。僕が『ハバナムーン』にいると、2時間前に帰ったはずの親父がまた来るとか。

なぎら　あはは、まるで魔のバミューダ海域か、ゴールデン・トライアングルだね。

『いせや』

なぎら　渡ちゃん、ほんとうはそんなに酒が強くないから、すごい飲んでいるように思えるけど、実は一、二杯くらいなんだよね。それをちびちび時間かけて、あるいは30分くらい全然口をつけないでいるわけ。それで気づくと、それをギューッと飲んで、他の店に行っちゃったりね。変な飲み方だったよね。それにしても『いせや』には毎日いたよね。

高田漣　いましたね。『いせや』はへたすると開店前の、お店のひとが仕込みをやっているときからいて。

なぎら　ふつうは「お客さんダメですよ」ってなるんだけど、顔見知りだから中で飲んでるんだよね（笑）。仕込みをやっている店のおじさんに話しかけながら。それで昼頃帰って、また出てくるんだ。あそこに行くと必ず会ったもんなあ。写真を撮りに行って（注・写真の仕事もやっています）、冗談で「高田渡さんいますか？」って言うと、お店の人が「ほら」って指さして、そこにほんとうにいるもんね（笑）。

高田漣　冗談みたいな話ですけど、携帯電話とか持っていなかったから、仕事の電話とか『いせや』に連絡がきてましたからね（笑）。そうすると『いせや』のおやじさんが「渡さん！　仕事の電話だよ！」って。たぶん、友恵さんが、仕事の電話がくると「いま、『いせや』にいるはずだから電話してみて」とか言ってたんでしょうね。あげくには『いせや』からお中元とかお歳暮がきてましたからね。どんな付き合いなんだっていう（笑）。

なぎら　お金は払っていたんだよね。

高田漣　払ってましたね。親父が僕に残した数少ない格言の一つは「飲み屋にツケは残すな」でしたからね。あと、「楽器は月賦で買うな」というのも。

なぎら　だから、3軒をお勘定せずにぐるぐる回っているのは、また来るからなんだよね。

高田漣　何回も行ったり来たりしますからね。だから基本的にはもう帰るっていうところで払っていたんでしょうね。忘れてなければ（笑）。

なぎら　お金の払いで汚いってことはなかったかな……。まあ、あたしは実体験としてはあったけど（笑）。

曲の元ネタ1

なぎら　最初の頃は、渡ちゃんはこの曲からとったなとか、はっきり分かったんだけど、最後のほうはシャンソンとかあっちのほうに行ってたじゃない？　どの国の曲かもよく分からないようなものとか。あの頃から元ネタが分からなくなってきたんだよなぁ。それにしても、曲も詞もよく見つけてくるんだよね。どこからこの詞を見つけてきたんだよっていう。

高田漣　ほんとうにそうですね。あんまりそういうことを喋らない人でしたからね。分からない。

なぎら　自分の方法を盗まれちゃうって言ってたね。

高田漣　ああ、そうですか。家ではあまり曲を作っていたという記憶はないんだけど……。僕が記憶に残っているのは、軽井沢に電車で行ったときに、車中でずっとメモを書いていたんですね。後にも先にもそんなことをしているのを見たのはその一度きりなんですけど、その書いていたものを、その日のステージで試してみるってやっていましたね。でも、ふだんは作っているところを見せなかったですね。

なぎら　あたしが知っているのは、詩にマル印がついていて、それがなんの曲に合うとか書き込んでいたものかな。端《はな》から、作詞作曲しようという気持ちがないんだ(笑)。

高田漣　そうですね(笑)。僕が生まれる頃くらいまでは、そこそこレコードもあったみたいなんですけど、ある時期、けっこう売ったみたいですね。

なぎら　聴かないヤツ間引いたんじゃないのかな。

高田漣　いわゆるコレクターではなかったんで、最後はそれほど買いませんでしたね。もちろんふつうの人よりはありましたけど。

なぎら　だけど、間引いて枚数は減っていたかもしれないけど、棚を見るとたまにすげ～なっていうものがあったよ。これは手元に置いておこうって選りすぐったやつだからね。オールド・タイミーが一番多かったかな。

高田漣　そうですね。ブルースとかはそれほど興味がある感じではなかったですね。

なぎら　うん。

高田漣　たぶん、ブルースの場合、音楽はある程度定型なんだけど、歌詞の面白さみたいなものがあるじゃないですか。うちの父は英語はそれほど得意ではなかったから。それよりは音楽的に面白いものが好きだったみたいですね。案外、曲芸みたいな音楽が好きでしたよ。双子のバンジョー弾きとか。あと……。ブルーグラスのちょっと変わったレコードとかもありましたが、曲のよさというよりも曲芸的な演奏が好きだったかもしれない。

なぎら　ちょっとキワモノみたいなね。

高田漣　そう。すごいテクニックで、ユーモアが混ざったような、面白いもの。

なぎら　以前、ジェシー・フラーを聴いていたときがあったね。そのときはおやっと思った。

曲の元ネタ2

高田漣　先の細野さんとの話は実現しなかったんで、真相は分からないんですが、親父はなにかやりたいことがあったっぽいんですよ。そのときに言ってたのは、虫とか小さな生き物を擬人化したような詩だけを集めた作品で、「それだったら細野くんも喜んでくれるかなあ」と言ってましたね。結局、いまとなってはなんのことだったか分からないんですけど。

なぎら　それとつながるか分からないんだけど、『ブラザー軒』の詩を書いた、菅原克己さんの詩の中であるんだよね、「コオロギ」だったか。あれに二重丸がついていた。それで、今度これをやるんだって言ってたのが最後だったみたいだね。

高田漣　最後のほうは、外国の詩も取り上げていましたが、音楽というよりも詩を編纂するような感じだったかもしれません。こういうサウンドでとか、こういう曲でとかいうよりは。

なぎら　曲とか詞のことはほんとうに話さなかったよね。

高田漣　ほんとうに話さなかったですね。

なぎら　まあ、他のミュージシャンも話さないといえばあまり話さないけどね。他の人の曲、あたし自身の曲についてもそうですが、誰かの曲についても滅多に話したことなんかないですね。ただ、「この曲はなんとかの影響でしょとか?」と言われると、ニターってするだけ(笑)。「そう」とも「違う」とも言わない。

高田漣　僕が相手だと、この曲が面白いくらいは言ってたんですけど、自分の曲については一切言わなかったですね。最後のほうは、自分の音楽に関係あるのかどうか分からないようなものを聴いてましたね。キューバの音楽とか。

なぎら　どこから探してくるんだろうね。あと、中近東のほうの民謡みたいなものとか。

高田漣　そう、好きでしたね。一つ言えるのは、親父も通っていた『ハバナムーン』という店は、そういう音楽が強かったので、そこのマスターとの会話を通して情報を得ていたのかもしれないです。自分で調べてっていうよりかは誰かから聞いていたんだと思います。

なぎら　そうでしょうね。

高田漣　うちの親父の一番上のお兄さんの驍《たけし》さんも、それどこで調べたの？っていうようなブラジルの女性歌手とかを「最近これ聴いているんだ」って言ってくるから、あの家族の気質なのかもしれません。おそらく、兄弟で今でも一番音楽を聴いているのは驍さんですね。あの方は車も好きなんですよね。

渡とレコード

なぎら　あたしの場合は、家族や家庭環境の影響はなかったですね、自分が目指したところの音楽においては。つまり、さっきの漣くんの話と同じで、今と違って当時は音楽の番組がたくさんありましたから、流行っている音楽が嫌でも耳に入ってくる。『お富さん』が流行っちゃって、幼い子供が覚えて歌うもんだから、幼稚園で禁止になったりとかね（笑）。だから、そういう環境の中で耳にしたものは、その後、志した音楽とは関係ないんですね。まあ、そもそも最初はプロになる気はなかったですから。こんなもので一生食っていけるはずないっていうのはどこかにありましたから。

高田漣　それにしても、あの時代を象徴していたURCの音楽が、今海外で人気というのも不思議ですね。海外の若者が日本に来て、中古レコード屋に来るとそういうコーナーに探しにくるんですって。

なぎら　レコードといえば、最近、カントリーのレコードを売っているところが少なくなっちゃってね。

高田漣　今は、マニアックなものはネットで買うようになっちゃってますからね。だから店舗で置かなくなってきちゃった。それは新譜でもそうで。レコードといえば、うちの親父は、地方にいってよく自分のレコードを買ってましたね（笑）。「俺、持ってないんだ」って。

なぎら　あたしも、自分のレコードを買うことはあります。もちろん、持ってないという場合もあるんだけど、こんな安い値段はダメだぞっていうとき（笑）。そういえば、渡ちゃんのところに遊びに行くと必ず「なぎらくん、こういうの知ってる？」って。

高田漣　ありますね。そういう儀式がね。

なぎら　しかも、キワモノなのよ。

高田漣　親父のレコードといえば、まだ生きている頃ですが、「おまえ、こういうの好きだろ」ってくれることもあったんですよ。中には、「こんなの聴いてたの?」っていうのもありましたね。

なぎら　渡ちゃん、黒盤（アナログレコード）はあんまり聴かなかったでしょ。

高田漣　たしかに晩年は、レコードは持ってたけど聴かなかったですね。買いなおしたものもふくめてCDはいっぱい持っていました。若い頃には聴けなかったニュー・ロスト・シティ・ランブラーズとか、たくさんのアーカイヴ音源が世に出るようになりましたからね。それでCDばっかり買って、レコードはほとんど聴かなくなった。第一、寝ちゃうんでね（笑）。レコードはひっくり返さないといけないけど、CDは流しっぱなしでいいから。

なぎら　今考えると、針落とすと「もうA面終わったの?」ってくらい早かったよね。

高田漣　昔のレコードはさらに片面に入っている分数が短いから。

なぎら　それで何曲目に戻すのが面倒くさいんだよ（笑）。

高田漣　だけど、最近の若い子たちはレコードで買うんですよね。たとえば細野さんの再発ももちろんCDも出ているんですけど、圧倒的に売れているのはレコードなんです。CDは売れないって言われているけど、レコードはここのところずっと増収なんですよ。一周してもとに戻った、という感じですかね。

なぎら　ポータブルのレコードプレーヤーがあるじゃない。すごい売れてるんだってね。まあ、今更ステレオ買おうとか思わないからか。

高田漣　聴く環境の問題もあるでしょうね。いずれにせよ、レコードは若い子にとっては新しいメディアなんですね。

なぎら　あのわずらわしさが逆にいいんでしょうね。あたしたちはあのわずらわしさが嫌なんですから（笑）。たとえば、原稿を書いているときに流しているとね、黒盤だとすぐにひっくり返さなきゃいけないから。またかよ！　なんて言いながら。

高田漣　そうなんですよね。

『いせや』の前のいきつけ

高田漣　そういえば、この間取材で『ささの葉』に行ったら、ものすごい混んでいるんですよ。流行ってるんですね。

なぎら　あんなところが？　失礼だな(笑)。やっぱり、あれかね、黒盤と同じことなのかね。ああいう店を知らない世代が来ているのかな。若い人が多い？

高田漣　若い子ばっかりですよ。まあ、あそこのおやじさんが大盤振る舞いすぎるのかもしれないんですけど。そもそもハモニカ横丁なんて、僕が大学生くらいの頃は誰も行かなかった。それが今や大変な賑わい。

なぎら　あそこはすごい乱暴な刺身だよね(笑)。

高田漣　よく言えば大ぶりの(笑)。

なぎら　包丁が悪いのか、切り口ががたがたになっているようなさ(笑)。『太郎』は知っている？　おでん屋さん。

高田漣　知ってます。うちの母はよく行っているみたいです。

なぎら　あれは、屋台のときにみんな行ってたからね。

高田漣　『太郎』さんのお子さんは、小学校が同じだったんです。

なぎら　そうなんだ。渡ちゃんは、『いせや』の前は、『ボガ』か『太郎』だと思う。

高田漣　そうですね。『ボガ』のあたりもずいぶん変わりましたね。

なぎら　昔は『ぐゎらん堂』のあたりなんか薄暗くて人がいなかったのに、今はあのへんまでおしゃれな店ができているもんね。

シバさん他

なぎら　シバも体調相変わらずだってね。

高田漣　イサトさんも外に出てないですね。たまに出ているみたいだけど。頭は元気みたいなんですが。

なぎら　身体がついていかないって？

高田漣　そうですね。ギターは全然弾けないみたいで。

なぎら　弾けないの？

高田漣　もう活動はしてないですね。

なぎら　弾けるんだけど、表に出てないってこともあるよね。

高田漣　まあそうですね。何年か前までは演奏もしてたんですけどね。もうやらなくなっちゃった。

なぎら　二人とも外に出ないから、会わないね。西岡（たかし）さんも出てこないしな。以前西岡さんに「みんな会いたがってますよ」って言ったの。「誰が？」「ファンの人とかみんな会いたがってますよ」。「本当にそう言ってるんだったら、連れてこいや」って（笑）。この人は大丈夫かと（笑）。

渡の危険なとき

高田漣　先になぎらさんもおっしゃっていたけれど、うちの親父は、飲兵衛だと思われがちですけど、酔っているだけで、飲んでいる量は大して多くないんですよ。

なぎら　そうなんだよね。

高田漣　基本的にはお酒は弱い人だったんだと思う。だからああいう風になったのかなと。

なぎら　ただ朝から飲んでいるから、印象的には飲兵衛になっちゃうんですよ。

高田漣　そして、ちゃんと、というとおかしいけど、ちゃんと寝ているんですよ。お店でも突っ伏して寝ているということはよくあったんです。だけどトータルでどれだけ飲んでいたかとなると、そんなに大したことないはずなんです。飲めた時期もあったとは思いますけどね。少なくとも晩年は大して飲んでないです。

なぎら　だから雰囲気が好きだったんでしょうね。だけど、お酒飲んで人懐っこい人かというとそうでもない（笑）。たとえば、お店で隣の客が「高田さんですか？　サインもらえますか」なんて言っても「おたく、なんなの？」ってまったく寄せ付けないし。

高田漣　そうそう。だから、今、高田渡は気のいい飲兵衛の親父みたいなイメージがあるかもしれないけど、真逆ですよ。

なぎら　いやー、すごかったですよ。

高田漣　親父が飲んでいて、今日はヤバいぞっていうときは、僕ですら近寄りたくなかったですもん。よくない酔いかたでしたね。気のいいときはあまりない。気のよさそうなときも、たとえばなぎらさんと一緒にいて、最初は機嫌よくしてても、なんかのきっかけで変わって急に怒り出したりとか、そういう人でしたね。

なぎら　だから、飲んでいるときの渡ちゃんの顔色を見れないと、すごくしくじるんです。あたしはわりあい大丈夫なほうだったと思います。

高田漣　なぎらさんのことは信頼しているから、そういう人は大丈夫なんですけど。親父と一緒にいると分かるんですよ、このワードが危険だとか。なんかきっかけになる言葉みたいなのがあるんですよ。それが出た瞬間にスイッチが入ってしまうというか。

なぎら　たとえばあまり知らない人から「昔からよく知ってるよ」みたいなことを言われるとカチンとなるとかね。だけど不思議なもんで、たとえば隣のお客がモンブランの万年筆でものを書いていたりすると、「モンブランですか、いいですね」なんて言って、旧知の仲みたく話し始めるんだよね。人にこびるのがイヤだったのか、自分の空間に自分の意図としないものが入ってくるのを嫌ったんだよね。

高田漣　そうなんですよね。映画『タカダワタル的』（アルタミラピクチャーズ）でのイメージはいいと思うんですけど、実際に撮影した中には……。たぶんいろいろあったと思います。

なぎら　『裏・タカダワタル的』を作りたいよね（笑）。

高田漣　たしかに。そのときのスタッフさんは今でも仲良しだから、たまに会うと、その頃の話も出ますけど、そうとう大変だったと思いますよ。

なぎら　あたしもそう思います。

高田漣　朝まで親父の家にいるシーンがありましたが、あれだけ見るとすごく楽しそうだし、僕も見ていて笑いましたけど、あそこにいたるまでの90%以上は面倒くさいことばかりですよ（笑）。なぎらさんは、昔から知っているから扱いが上手なんで、変なこと言い出してもいなすけど、もし知らないで全部まともに受けていたらたまったもんじゃないです。だから、上映当時も見ましたが、見ながら、ああ、この後大変だったろうなとか、なにか悪夢を見るような（笑）。

なぎら　途中一回は寝てるだろうなとか（笑）。ところで『タカダワタル的ゼロ』のとき、なんで泉谷（しげる）が来たんだろうなあ。だって、そんなに親しくないはずだよ。若い頃はまあ一緒にやっていたけど、その頃はしげるちゃんが渡ちゃんに近づかなかったんですよ。飲めって言われるのが嫌だから。泉谷は下戸なんで。あと、ねちねち言われるのも、性格的に嫌いだったからね。「君は酒を飲まないから歌がつまんないんだ」とか（笑）。

高田漣　誰に対しても、〃その人が言われたら一番嫌なことを言う人〃だったんですよ。

なぎら　「おたくはね」って始まるんだ。そういう部分と、変に茶目っ気があるところもあるんだよなあ。先に話した花巻の大沢温泉に行ったときなんだけど、出番が終わって楽屋に帰ってきたら、白の太いマジックであたしのギターケースにハートに矢が刺さってる絵が描いてあるの。昔の落書きじゃないんだから（笑）。で、渡ちゃんを見るとニタニタしてるんだよね。それで彼の出番になったから、よし俺も描いてやろうと思ったんだけど、利口なんだ、ギターケースをどこかに隠してんだよ（笑）。

高田漣　不思議なもんですね。なぎらさんに限らず、こうやって父のことを話す機会がありますが、なんというか親父は「人たらし」なところがあるんですよ。

なぎら　あ、そうだ。うまい言い方だな、「人たらし」。

高田漣　生前に関わったことがある人はみんな、こんなに人に対して腹が立つことがあるかっていうくらいの体験が一度ならずあるんですよ。だけど、実際いなくなってみると、面白かったなって言われる。なぎらさんはとくに数え切れないほど腹立たしいことがあったと思いますし、僕にもいっぱいあるし、深く関わった人はみんなあるんです。でも、なんかいい人だったような気がするんですよ。全然いい人じゃないのに（笑）。だけど、親父の話をしていると、思わず笑っちゃうというか。ずるいですよね。

なぎら　ほんとそうだ。「人たらし」だよ。

高田漣　なぎらさんともこうやって話してみても、腹立つ思い出しかないんですよね。でも話しているほうも聞いているほうも、楽しくなってきて、なんかいい思い出のような感じになってしまう（笑）。

なぎら　うまいね〜（笑）。すごい洞察力だよ。

酔っぱらったステージ

なぎら　その最たるものだけど、ステージでもどしたってことがあって、ふつうお客さんはいい気持ちしませんよ。寝ちゃうにしてもね。アーティストとしては悪しき部分です。それが伝説となってしまうのはいいことではないんですけど、そういうときにも憎めないというか……。その甘えの部分で言えば、「人たらし」なのかもしれませんけどね。ステージで寝ちゃっても、2，3日後には笑い話になっていたというところなんだよね。ただ、（落語の古今亭）志ん生みたいにお客さんが「寝かしとけよ」って言ったというのは絶対にない。賛否を問われれば、後日面白がる人はいてもその場での賛はなかった。

高田漣　本来であれば「金返せ」っていうのが普通ですからね。

なぎら　あるときからですよ。「またか」ってなったのは。それから「これが噂のあれか」ってなった。ということは常習化していたというわけですよ。伝説という人がいるけど、常習に伝説はありませんから。誰もよくないとハッキリ言わなかったことにも問題があるんですよ。ハッキリ言わなきゃ、本人は何が起こっているのか知らないんですから。何も言わなかったじゃなくて、何も言えなかったのかもしれませんけどね。

高田漣　寝かしておけっていうのはないですよね。なんならすぐステージからさげて、別の人が歌ったほうがいい。

なぎら　困るのはスタッフですよ。どうすんだ、これって。あたしは何回か見てるんだけど、ライブハウスで一番困ったのは（江古田の）『マーキー』で、酔っぱらって、最後イスからずり落ちて床に座って、ギターマイクで歌いだした。そのとき『マーキー』のオーナーの上野さんとあたしで渡ちゃんをステージから運び出して、楽屋に連れて行って寝かしたんですよ。その後あたしが出て、渡ちゃんの歌詞カードがあったから、「この歌詞カードにあるものなら、リクエストいただければ歌いますから」ってあたしが歌ったの（笑）。お客さんも文句も言わず聴いてくれてたんだけど、40分くらいしたら起きてきて、ソデからず～っと嫌な目で見てるのよ。「もう歌えんの？」って聞いたら、

「余計なことするなよ」。余計なことって（笑）。

高田漣　ありましたね（笑）。そういえば、長野県のお寺で『シバと高田渡』っていう会があってそこでも似たようなことがありました。シバが先にやって、滞りなく終わったんです。ただ、その前からうちの親父はず～っと飲んでいたんですよ。実は、三鷹の家に迎えにいったときからすでに酒臭かった（笑）。その時点でヤバいなとは思ってたんですけど、行く途中車の中で寝ていたんで、本番はなんとか大丈夫かなと思ったんですね。会場に入ると出番前から調子よく飲んでいて。それでシバのステージが終わって、親父と僕が出ていってやり始めたんですが、1曲目の時点でもうぎりぎりなんですよ（笑）。それまでやってきた中で、1曲目からぎりぎりというのはなかったんですね。これはヤバいなと思ったら、2曲目でキーが違っている（笑）。どうにか歌い終えたんですが、そうしたら、「漣くん、僕、ちょっと出てくるから」って。演奏しているときにあまり聞かない会話なんですが、それでいなくなったんですよ。お寺の中なので、戸を開けて出て行ったんですが、その先がトイレだったみたいで、そこで激しく嘔吐しているのが丸聞こえ（笑）。いよいよまずいことになったと思っていたら、戸からひょこっと顔を出して「ちょっと続きやっててくれる？」（笑）。また戸を閉めて、オエ～って言いながら吐いている。さすがに、ヤバいっていうことでシバが気を利かせて出てきてくれて、一緒にけっこうな時間をやったんです。で、最後だけうちの親父も出てきて、「今日は申し訳ありません」みたいなことを言っていなくなったんですよ。

なぎら　え？　その後歌わなかったの？

高田漣　歌わなかったんです。そのときはほんとうにお客さんに申し訳ないと思って。こういうことはよくないなって思って落ち込んでいたら、お客さんが「今日はほんとうにいいものを見ました」みたいなことを言うんですよ（笑）。なんなんだこれ、と思って。僕はこういうのが一番嫌なんだ、こういうのがいけないんだよと。それでお客さんの中に平田オリザさん（劇作家、演出家。劇団「青年団」主宰、「こまばアゴラ劇場」支配人）がいらしたんですが、僕はそもそも今回の会がなんなのか全然聞かされてなかったんですね。後で知ったんですが、全国の私立学校の先生たちのシンポジウムだったと。

なんのシンポジウムかというと、「新しい親子関係」について（笑）。それで次の日の朝、ふつうに起きてきて「漣くん、昨日は僕、ちゃんと歌ったのかな?」（笑）。このときはもうほんとうに怒って、「なんにもやってないよ!」。「だけど、お客さんは満足したんだろ?」「それは、まあ……」「じゃあいいか、帰ろうか」（笑）。この後、僕はしばらく親父から連絡がきても無視しました。これはダメだと思って。

なぎら　まあ、こういうエピソードはある意味、高田渡派から見ているんですよ。つまり機動隊の後からカメラで撮影している（笑）。そうすると、前にいる学生たちは敵に映る。ところが全学連の後から撮ると機動隊が敵に見える。だから、そういうことの最たるもんだね（笑）。お客さんから見るのか、渡の側から見るのかで違ってくる。『タカダワタル的』にも言えているね。

　本人は『バーボン・ストリート・ブルース』にこう書いている。

　何年か前になぎら健壱が出した『日本フォーク私的大全』という本には、僕がライブで歌を歌っている最中に酔っ払って寝てしまった、あるいは酒を飲みすぎて二、三曲歌って帰ってしまったというような話が書かれている。

　やってないとは言わない。楽屋入りする前から飲んでいて、出番を待つ間にだんだんと気持ちよくなってきて、歌うのがイヤになってしまったりすることもあった。

　しかし、そうそう頻繁にあったことではない。だいたい、彼にかかると話が十倍ぐらいに膨らむのが常だ。話の発端がないわけではない。ないことはないのだが、いつの間にか膨らんでしまうのである。

と。

「そうそう頻繁にあったことではない」「いつの間にか膨らんでしまう」ですって、おいおい。

　これが自分を繕うための照れ隠しで言っている、あるいは冗談で言っているのなら理解できるし、笑ってすませることもできる。しかしこれを本気で言っているとするならば、そこに高田の負の側面がある。酔っ払った自分を覚えていないという「負」である。だが、そうは思いたくない。覚えているが、それを認めることに対して恥じらいがあるから、という言行であってもらいたい。

晩年の体調

高田漣　まあ、晩年はちょっと度を越えていたところがありましたね。『タカダワタル的』の何年か前から、入退院を繰り返していて、そもそも病院に入院しなければいけないくらい身体がよくなかったんです。それが親父にとってとてもいい先生に巡り合ったおかげで、入院するとある程度よくなっちゃうんですよ。

なぎら　それが悪くもあったんだよ。

高田漣　今思うとそうなんですよね。少しよくなって退院すると、しばらくは飲まないんです。そうするといい演奏をするんですよ。

なぎら　そう！　こんなにギター弾けんの！って。声も出るんです。2音くらい高くしても出るくらい。

高田漣　親父と一緒に出したNHK－FMの番組での公開録音のライブ盤（『27/03/03』TONETONE）があって、それを収録したのが『タカダワタル的』の制作期間中だったんです。退院した後で、下北の『スズナリ』でのライブの前だったんですよ。あの頃は入院してお酒抜いていたから調子がよかったんだけど、『スズナリ』のライブ以降はまた調子を崩したり、そういうことを繰り返していて、よくなることもあったんだけど、逆に悪くなるとその度合いが強くなったり、回数も増えていったり。最後、亡くなる前に北海道に行くとき、電話で体調的に厳しいと言っていたんですよ。それまで、そういうことをうちの親父が言うことがなかったから、ちょっと意外でした。親父はいったん引き受けた仕事は絶対やる人だったので。まあ、引き受けてもいっぱいやらかしていることはあるんですが（笑）。いずれにせよ、そういう人だったので、北海道へは行くと。ただ、その後、少し休もうと思っているんだって言ったんです。ほんとうはもう苦しいんだって。そんなことを珍しく言ってきたから、「少し休んでもしばらくは生活も困らないんでしょ？」って聞いたら、「うん、しばらくはいろいろがんばったから、半年くらいはゆっくりしようと思っているんだ」と親父には珍しく弱気な物言いだったんです。「じゃあ、北海道から帰ってきたら飯でも食おうよ」と。ふだん親父を誘うことなんてしないんですけどね。

なぎら　だいぶしんどかったんだろうね。

高田漣　当時のツアーをたまたま見た知り合いが言うには、打ち上げでも酒を飲まなかったんですって。だからそうとう調子悪かったんでしょうね。行く前の写真を見ると、まだそれほどでもないんです。でも現地で撮られた写真を見ると、げっそりして、ほんとうに廃人みたいな顔をしていたんですよ。だから、その数か月の間にかなり悪くなったんですね。

なぎら　渡ちゃんのサプリメントだったのが藤村先生だったわけよ。でね、最初に藤村先生のところに入って退院してきたら、酒を抜いたせいか、髭やもみあげあたりの白髪が黒くなってきているのね（笑）。しかも歌はよくなったし。だけど、それで安心しちゃった部分があって、また飲み始めてしまって、元に戻って。それでまたひどくなると藤村先生のところに行く。その繰り返し。渡ちゃんの弔いのときに藤村先生が号泣して「俺が悪かったんだ」って言ってましたね。それからすぐに藤村先生も亡くなっちゃったんだけど……。なんていうのかな、そんなことないよって言いたいんだけど、たしかにそういう部分もあったかなとも思うんだよね。

高田漣　退院してしばらくの間は、飲まないんだけど、だんだん隠れて飲みだすんですよ。外で飲んでいたりすると、それこそイサトさんに「お前、なんで飲んでんねん！」って怒られるから。他の人にも「渡に、絶対、酒あげたらあかんで！」って言ってくれてましたし。そうすると、隠れて飲みだすんですよ。それである時期を境に、自分の中でまたOKになっちゃう。それが1年、2年と続くとまたおかしくなって入院する。それをずっと繰り返していた。

なぎら　「隠れて」っていうときはまだかわいいのよ。それが公になっていくとね（笑）。あたしが最初に会ったときには、酒も飲んでなかったたし、たばこも吸っていなかったときだったから、なんであそこまで酒に固執したのかがよく分からないんだよなぁ。

高田漣　いい飲み方ではないなという感じはずっとしていましたね。なぎらさんを見ていると思うんですけど、美味しいお酒を知っている人とは飲み方が違っていたなと。

なぎら　またそういう人とはあまり飲みたくなかったんだよ。大吟醸がどうのこうのとか言う人ね。

高田漣　今になって思うのは、酒を飲んでいて「うまいな」っていう言葉を聞いたことがないですね。おいしそうに飲んでいる印象がないんですよ。みんなで「これはうまいね」とか言いながら飲むのが酒飲みだと思うんですけど、そういうのがない。

なぎら　「これが美味しいお酒だから」とか言ってしまうと、またダラダラ言われるんですよ。「うまい酒というのはそうじゃないんだ」とか（笑）。面倒くさいからいいやってなる（笑）。

高田漣　それと、飲んでばかりで食べないイメージがありますが、もともとは食べていたんですよ。だけど、途中から喉の調子が悪くなって、外で物を食べると戻しちゃうことがあって。

なぎら　人前であまり失礼なことをしたくないと。

高田漣　それもありますし、そんな姿を見せたくなかったんだと思います。僕と一緒に食べているときも、ラーメン一口ちょうだいって食べると熱くてむせてしまうこととかも多かったので。だけど、家にいるときは意外と食べていたらしいです。友恵さん曰く「ほんとうはこの人食べるのよ。でも、お父さんは人に見せたくないから」って。

なぎら　外では食べなかったよねえ。

高田漣　ですよね。子供の頃の遠い記憶の中で、ラーメン屋さんで一緒に食べた記憶があるんですけど、ある時期から食べなくなったんですよ。それで食べないと、お酒に飲まれちゃうわけじゃないですか。それも身体に悪かったことの一つかもしれない。

なぎら　そう思いますね。

高田漣　結局いつも外に出ているから、そうすると食べなくなっちゃって、お酒だけでカロリーとって泥酔して……。そういう悪循環。だけど家では食べてた。晩年、ライブのときは僕が車で迎えにいくわけですが、そうすると途中で「なにか食べていくか」とか言うんですよ。実際に、けっこうな量のオムライスを食べたりするんです。「こんなに食べるの?」って聞くと、「ほんとうは食べるんだよ」って。

強烈な酒飲み

なぎら　食べないといえば、ジミー時田さん。あたしの3人の師匠のうちの一人ですが、16時間一緒に飲んでいて寿司一貫だけ（笑）。それも無理やり食べさせたんだもん。まあ、渡ちゃんも酒好きだけど、ジミー時田さんはすごかった。あたしが一番強かった30代のときに一緒に飲んでギブアップしました。すごいなんてもんじゃなかった。それもジミーさん、ウィスキーなど強い酒を医者に止められていたときですよ（笑）。途中ちょっとは寝てはいますけど……、36時間、飲み続け。

高田漣　めちゃくちゃですね（笑）。

なぎら　あたしの30周年コンサートのときに、フォーク・ソング界の師匠高田渡、カントリー界の師匠ジミー時田、そしてヴァイオリン演歌の師匠桜井敏雄、この3人の師匠を呼んだんです。それで同じ楽屋にいてもらったんですね。で、どっか飲みに行っちゃったりしたら困るから、一人6缶ずつビールを渡していたんですよ（笑）。それでまた高田渡とジミー時田の気が合っちゃったりして。そんなところで桜井先生が「あたしは若いときにやりすぎちゃって、胃を取っちゃったりしたもので、今は飲まないんですよ」って。桜井さんの6本が二人に行って、一人9缶ずつになった。でも、結局、足りなくなっちゃったんだろうね。第1部があたしで、第2部がその師匠方3人が1曲ずつやることになっていて、あたしが1部を終えて自分の楽屋に帰ってくると、熨斗《のし》のついたビールの箱が空いているんですよ。熨斗が破られている。で、何本かない（笑）。3人の楽屋へ行って、「渡ちゃん、ずいぶん、空いている缶の数が多いんじゃない？」って言うと、「いや、なんでだろうな……」（笑）。

高田漣　そういうところずるいんですよねえ。

なぎら　「前からここにあったような気がするけど……」とか言うんだよ。「俺の楽屋入ったろ？」って言うと「う、うん」。「欲しけりゃ飲めばいいけど、熨斗はどこにやったの？　礼状を書かなきゃいけないんだから、誰からもらったか分からないと困るんだよ」って言ったら、「いや、細かくちぎって捨てちゃった」（笑）。

高田漣　それはひどい（笑）。

なぎら　その頃飲まなくなった演歌師の桜井先生も、若かったときはすごかったらしいんですよ。三ノ輪に住んでいたのね、台東区の。あそこから、高下駄で歩いてまず上野まで行ってウィスキーを2杯飲むんだって。そのときによく隣で飲んでいたのが「なぎらさん知っているかなあ、添田知道って」と言うんですよ。知っているもなにもね。

高田漣　へえ～！　すごい！

なぎら　それでその添田知道に「ぼうや、がんばっておいで」って言われたんだって。唖蝉坊の息子だからね。あまり強くはないけど飲んでいるらしいのよ。それで「桜井さんはそこからどこに商売に出るんですか？」って聞くと、「上野の山下を流して、それから神田に出て、神田は汚れだからあんまり商売にならないから、銀座まで流して、ときには新宿ですかね」だって、歩いて（笑）。

高田漣　へ～！　歩いて？　しかも高下駄で？

なぎら　当時のカフェを流しているわけだから、全部一杯いただいているわけよ。それで「最後はもうしょうがないから市電に乗って帰っていくんですけどね」なんて。それで朝に風呂に入って、飲んで、寝るんだって。

高田漣　帰っても一杯。もうけっこう飲んでますけどね（笑）。

なぎら　この人もすごかったんだなって思った。3人の師匠はハンパじゃない！

渡と詩

なぎら　高田渡は詩人の詩を使って曲を作っていたわけだけど、あたしはほんとうは「詩」を「詞」にしちゃうのは好きじゃないんですよ。というのは、詩のほうは全部自分の中でリズムを持って読むんですね。中原中也の「幾時代かがありまして／茶色い戦争ありました」（『サーカス』）を、友川かずきが節をつけて歌う。それがあたしダメだったんです、ほんとうは。ただ、高田渡だけは認めたんですよ。この曲しかないなと思わされたの。『鮪に鰯』なんか聴いても、この曲しかないよなって。お見事だったというのか。まあ、ちょっと歌詞を変えたりしているけどね。

高田漣　削ったり、言い回しを変えたりをしていますね。

なぎら　あと、2回繰り返すっていうあの独特な感じね。そういえば、半田健人《はんだけんと》くんって知ってる？彼はあたしのライブに毎回来てくれるんですよ。それで彼がアルバム出したんだけど（『生活』ビクター）、歌い方が渡ちゃんによく似ているのよ。

高田漣　彼は好きなんですよね。

なぎら　その前はロックやっていたんだからね。

高田漣　それにふつうに芸能人でしたからね。

なぎら　アルバム聴いたら、完全に渡ちゃんだからね。で、健人くんに言ったの「これちょっと渡すぎる」って（笑）。同じ歌詞を2回繰り返すんだけど、渡ちゃんは他の人の詩を曲にはめこむためにやっているのに、健人はあえて自分で作ってやっているんだから（笑）。

高田は2ndアルバム『汽車が田舎を通るそのとき』以外のオリジナルアルバムで、自作の詞はほとんど歌にしていない。高田渡名義で外国曲の訳詞であっても、詞を自分の感情に当てはまるように自流でアレンジしたものであるがため、完全な高田渡のオリジナル詞とは言えない。よって自らの詩（詞）を歌った楽曲は『汽車が田舎を通るそのとき』以外のアルバムには少ない。高田の作詞として『自転車に乗って』『コーヒーブルース』『いつか』『質屋』『酒心』などがあげられるが、シンガー・ソング・ライターとしてはその数は少ない。

高田は著書『バーボン・ストリート・ブルース』の中でこのように言っている。

僕が歌い始めた当初はほとんど自分で詩をつくっていたが、三枚目のアルバム『ごあいさつ』あたりからは既成の現代詩に曲をつけることが多くなってきた。というのも、好きで現代詩をいろいろ読んでいたなかで、日常の風景を語りながらも静かに問題提起をしているという詩に多く出会ったからだ。

高田の歌で多く使用されているのは、沖縄の詩人山之口貘の詞である。高田が山之口の詩と出会ったのは、市ヶ谷高校のとき、代用教員をしていた人が詩の写しをくれたのが最初だったと、『バーボン・ストリート・ブルース』の中にある。

山之口貘の詩に魅かれた僕は、これを歌にできな

いものだろうかと思って、原詩に多少手を入れて曲をつくりはじめた。そうして、前述の『深夜』をはじめ、『生活の柄』『年輪・歯車』『結婚』『座蒲団』『鮪に鰯』『頭をかかえる宇宙人』などの曲が出来上った。
　これらのほとんどは一九七〇（昭和四十五）年前後に作ったものだ（中略）
　僕はほかにもたくさんの詩人の方の詩を拝借しているが、これほど共感を覚え、影響を受け、また多くの詩に曲をつけさせてもらった詩人は、山之口貘以外にいない。

と書いている。

　おそらくステージで最初に山之口の詩を歌として紹介したのは、1969年12月1日、神田共立講堂で行われた『岡林信康コンサート』のステージではなかったかと思われる。このときは岡林のゲストとしての登場であり、岩井宏と加川良を従えて『生活の柄』を歌った。

　翌年にベルウッド・レコードから発売されるLP『ごあいさつ』に、山之口貘の原詩による曲は4曲収録されている。また、『貘』（B／Cレコード）というオムニバスアルバムがある。このアルバムは山之口貘の原詩を元にして、佐渡山豊などが参加して作られた盤で、そのライナーの最後に高田がこう書いている。


　山之口貘さんの詩に出会ったのは、ボクが十八の頃、一年程本棚の片隅に眠っていた。…気がつくと貘さんのトリコになっていた、いつの間にか歌っていた。

　〈ラングストン・ヒューズ詩集〉の名訳者で詩人・木島始さんはヒューズ本人に一度も会わずだったそうで。「…今想えばそれで良かったのかも知れない?!」と。

　ボクは今、やっと山之口貘さんに逢えた様な気がしています。

　ステキな詩は反芻（はんすう）しながら生きていくと思っています。


　以来前述のように、他人の詩に曲をつけるという方法を多くとった。曲の符割に詩の字数が合わないときは改作をした。たとえば『生活の柄』の原詩を紹介すると、以下の詩である。

生活の柄　山之口貘

歩き疲れては、
夜空と陸との隙間にもぐり込んで寝たのである
草に埋もれて寝たのである
ところ構わず寝たのである
寝たのではあるが
ねむれたものでもあつたのか！
このごろはねむれない
陸を敷いてはねむれない
夜空の下ではねむれない
揺り起こされてはねむれない
この生活の柄が夏むきなのか！
寝たかと思うと冷気にからかはれて
秋は　浮浪人のままではねむれない。

これを高田はこう替えた。

歩き疲れては　夜空と陸との
隙間にもぐり込んで

草に埋もれては寝たのです
所かまわず　寝たのです
歩き　疲れては
草に埋もれて寝たのです
歩き疲れ　寝たのですが
眠れないのです

近ごろは眠れない
陸をひいては眠れない
夜空の下では眠れない
ゆり起こされては眠れない
歩き　疲れては
草に埋もれて　寝たのです
歩き疲れ　寝たのですが
眠れないのです

そんな僕の生活の柄が
夏向きなのでしょうか
寝たかと思うと寝たかと思うと
またも冷気にからかわれて
秋は　秋からは
浮浪者のままでは眠れない

秋は　秋からは
浮浪者のままでは眠れない

歩き疲れては　夜空と陸との
隙間にもぐり込んで
草に埋もれては寝たのです
所かまわず寝たのです
歩き疲れては　草に埋もれて　寝たのです
歩き疲れ　寝たのですが　眠れないのです

以上のように改作している。原詩の持っている内容を損なわず、実に上手く言葉をまとめている。尚、高田は「陸《おか》をひいては」と歌っているが、「陸をしいては」が正しい。

曲はマウンテン・ミュージックの古謡『When I'm Gone』であり、この曲はカーター・ファミリーが歌唱して世に広めたが、高田はニュー・ロスト・シティ・ランブラーズのレコード『New Lost City Ramblers - Volume 5』からとっている。ニュー・ロスト・シティ・ランブラーズとはマイク・シーガー、ジョン・コーエン、トム・ペイリーの3人（オリジナルメンバー）で1958年に結成されたバンドで、アメリカの古謡を当時の雰囲気を損なわず演奏して、そうした楽曲を世に知らしめた。弦楽器——たぶんアメリカ民謡に使われる楽器全ての楽器と言っていいと思うが、それらを器用に弾きこなす。ギター、バンジョー、フラット・マンドリン、フィドル、オート・ハープ、アパラチアン・ダルシマー、そしてハーモニカ等である。ちなみに、マイク・シーガーはピート・シーガーの異母兄弟で、バンジョーの名手ピートをして、「私より上手い」と言わしめた人物である。高田はこのマイク・シーガー及びニュー・ロスト・シティ・ランブラーズにかなり影響を受けていた。

1990年、このニュー・ロスト・シティ・ランブラーズが来日した。東京での会場はスーパードライホール（東京都墨田区吾妻橋一丁目）の4階にあるイベントホール、『アサヒ・アートスクエア』であった。よもやニュー・ロスト・シティ・ランブラーズの来日はありえないと思っていただけに、これはありがたかった。

音楽評論家の鈴木カツ氏が『レコード・コレクターズ』に掲載していた「アメリカン・ミュージックのパイオニアたち」（2002年1月号掲載）の中

でこう書いている。

ニュー・ロスト・シティ・ランブラーズらは1990年10月にひょっこり来日し、コンサートが浅草で催された。淋しい観客数だったが、会場には高田渡、なぎら健壱両氏の顔も見られた。奥深いアメリカ音楽に酔い、帰り道、なぎら氏と軽く一杯ひっかけた想い出が甦る。

鈴木氏は2017年6月5日に亡くなってしまったが、生前私と「渡ちゃんの本を書かないとね」と話していたのを思い出す。

佐久間順平の章で登場する、私のお金で人にビールを奢っちゃったのは、この『アサヒ・アートスクエア』でのときのことである。

高田は基本的には詩人の承諾を得ないで詞にする。そこにまるでトラブルがなかったわけではない。詩人に断らなくていいのかと質問すると、「事後承諾する」と言っていたが、それが通らない場合もあった。しかし高田の人柄なのか、道理を通してしまうのか、煙に巻くのか、そのあたりは知らないが、いずれOKが出てしまうから不思議である。

だが、それが通らない場合もあった。その一つが永山則夫の例である（このエピソードも後ほど登場する）。

私は先に言っているように、詩人の詩を詞にすることに対しては実は反対の立場でいた。詩はあくまでも詩であり、詞ではないと思うからである。つまり詩は読み手が、頭の中でそれぞれのリズムをつけて読むものだと思うからである。それに特定のリズム（曲）をつけると、読み手のリズムがなくなり、詩は画一化されてしまう。そうなると、それぞれの人が思い描くリズムに当てはまる言葉を壊してしまうからに他ならない。しかし高田は、あたかもその曲がもともとあったように錯覚させる力を持っていた。高田渡にしてやられたり、というところであろうか——お見事としかいいようがない。

作曲家、作詞家の場合はちょっと違ってくる。曲が先にある場合は、その曲に見合うように作詞家が詞を当てはめる。逆の場合は、詞に見合うように作曲家が曲を当てはめることになる。どちらも場合も、詞や曲が持っている心、調子、色等々を損なわないことを前提としているだろう。

シンガー・ソング・ライターは双方の技量を兼ね備えていなければならない。当然ながら、作詞作曲それぞれを別の人が作業するより、より感性を盛り込むことができる。

しかし高田の場合は、どちらでもないことになる。心が動く詩があり、それをどうにか歌いたいと思う。そこで、その詩に見合う曲を探してくる。作曲ではない、どの曲がその詩に当てはまるかを試行錯誤して借用してくるのである。また逆に、心動かされる曲ありきで、その曲に合う詩を探してくるのかもしれない。高田がある詩人の詩集にこの詩には○○の曲が当てはまるのではなかろうかと、メモをしていたのを知っている。

中川五郎は「心優しき頑固者」（『ＡＥＲＡ　ｉｎ　ＦＯＬＫ』朝日新聞出版）という文章の中でこう語る。

自分のものではない詩人の詩と自分のものではないアメリカの曲や民謡を結びつけているのに、その歌は、どんなオリジナルもかなわないほどの、高田渡のオリジナル・ソングになっていたと。それが高田渡の〝詩〟であり、〝歌〟なのだと。

まさに言い得て妙であり、高田が結び合わせる詩と曲はいつしか高田渡のオリジナルとなりえるのである。たとえば『生活の柄』といえば高田渡の〝歌〟であって、もはや山之口貘〝詩〟ではないという幻象をもさえ感じさせてしまうのである。どちらにせよ、いかにしてこの詩と巡り会ったのだろうと、首をひねるぐらい見事に高田渡の琴線に触れる詩を探してくる。また曲のほうも詩をうまく表現してくれる曲を探してくる（私感だが、中には詞と当てはまらないと思う曲も幾つかはある。あまりに元歌が有名なあまり、何か違和感を覚えてしまうのである。たとえば『当世平和節』や『イキテル・ソング〜野生の花』などは、原曲の『This Land Is Your Land』『Wildwood Flower』のほうが勝ってしまうのだ）。

しかしそこに自分の詞は少ない。自分の感情を表したものがない。

なぜ高田は他人の詞や他人の曲にそこまで固執したのか、疑問である。そうした曲もあって然りだとは思うが、なぜ自分の感情を表したものを詞に託したいという気持ちがなかったのだろうか？シンガー・ソング・ライターでありえなかったのだろうか？

多くのフォーク・シンガーが歌謡歌手と違うの

は、事務所やレコード会社側から「これを歌うように」と楽曲を提供されることは少ないということである。たとえ提供されることがあったとしても、その詞に思い入れがないのでつい歌いたくないという気持ちが先行してしまう。もし自分の意志とは関係ない、馴染みのない歌を歌えと言われたら、練習を重ねるうちに感情移入できるようになり、歌えるようになることは間違いない。しかしそうしないのは、自分の感情を歌うのと、感情を作り上げることとは違うと知っているからである。根本に、自分の感情を歌い上げるのが自分たちの歌であるという思いがあるに違いない。それがフォーク・ソングであるということに固執しているのかもしれない。

中には売れるためには手段を選ばない、というシンガーも大勢いることも間違いない。その場合には好む好まざるを問わず、提供された曲を、歌い熟さなければならないのである。そうしたことをふまえて考えると、そこに歌謡歌手とフォーク歌手との根本的な違いが見え隠れする。歌謡歌手は提供された歌を歌うことが使命であり、仕事なのである。シンガー・ソング・ライターであることとは稀である。

そうは言っても、既成の曲（他人の持ち歌）を聴いて、それを歌ってみたいという気持ちが沸いてくることもあるだろう。しかしそれとは別ものである。歌いたいという気持ちがあるのと、与えられるのとではまったく違うものである。

高田の場合、詩人の詩に接し、歌いたいという気持ちが頭をもたげるのであろう。自分の思うところと似ていると共感するのか、情動を共感したいのか、どうしてもこの詩を歌いたいと思うのであろう。それは歌謡歌手の考え方とも違うし、シンガー・ソング・ライターであるとも言えない稀有な存在である。

高田の場合、それがいずれ意図として、歌いたいと思える詩を探すようになったのであろう。

戯れ話いくつか

高田漣　それにしても親父の歌というのは、人といっしょに歌う歌じゃないですよね。

なぎら　どちらかというと、渡ちゃんの歌って、詞をじっくり聴いてもらう歌が多いじゃないですか。シングアウトする曲というのは、あまり詞をじっくり聴く必要がないっていうか、乗りで歌う感じですもんね。そういう音楽はそれでいいと思うけど、渡ちゃんはそういうパフォーマンスが好きでなかったし、なんだかそれだと高田渡の歌を壊しちゃう気がしますよ。『夕暮れ』を５００人の客がみんなで歌ったら変だもん（笑）。

高田漣　そういえば、親父は『スキンシップ・ブルース』を歌うとき「さあ、みなさんご一緒に」って言ってましたね（笑）。全然一緒に歌いたくないですよ（笑）。

なぎら　あたしもコンサートで、アンサーソングというかシャレで作った替え歌の「♪　盗んだよ、自転車をよ」（『仕事さがしの高田渡に捧げる唄』）で「さあご一緒に」なんてシャレでやってるけど、ほんとに歌ってくるやつがいるからね（笑）。『仕事さがし』っていえば、渡ちゃんは、生涯を通じての歌の数は少なかったと思うんだけど、晩年、しばらく歌ってなかった『仕事さがし』を急に歌い始めたね。

高田漣　そうですね。あれは若いときの作品で、全然録音もしてなかった歌ですよね。

なぎら　あたしのコンサートに出るときはアンサーソングが欲しいのか、元歌を必ず歌っていましたよ。あたしが歌うのを分かっているから、自分も元歌を歌わなきゃいけないのかなって（笑）。それにしても、渡ちゃんはやはり特異な人ではあったよね。こういう戯れ話というか、エピソードが出てくるというのは、魅力がある面白い人なんだね。ミュージシャンで……。というよりも人間として、ああいう人はいない（笑）。

高田漣　いないですよ。

なぎら　悪い言い方すると、自分勝手、なんですよ。だって、地方にライブに行くときに、その近くの人が「うちに泊まってください」って言うと、前の前乗りで行って泊まって、ずっと酒飲んでるんですよ（笑）。家人としてはたまったもんじゃない。

高田漣　社交辞令で言っているだけなのに、それが通じない（笑）。

なぎら　あれ、ほんとに来ちゃったんですか？みたいな。

高田漣　「いくらでも泊まってください」って言われたって、ふつうせいぜい１日泊まって帰るじゃないですか。それが１週間もいたらさすがにねえ（笑）。

なぎら　あるとき、毎晩飲むもんだから、そのお宅の奥さんが酒を隠したんだけど、台所で朝方ゴソゴソ音がする。見たら渡ちゃんが台所で料理酒を探し出して飲んでたんだって（笑）。そういえば鈴木のつねさん（鈴木常吉）、知ってる？

高田漣　はいはい。つねさん。

なぎら　彼が友恵さんの斥候で渡ちゃんを捕まえに来たっていうのがあったの。森下文化センター（江東区）でライブがあったんだけど、やっぱり10日間くらい帰ってこなかったらしいのよ。それでなんでか分からないけど、渡ちゃんは、シャツとかパンツとか全部ギターケースに入れてるんだよね。荷物がすごい小さい。ふつう10日間泊まるとなったらもっと多いでしょ。そもそも森下文化センターに来るか来ないか分からなかったの。連絡がつかなかったからスタッフが心配してね。それで来てくれたから、ひとまず安心だと思ったら、かわいらしい女の子が一緒にいて、ず～っとベッタリいるわけ。どうも終わっても一緒にいたかったらしいんだけど、そうしたら、つねが来て「帰りますからね」。渡ちゃんが「え？　僕は今はまだ旅の途中だから」とか言うと、つねが「冗談じゃないですよ。連れて帰れって、これ誰に言われたと思ってるんですか？」（笑）。「今日はダメですからね。タクシーに乗っけて帰りますから」って言われて、森下から三鷹までタクシーで帰って行った。ギャラがタクシー代で飛んだだろうな。とにかくそのときの渡ちゃんの未練がましい顔をよく覚えている（笑）。

高田漣　この間宮沢りえちゃんと会って話をしたんですけど、彼女が『高田渡となぎら健壱のふたりのコンサート』に来たの覚えています？

なぎら　なんだっけそれ？　ああ～思い出した、そうだそうだ、どこだっけか？

高田漣　どこでしたっけね～？　で、なぎらさんが歌っているとき、うちの親父が客席におりてきたんですよ。後ろのほうの席だったけど。りえさんは彼氏と一緒に観に来てて、そしたらうちの親父が急に「君、可愛いね」って声かけたんですよ。でも宮沢りえを知らないんですよ、爆発的に売れている頃なんだけど。そのときに「このあと君はどこへ行くの？」ってナンパされたって言ってました（笑）。でも彼氏が嫉妬深いというか、そりゃそうですよね、自分の彼女なんだから、いい顔しなかったんですよ。で、りえちゃんが言うには、「この後どこか行かないって言われたんだけど、そのとき行かなかったのがほんとにいまだに残念なんです。そのとき渡さんに誘われて、ホントはいっぱいお話とか聞きたかったんです」って。でも憮然として「でも渡さんは、宮沢りえを知らないんです」って言ってました（笑）

なぎら　知ってたら言わなかったんじゃないかな？　でも「君可愛いね、どこか行かない？」じゃ、渋谷あたりのゲスなナンパ男だよ（笑）　りえちゃんフォーク好きだったんだよね。

高田漣　お母さんの影響だって聞きましたけどね。

細野晴臣との幻となった共演

高田漣　細野さんとうちの親父に一緒になにかやらせたいというのは、もちろんレコードを作るという話もあったんですが、親父がなかなか腰をあげないから、細野さんとしてはまず自分のライブに一回呼んで、そこで一緒に演奏するのはどうだろう、という感じだったんです。それこそ会うこと自体久しぶりでしたから。

なぎら　渡ちゃんがなかなか腰をあげないからうやむやになっちゃったと。

高田漣　そうですね。どうせだったら、僕が細野さんとやっているときに呼んだほうがいいだろうと細野さんも思ったんだと思うんです。だけど、その電話があった日がはからずも親父が亡くなった日になってしまった。

なぎら　細野さんへのお誘いは漣くんから言ったのね？

高田漣　そうですね。細野さんのデイジーワールド・ディスク（音楽レーベル）がエイベックスと組み始めた時期で、その頃の話なんですね。もしタイミングがあったら一緒にやってくださいよっていう話が何年も前からあったんです。当時、僕は細野さんと仕事はしてなかったんですが、デイジーワールド・ディスクの他のアーティストのレコーディングを手伝ったりしていたので、面識はあったから。会ったときから、「渡はどうしてんの？」と言ってくれたんで、近況報告しつつ、僕も一緒にやれないかなと思っているので、父を説得しますから……という話をしたら、細野さんも「それは絶対やろうよ」と。ふつうはそういう話は社交辞令で終わりそうなものなんですけど、細野さんはそれに関しては本気で考えてくれていたんですね。

なぎら　誰か商売人が間に入って、じゃあやりましょう、という動きをしなかったからできなかったということかな。まぁ誰かが間に入ってもできなかったかもしれないけどね。

高田漣　そうですね。

なぎら　あたしは渡ちゃんとなにか作るという話はなかったし、そういう話を一切しなかった。ただ、あたしの曲の中で1曲だけ渡ちゃんに歌ってほしいなという曲はあったのよ。渡らしい曲、半分渡ちゃんのために作った曲があるんだけどね。まあ、強要すると絶対に嫌がる人だからね。

高田漣　うん、そうですね。

なぎら　話の流れでやりそうになっても、後になって「うんやっぱりいいや」となる。「嫌だ」とはいわず「僕はいい」という言い方で。

高田漣　僕のときもそれに近かったですよ。「僕はいい」という言い方ではなかったけど、「ちょっと考えなきゃな」みたいな言い方を1年弱言い続けていた感じですね。

なぎら　「やる」って言わせるまでが大変だよね。

高田漣　そうですね。それを考えたら、細野さんの件をよくOKしたなと思いますね。

なぎら　それは思うね。ただ、それは中間にいるブレーンたちがしっかりしていたからだろうね。

高田漣　そうでしょうね。細野さんも今の活動に通じるような転換期だったんでしょうね。たぶん。

なぎら　だから、なんと言いますか、扱いにくいけど、扱い方がうまくいけば、うまくいくという人だから。一番簡単なのは渡ちゃんが考える前にやっちゃえっていうね（笑）。

高田漣　そうそう、そうなんですよ。ほんと。

なぎら　考え出したら「ダメ」ってなるから。

高田漣　本人が気づかないうちにそういうところにポーンって放り込んだらいいんですよね。

なぎら　あたしはいろいろな催しに渡ちゃんを引っ張っていったけど、とにかくうむを言わせない（笑）。渡ちゃんが「なに？　なに？」って言っている間に引っ張り込んじゃう。それであとから「嫌だったなぁ」とか言われる（笑）。とにかく、渡に考えさせるなと、酒で朦朧としているときに引きずり込んじゃえと（笑）。

高田漣　ほんとうですね。

なぎら　ほんとうに偏屈で頑固だから、まともにいったら「嫌だ」で終わっちゃうからね。

高田漣　晩年の親父のイメージにはなぎらさんの力が大きかったですね。

なぎら　大きいと思うよ。最後の一番大きなホールでのステージは足立区であたしとやったやつなんですよ。まあ、だけど、亡くなって10年以上経っても、これだけ語られるというのは、ほんとうにすごいことですよ。

高田漣　来年（2020年）で15年ですよ。

なぎら　早いなあ。

高田漣　早いですねえ。

アングラ・フォークの時代

なぎら　楽しい人だったかどうか分からないけど、変な魅力があったね。しかしお酒……。そういえば友川かずきもすごい飲み方だったから、あたしは友川さんのほうが先に死ぬんじゃないかと思っていたんですよ。あの人の飲み方はすごいなんてもんじゃなかった。

高田漣　なんか生き急いでいる感じの飲み方ですね。

なぎら　死に急ぎじゃなくて、生き急ぎか。あんな飲み方していると、早くに死んじゃうんじゃないかと思ったけど、生きてるもんね（笑）。おかしいよな。もしかしたら、死んだの分かってないんじゃないかな（笑）。「大きなジョッキありますか」「大ジョッキならあります」「もっと大きなもので」「ないですね。あるのはアイスペールくらいですね」。「あ、あれ貸してください」「友川さん、あれ花瓶ですけど」（笑）。「あれでいいです。あれにいっぱい氷入れてください」って、そこにオールド（サントリーオールド）を全部入れて水を入れて、ステージの合間にその花瓶に口をつけて飲むんだけど、結局全部空けちゃったからね（笑）。

高田漣　へえー、すさまじいですね。

なぎら　この間、ライブで一緒になったときに飲まないもんだから、「かずきちゃん、どうしたの？飲まなくなったの？」って言ったら、「なぎら氏、ちょっと身体をやられまして」って言うから、ついに来たのかなと思ったの。「腸ねん転やっちゃったもんだから、飲めなくなって」「ああ、いいことだよ」なんて言ってたら、始まる前にしこたま飲んでるんだよ（笑）。それで自分の出番が終わったら「なぎら氏！　飲みに行きましょう！」ってくる。あたしまだ出番終わってないんだよ。つまりステージで飲まないだけで、前と後でしこたま飲んでいるんだよ。あれはすごいです。ただ飲むとちょっと質の悪い酒でね、けんかなんか売ってくるから気を付けないといけない。三上寛と殴り合いしたこともあったけど……。そんなことはしょっちゅうだった。

『バーボン・ストリート・ブルース』の中で高田は、

肝臓を壊す前の話であるが、『新譜ジャーナル』という音楽雑誌に掲載された「フォーク界の酒豪ベスト3」には、なぎら健壱、友川かずきとともに僕の名前も挙げられていた。

だけどふたりに比べれば、僕の酒の飲み方はいたって品行方正、静かなものである。「グラスに注がれた酒を最初の一口だけ飲んでしばらくそのままなんだけど、ふと見るといつの間にか半分ぐらいなくなっている。次に気がついたときにはもうすっかり空になっている。そんな調子で延々と飲み続ける」とは仲間の言。

それに対し、あーでもないこーでもないとウダウダ言いながら調子よく飲むのがなぎら健壱。友川かずきは、丼に氷を入れて、ビールなりウィスキーなりをザザッと注ぎ、ガバガバッと飲むタイプだ。いくらなんでもお汁じゃないんだからと思うのだが、本人はそれがいちばんいいらしい。

と語っている。

うん、そんなもんでしょう、だいたい合っている。なぎらも友川も端から見ればそんなもんだろう。しかし一つ気になるのが、「僕の酒の飲み方はいたって品行方正」の部分である。「品行方正」とは、「行いがきちんとしていて正しいこと。日常の生活の仕方、身持ちや日常生活における様々な行動が道義を逸脱せず、しっかりと整っている」ことですよね。

品行方正？　渡ちゃん、どの口が言うんだい。

なぎら　その点、当時のロックの連中なんて大人しいもんだよ。彼らはフォークの楽屋には絶対近づかなかったもんね、怖くて（笑）。だって当時、楽屋で一番おとなしいのは泉谷ですから（笑）。昔、泉谷はニュー・クリスティー・ミンストレルズみたいな大勢のグループに入ってやっていたんですよ。その後、ソロで歌い始めたんだけど、足が不自由というのをからかい半分で、心ないヤジを飛ばした連中が結構いたのよ。当時のステージはとにかくヤジがひどかったから。その頃、エレックがライブハウスの『ジャンジャン』や『青い森』でアーティストを探していたときに、泉谷や古井戸、ピピ&コット、RCサクセションあたりがいたんです。RCはすでに東芝と契約していたからダメだったけど、泉谷をエレックに引っぱったんですよ。そのときの泉谷はまだ優しい男だったんですよね。ところが心ないヤジがスゴイ。それで歌えなくなっちゃうくらい心を折られてしまったわけだけど、それに勝つ方法はこちらから先に恫喝するしかないんですよ。それで今のような最初に「てめぇ～このやろう！」っていう形にいたったんですね。それでそういったキャラクターが浸透しちゃったもんだから、退けなくなっちゃった。それで今にいたる（笑）。

高田漣　なるほどね。

なぎら　我々に対してもそういうスタイルになっちゃった。一時期、（忌野）清志郎が「え？」って言ったもんね。だいぶ前のことだけど、あるとき、ゲストで呼んだんですよ。森下文化センターでの『帰ってきたなぎら健壱のフォーク夜話』に。しげるちゃんがリハーサルをしているときにボーヤ（ミュージシャンのアシスタント・スタッフ、付き人）をくそみそに言ってるの。「歌詞カード用意しろ、このやろう！」とか。そこまで言わなくてもいいのになあって思いながら見てたんだけど。それで『寒い国から来た手紙』だったかな、一緒に歌うということで、リハーサルやっているうちに「なぎらよ、てめぇの旋律はおかしいだろうよ」とか言い出して、「は？」ってなったんだけど、まあもう一度歌ってみようと。もう一回歌ったら「おかしいだろ、バカ野郎！　俺のを聴いてみろ」って歌うんだけど、泉谷独特のあの歌い方なもんだから、あいつのほうがおかしいんじゃねえかって思ったわけ（笑）。だけど、もう一回歌ったのね。そうしたら、また止めるわけ。「違うじゃねえかよ、何回言ゃあいいんだよ！　このやろう！」。さすがにこっちもカチンときて「てめぇ、いい加減にしろよ、もう一回歌ってみろだ、どっちが違うかみんなに聞いてみろよ。てめえのほうが狂ってるだろうが」って言ったら、「いやいやなぎらくん、そういうことじゃないんだよ、ぼくが言わんとしていることは……」ってさ（笑）。それで気を取り直してもう一回歌ったの、ずっと一緒の歌い方だけど（笑）。そうしたら「そうやりゃいいんだよ。やればできるじゃねぇか」（笑）。だけど、あとで思ったのは、泉谷はボーヤの前では虚勢を張んなきゃいけなかったのかな、かわいそうなことをしたかなって。だからもし、「漣！　このやろう！」って言われたら、「なんだよ、このやろう！」ってやってみればいい（笑）。この間、福岡でしげるちゃんと漣くんと3人でコンサートやったじゃない。あのときの打ち上げでは優しいおじさんだったでしょ？

高田漣　ほんと、そうでした。

URCと海外

高田漣　URCが海外で売れているので、なぎらさんのアルバムも出るといいですね。オールドタイミーの音楽としての……。

なぎら　いや、それは無理ですよ。『葛飾にバッタを見た』と『悲惨な戦い』が直訳できるんならいいけど（笑）。

高田漣　たしかにねえ。これは日本人が海外の曲を聴くのと似ているんですけども、海外でURCが好きだと言う人でも、歌詞までは分かんないんですよ。

なぎら　以前、三上寛と友川かずきがフランスに行ったことがあるんですね。なんだか分からないけど好きな人がいてね。それでライブを仕掛けてくれて、ヨーロッパでやったんだけど、パフォーマンスに対して拍手しているだけで、歌詞もなにも分からないわけよ。

高田漣　そうそう。

なぎら　まあ、日本人でも分からないかもしれないけど（笑）。それで二人で傷口をなめ合うという

（笑）。寛ちゃんはあたしが友川かずきの真似をすると大喜びするんだよ。

高田漣　僕がさっき言った子供のときのライブごっこ。それを当時見ていた人によく言われるんですけど、その頃僕は楽器を持って三上さんの物真似をしていたらしいんです（笑）。子供ながらに高田渡はちょっとマニアックで真似しづらいと思ったんでしょうね。三上さんは真似しやすいって。だから、ライブごっこというか三上さんごっこというか、なんか強烈なパフォーマンスの人を真似していた。

なぎら　じゃあ、それを聴かされていた友達はかわいそうだったね（笑）。ぜひ、今やってほしい（笑）。

高田漣　まったく記憶にないんですけどね（笑）。ベースのちんたくん（大庭珍太）には「おまえはあの頃がピークだった」って（笑）。でも、友達も三上さんは知らなかったと思う。

ちゃんとライブをやることの大切さ

なぎら　フォークが出始めの頃、大手のレコード会社は、あんなもんダメだって鼻で笑っていたわけ。それが、URCにしてもエレックにしても儲かった。その瞬間に大手は「あれでいいんだ」と、じゃあそういうのを集めてやろうってなった。それで、集めるとなったら、「あいつはダメだな、ギターが上手すぎる」なんていう時代に入っていくのよ。大手がガラッと姿勢を変えた時期だったんだよね。それを知らないでURCなど聴くと、ただ下手なものにしか聴こえなくなっちゃう。友川の初期なんて、ほんとひどいなって思ったもん（笑）。

高田漣　たしか、なぎらさんも一緒だったと思うんですけど、江東区のライブで友川さんと久しぶりに会ったんですよ。「ああ、友川さん」って言ったら「ああ、漣ちゃんか。おまえ、外人みたいな顔してんな」（笑）。「友川さんに言われたくないですよ」（笑）。

なぎら　友川はあれで訛らなかったらそうとうモテてたと思うけどね。

高田漣　あのライブのときも急に帰るって言いだしちゃって。このあと仕事あるからとか言って。そうしたらなぎらさんが「絶対この後に仕事はない」って（笑）。

なぎら　だって最寄りの駅の住吉で飲んでるんだもん（笑）。まあ、フォークが出始めの頃は、たしかに面白い時代だったということは言えますよ。それまでも若者の音楽はあったけど、ロカビリーとかGSとかね、だけど自作自演じゃなかった。自作自演になったときに若者たちが「本物だ」って思って、こぞって観に行ったんです。今はインターネットで情報は共有できるかもしれないけど……。

高田漣　いずれにせよ、なぎらさんもそうですが、ちゃんとライブをやるということがすごく重要なんですよね。これは他のメディアができないことだから。ちゃんとライブをやって、それを観に行きたいという人が見る。それはやはり他には代えがたいことじゃないですか。それがより重要な時代になってきている気がします。

なぎら　そうだね。どうしても憂歌団観たいっていう気持ちが大事ですよ（笑）

証言3

高田富美子

たかだ・ふみこ●京都市生まれ。大学在学中に中山容のゼミで高田渡に出会う。高田漣の母。

証言3 高田富美子

取材日：2019年7月22日

イントロ

なぎら　渡ちゃんのエピソードはこれまでにもいろいろ出ているけれども、今回はちょっと違う切り口で本を書こうと思っているんです。

富美子　なぎらさんのご期待に添えるかどうか分からないけど、京都での2年間のことでよければ、お話しできることもあるかな。

なぎら　そういえばお兄さん（『むい』店主。110ページ参照）は亡くなられたの？　この間、漣くんに聞いたんだけど。

富美子　そうなの。今回、なぎらさんが声をかけてくれたタイミングはちょうどよかったというか……。兄は家族だけど、京都の頃を知っている人であたしが親しくしていた方やミュージシャンの方たちもどんどんいなくなるじゃないですか。自分もいついなくなるか分からないし、少しは話しておいてもいいかな……と思っていたところだったので。

なぎら　ぜひ、よろしくお願いします。

富美子　だけど、話はいろいろと細切れに出ているでしょう？　だから、それでいいのかなとも思ってはいるんです。亡くなってからもみんないろいろと話してくれて、いろんな形で残っているし。

なぎら　この間、漣くんとも話したんだけど、どうしても埋まらない部分もあるし……。

富美子　それはそうだね。彼の記憶はだいぶ後のことだからね。

なぎら　それにしても、漣くんはがんばっているじゃない。

富美子　うん。まあね。がんばっていますね。帰ってきませんね（笑）。

なぎら　それで、昔、大沢温泉（岩手県花巻市）に一緒に行ったでしょ？

富美子　あのときの記憶は曖昧なんだよね。もちろん行ったことは覚えているんだけど。あたしの記憶だと、たしかなぎらさんが露天風呂に入ったという……。ほんとうに露天風呂だったのかどうか不確かなんだけど。

なぎら　露天風呂です。それで、うちのカミさんとふみさんは違う風呂に入ってたの。漣くんと3人で大浴場のほう。あたしと渡ちゃんは露天風呂に入って。

富美子　だけど、考えたら失礼な話だよね。私的な旅行じゃなくて、二人の演奏旅行で行ったんだよね？

なぎら　そう。

富美子　それなのになんで家族が一緒に行くんだろうね（笑）。あの頃はほんとうにのんびりしていたんだね。私も若かったからあまり気にしてなかったけど、非常に迷惑な話だったろうなって。しょっちゅういろいろなところに一緒に回っていたけど、よく考えてみたらミュージシャンが一人で行けばいいことだから。

なぎら　いや、今でもそういう人いますよ（笑）。家族旅行みたいにして来ているミュージシャン。

富美子　そうですか（笑）。あたしも家族旅行みたいな感覚でしたね。

なぎら　大沢温泉のときは花巻の『ぐがーん』っていう喫茶店が呼んでくれたから。

富美子　ああ、その名前、今なぎらさんから聞いたら思い出した（笑）。いつもこういう感じなんですよ。記憶していることがほんとうかどうかはっきりしてなくて。だけど、（渡が）亡くなった後、いろいろな人が書いたり話したりしているでしょ。それで後から「ああ、そうだった」って後追いで確認している。それにしても、よく覚えているね。

なぎら　なんか覚えているんですよ。『ぐがーん』でライブをやったんじゃなくて、『宮沢賢治記念館』の近くにあるホールでコンサートやったんですよ。

富美子　ああ、そうですか。じゃあ、あたしは漣と一緒に聴いていたのかな？　花巻の駅前とか断片的に思い出すことはあるんだけど。

渡との出会いと中山容

なぎら　渡ちゃんとの出会いはどこで？

富美子　１９６９年の春というのは確かなんだけど……。正確には覚えてなくて4月か5月。というのは、大学の授業に彼が来たから。

なぎら　え！　そうなの？

富美子　そうなんですよ。

なぎら　なんの授業？

富美子　当時、私は学生だったんだけど、中山容さんの授業で。私が中山容さんのゼミを2年のときにとっていたんです。ただ、中山容というのはペンネームで、本名（矢ケ崎庄司）でしか知らなかった。その頃は、フォークのこともぜんぜん知らなかったから。だけど、その頃すでに関西でもフォークの動きがあったから、知っている人は知っていたはずなのね。（渡は）その前の年にも『第3回関西フォーク・キャンプ』で京都に来ていたみたいだから。

なぎら　なるほど。で『ばとこいあ』は？

富美子　『ばとこいあ』には、私は一緒にいた。ただ、出会ったときは、まったくフォークのことは知らなかったので、先生の呼んだ人がギターを持って来て歌った、という印象でしかないの。1時間の授業で何曲歌ったかは覚えていないけど。いずれにせよ、中山容さんのゼミをとらなかったら出会わなかったと思います。だけど、当時は中山容という名前も知らなかったし、もちろん誰の歌詞を訳したとかそういうことも知らず、ただなんかおもしろそうな先生だなと思ってゼミをとったの。

なぎら　69年ということは……。

富美子　最初のレコードはもう出ていたんだね。LPの録音はもう終わっていたと思うから、その歌を歌ったんだと思うの。『自衛隊に入ろう』も含めて。

なぎら　もうLPは出ていたね。69年の2月に出ているから。

富美子　じゃあ、やっぱりどんなに早くても出会ったのは4月ですね。授業は4月からだから。その頃の写真で残っているのは、その年の8月にあったフォーク・キャンプ。東京からもミュージシャンが来ていたから、なぎらさんもいらしたのかな？　私の記憶だと琵琶湖だったと思うんだけど。中山容さんと学生仲間と一緒に行ったの。ひょっとしたら先生は主催側だったのかもしれない。

なぎら　その『第4回フォークキャンプコンサート』のときの打ち上げコンサートが円山《まるやま》公園で行われて、それが音源として残っているんですよ。

富美子　あ、そうなの。それはすごいね。

なぎら　そのときに渡ちゃんは『東京フォークゲリラの諸君達を語る』を歌って。

富美子　そうかぁ。そのときに『ばとこいあ』の第1号が出ていたかどうか……。そこは曖昧なんだけど、先生の部屋に、岩井（宏）さんが編集作業で来ていたんじゃないかな。私たち学生は『ばとこいあ』の編集を手伝うという名目で先生の部屋にしょっちゅう行っていたのは覚えている。

なぎら　なるほどね。

富美子　だからあたしの出発は中山容さんですね。

『ばとこいあ』

なぎら　それでその授業で渡ちゃんの歌を聴いたときの感想はどうだったの？

富美子　それまでまったく予備知識みたいなものがなかったからね……。ＹＭＣＡとか、すでに東京は東京でフォークの動きがあったはずでしょ。でもあたしはそういうことをまったく知らなかった。ましてや『自衛隊に入ろう』なんて知らないわけ（笑）。だからものすごく驚いて。最初は10歳くらい年上の人かなと思っていたの（笑）。きっと私がそれまで全然聴いたことがない歌の世界を歌っているから、興味を持ったんでしょう。歌の中身も含めて、「なんなんだろう、この人は？」って（笑）。若かったし、初めてあの歌を聴いたらねえ。

なぎら　まあ、あたしもショックを受けましたけどね（笑）。あたしは69年の3月でした。

富美子　なぎらさんは歌おうとしていたか、歌い始めていた頃に聴いたんでしょ？

なぎら　あたしは高校生でしたから。その前の日までアメリカの歌を歌っていて。それでコンサート聴きに行ったら、高田渡さん、岡林信康さん、五つの赤い風船、高石ともやさんが出ていた。アングラ・フォークの夜明けの時代ですよ。

富美子　じゃあ、予備知識はちゃんとあるじゃない。

なぎら　いや、でも、そのときに高田渡の名前を初めて聞いたの。

富美子　そうなんだ。あたしは、高石さんも岡林さんも聴いたことがなかったんです。

なぎら　渡ちゃんだけじゃなくて。

富美子　そう。関西の動きというか、フォークの動きを知らないで、授業で初めて聴いたの。それは「なんなのこの人?」ってなるでしょ?

なぎら　うん、初めて聴いたら、みなさん同じような感想を持つと思う。

富美子　当時はミニコミという言葉はまだ使ってなかったかもしれないけど、『ばとこいあ』を岩井宏さんや有馬（敲《たかし》）さんたちと創刊する準備はしていたかもしれない。片桐ユズルさんはもうすでに『かわら版』を出していたわけでしょう? あたしは当時それも知らなかったけど。

なぎら　中山さん、片桐さん、有馬さんの3人ね。

富美子　そう。私の記憶では『ばとこいあ』は、たぶん有馬さんと中山容さんと岩井さんと渡でやっていたんだと思う。ただ、連絡先はあたしたちのゼミの一人だった。先生の生徒のうち何人かが手伝っていたって感じだったのかな。なにを手伝ったかはあまり覚えてはいないけど。先生が『ばとこいあ』という名前を使って、お寺でコンサートをしていましたね。ライブハウスなんて当時はなかったでしょ。出版だけじゃなくて、小さなコンサートを主催するようなこともあったんです。

中山容は、日本の翻訳家、詩人、英米文学研究者である。著書に『ボブ・ディラン全詩集』（片桐ユズルとの共著 晶文社 １９７４年）などがあり、平安女学院大学、京都精華大学で教鞭をとった。１９９７年３月７日に亡くなった。享年66。

片桐ユズルは、日本の詩人で京都精華大学名誉教授。１９６０年頃、サンフランシスコ州立大学に留学している頃中山容と出会っている。

１９６７年に中山容とともに、小冊子『関西フォークの歴史についての独断的見解』（URCレコード）などの編集と執筆に関わる。

１９７２年、中山容、岡林信康、甲斐扶佐義《かいふさよし》、中尾ハジメ（片桐ユズルの弟で、元京都精華大学学長である。

1974年から、「中川五郎フォーク・リポートわいせつ裁判」を手助けしていた）らとともに京都の喫茶店『ほんやら洞』を開店する。この店には中川五郎、中山ラビ（歌手で国分寺駅南口の同名の喫茶店『ほんやら洞』のオーナーでもある。ちなみに芸名の中山ラビの中山は中山容からとっている）らが集まり、関西フォークの人脈を形成。秋山基夫、有馬敲、中山容らオーラル派の詩人グループとして、各地で、朗読会を企画・開催した。

有馬敲は詩人であり、文学者でもある。有馬氏が『高田渡読本』（音楽出版社）の中で、高田と会った頃のことを回想しているので、要約してそれを載せておく。

フォーク・クルセダーズが『帰って来たヨッパライ』で話題を呼び、高石友也の『受験生ブルース』がヒットしたころです。高田渡はそのころ京都に流れこんできた、というか京都市内に下宿して、広辞苑の編者の新村《しんむら》出《いずる》宅で、辞書の資料整理などのアルバイトをしながら、京阪神で歌うようになりました。フォーク・コンサートといって、街の小さな喫茶店やYMCAやお寺に場所を借りたりして、数十人が集まる場所で歌う機会が多かったのです。

私が高田渡と会ったのはそのような小さなフォーク・コンサートでした。彼はバンジョーを弾く岩井宏とコンビを組むような形で出演していましたが、第三回フォーク・キャンプでは『自衛隊に入ろう』を歌って、一躍、その存在がクローズ・アップされました。

（中略）

私がフォーク・ソング運動とかかわりを持つようになったのは、一九六七年からが始まりです。のちに京都に住むようになった中山容とは詩誌『ゲリラ』を出していましたが……。

ところで、高田渡は第三回フォーク・キャンプ以後、波に乗ったようにいろいろ歌を発表していました。

（中略）

そして六九年五月に、私は高田渡、岩井宏、中山容と四人でフォーク雑誌『ばとこいあ』を創刊しました。この前後から四人が中心になって、四条大宮の誓弘寺のお寺でフォーク・コンサートと詩の朗読会を開きはじめました。（中略）ガリ版刷の薄っぺらな雑誌でしたが、これは高田渡が三つ年上の岡林信康にライバル意識を持ってて、個人誌を出したい、と私に言ってきたので、彼と相談して『ばとこいあ』（VATCOYA）と題名を決め、（中略）「第一回

詩朗読とフォークソングの会」を京都の河原町三条の喫茶店『明窓』の二階で開催しました。参加者は京阪神から約六〇名でしたが、そのとき高田渡も参加してくれました。（中略）そのとき、私は書きかけの『変化』という詩を、恐る恐る読んだことを覚えています。ところが、それを聴いていた高田渡が面白がり、その後しばらくして、曲をつけて歌いだしたのです。二、三個所言葉が変わっていますが、のちに高田渡の持ち歌のひとつになった『値上げ』がそれです。

（中略）

いずれにせよ、高田渡の歌の原点は京都にあり、二〇歳前から京都に住んで、アルバイトをしながら自分の歌を見つけたのだと思います

69年の京都

しかし高田が、岡林信康にライバル心を持っていたというのをここで初めて知った。

なぎら　なんで渡ちゃんは、京都に住むことになったんだろ？

富美子　そのあたりの話は本人から聞いたことはないけど、単純に（東京で）仕事がなくて、高石さんの事務所に入ったからじゃないかな。

なぎら　そうかもしれないですね。

富美子　あと、よく言われるけど、憧れた人（女性）がいたとかね。だけど、仕事の量が圧倒的に関西にあったからだと思う。事務所に誘ったのが秦（政明ＵＲＣ代表）さんなのかどうかは分からないけど。

なぎら　事務所に誘われて、歌う場所が提供されて、となったら、まあ喜んで行きますもんね。

富美子　そうだと思います。それぐらい歌いたかったし、表現したかったんだと思う。それが69年。だから、彼が何月に引っ越して来たのかは分からないんだけど、出会ったのは京都に来て早々だったんじゃないかな。そのあたりも含めて、中山容さんだったらよく知っていると思うんだけど、今はもう聞けないから……。もう少し聞いておきたかったなあ、と思うこともありますね。まあ、なぎらさんもそうだと思うけど、そういうことって本人が生きている間はあれこれ聞こうと思わないでしょう？　考えもしないもんね。やはり亡くなった後なんですよ。あたしの兄もそうだったけど、どんなふうに思っていたのか聞いておけばよかっ

たなとか……。

なぎら　そういうものですよ。いつでも聞けると思っていることは聞けないいんですね。

富美子　まあ、聞いても、言うかどうか分からないけど（笑）。

なぎら　そうね。それでふみさんは『ばとこいあ』を手伝っていたと。

富美子　69年は、小さなコンサート以外にも、片桐さん、有馬さん、中山さんたちが詩の朗読会をやっていたの。69年より前からあったのかもしれない。あたしの記憶だと、同志社大学のすぐそばにあった『わびすけ』っていう喫茶店でやった詩の朗読会で、渡が歌っていたような……。そこで渡がギターケースを抱えていたのを覚えているから。先生たちは作品を朗読して。

なぎら　渡ちゃんが片桐さんとか中山さんと知り合ったのは、高石さんがとりもったのかな？

富美子　そうだと思う。高石事務所に入ってなければ京都に来なかったはずだし。高石さんに聞けばそのあたり分かるかもね。記憶があれば。

なぎら　記憶はいいと思うんですけどね……。高石さんの話は曖昧なところが多くて。（笑）。西岡さんも、岡林さんも（笑）。とにかく50年前の話ですからね。本人よりも第三者のほうが見えているかもしれないし、覚えていたりもするんですよ。

富美子　第三者……ね。きっと、その人から見えていた事柄が最初から事実と違うか、もう分からないのよ。渡が亡くなってから、いろいろなところで彼のエピソードを聞くと、ここではこんな顔をしていたのか、とか発見があるんだけど、それぞれ本当の姿なんでしょう。あたしには見えなかった姿でもね。それはそれでおもしろいよね。

なぎら　この本でもそういう、これまでに見えなかった姿が見えてくればおもしろいんですけどね。

『バーボン・ストリート・ブルース』の中で高田はこう言っている。

高校を中退した僕は、京都に引っ越した。所属した高石事務所が大阪にあったこと、関東よりも関西のほうが僕の歌を受け入れてくれたこと、それにフォークキャンプのときに知り合った憧れの女性が京都にいたことなどが、引っ越しを決意する要因とな

った。

僕は彼女のことを想って詩を書いた。二枚目のアルバム『汽車が田舎を通るそのとき』に入っている『日曜日』という曲がそれだ。

（中略）

僕は意を決してこの詩を彼女に見せた。ところが反応はまったくナシ。「ああダメか」と思ったらやっぱりダメで、恋は片思いのままで終わってしまった。

『日曜日』が収録されている『汽車が田舎を通るそのとき』の中で、高田は聞き手である女性にこう言っている。

「（京都に）惹かれている女性がいたわけ。その人が京都に住んでいた。そのとき仕事があってよく行ってた」

両方を見ても、憧れの女性がいたことと、仕事の関係でということが高田を京都に住まわせたのだろう。

京都から東京へ

なぎら　それで、渡ちゃんは京都にどれくらいいたことになるの？

富美子　たぶん丸二年くらいだと思う。なんでかと言うと、あたしが東京に来たのが71年の3月末だと思うから。

なぎら　漣くんの分析だと、「お母さんは京都から出たことがなくて、お嬢さんだったから……」

富美子　お嬢さんじゃないけど（笑）。

なぎら　とにかく勢いで東京に行っちゃったと。

富美子　それは……ほぼそうかも（笑）。というかね、どこに行くかも知らなかったんだよ？　すごい無謀でしょ（笑）。

なぎら　そうだったの？

富美子　渡が突然、東京に部屋を借りたって言ったんですよ。もちろん、その前に私の母には挨拶をしていましたけどね。「結婚します」とまで言ったかどうかは分からない。それで、とにかく東京に部屋を借りたと。それが三鷹市だったんだけど、私は三鷹市って言われてもどこにあるかも知らないわけ。だけど、部屋を借りて家賃を払っていると言われたもんだから、「あら、もったいない」って思って。

なぎら　けっこう乱暴な（笑）。

富美子　すごく乱暴ですよ（笑）。だから、ときどき駆け落ちって言う人もいるけど、母にも言っているから駆け落ちじゃないんです。東京に行く際には、一応、兄をはじめ友人たちが見送りに来てくれましたから。

なぎら　お兄さんはアメリカン・フォークとかよく知っていたじゃないですか。

富美子　たぶん兄は兄で、渡から影響を受けていたんだと思う。まだ兄が喫茶店を始める前だから。もともとはジャズが好きだったと思うけど。

なぎら　ああ、渡ちゃんに会う前とは好きなジャンルが違うんだ。

富美子　そう。それとブルースもすごく好きだった。おそらくあたしがいなくても渡と兄はつながっていたと思うんです。ブルース・ホールっていう言い方でいいのかな、京都だけではないと思うけど喫茶店でブルースだけを流しているお店があったんですよ。ジャズは昔からジャズ喫茶というのがあるじゃないですか。

なぎら　ブルース喫茶みたいなことね。

富美子　そうそう。私ももちろん何回か行ったけれど、兄と渡は何回もふらふらと連れ立って行ってた。兄がその後喫茶店をすることになるのも渡の影響があったと思う。

なぎら　じゃあ、ふみさんが渡と一緒になるっていうことなら、お兄さんは喜んだんじゃない？

富美子　そうね。だから見送りにも来てくれましたしね。

なぎら　お母さんのほうはまったく反対しなかったの？

富美子　反対はなかったというか（笑）……。なんだろう、若いときって親が反対しているからってやめないでしょ？　この人はいったい大丈夫かとか、そういうことに頭がまわらないし、そもそも私自身が、生活をするっていう実感がないわけ。ずっと親元にいるわけだから。だから、この人のお給料はいくらなんだろうとか、考えないよね、ふつう。考えるかな？　あたしは考えなかった（笑）。

なぎら　若さが考えさせないようにしていたんでしょうね（笑）。

富美子　おそらく一番不安だったのは渡さんだったんじゃない？　この人連れて行って大丈夫なのかな、とか。私は全然かまわなかった。だから、周りには「無謀です」って言っていた人もいましたよ（笑）。母は言わなかったけど。兄は賛成かな。心配したでしょうけど。

『バーボン・ストリート・ブルース』ではこのように書かれている。

間もなくして、僕はこのイベントに参加していたスタッフの女性に恋心を抱くようになり、彼女に対する口には出せない想いを詩に書きためて一冊の詩集をつくった。『個人的理由』と題したその詩集を、自費出版として三百部刷り、一冊を彼女に手渡した。

一九七一（昭和四十六）年、僕は二年間におよぶ京都の生活に終止符を打って上京した。そのときはひとりではなく、彼女もいっしょだった。

ベン・シャーン、ブラッサンス

なぎら　それで東京へ出てきて、生活は楽だったのか、ふつうだったのか、つらかったのか。

富美子　それが全然そういうことは考えてなかったの。「こういうものなんでしょ」っていう感じでした。今思い返しても……しんどさはなかった。ある意味、渡さんも心配させないようにしていたのかもしれない。あと、その頃は仕事のほうも順調だったでしょ。70年代に入ってしばらくは。1年のうち3分の2くらいは家にいなかったからね。それぐらい仕事をしていたんじゃない？一番忙しかった時期だったんじゃないかな。

なぎら　そうね……。こういう言葉が合っているかどうか分からないけど、ブームになっていたから。アングラ・フォークが引く手あまただったからね。忙しい時代だったと思いますよ。薄利多売だったのかもしれないけど。

富美子　うん、そうね。私の性格かもしれないけど、京都の2年間も含めて、生活っていうことをあまり考えてなくて、一緒にいたいと思ったからいたんじゃないかな。若さゆえというか。

なぎら　それで、それまでまったく知らなかった高田渡ちゃんの歌を聴いてから、時間がたつにつれて評価は変わりました？　歌が身近になったわけじゃないですか。

富美子　ん〜、そうね……。初めは歌が生まれた背景なんて知らないわけでしょ。なんでこの人はこんなことを歌っているだろうっていう思いで聴いている。自分とはまったく違う世界を歩いてきた人で、自分と同じ年齢なんだけど、私よりもずっと先に社会に出ている大人だと思っていたからね……。だから、なんというか刺激をもらったんじゃないですか。自分には見えてなかったものを見せてくれて、世界を広げてくれたというか……。それは歌だけじゃなくてね。渡さんは美術とか写真にも興味があったから。あるとき、たしか大阪の美術館で『ベン・シャーン展』があったんですよ。そのとき私はベン・シャーン（アメリカ合衆国の画家。ユダヤ系リトアニア人。戦争、貧困、差別、失業などをテーマにした絵画で知られる）のことを知らなかったんだけど、「すごくいいから行こう」って言われて。だから彼のそういうセンサーじゃないけど、好きな絵とか好きな写真とかを追い求める感覚は、最後まで変わらなかったと思う。

なぎら　（ロバート・）キャパとか写真好きだったのは知っていたんだけど、絵が好きだったっていうのは初めて聞いた。しかも、ベン・シャーンなんて渋いところを。

富美子　ウディ・ガスリーが好きだったという流れの中にあったのかもしれないし、その時代の表現としてなにか感じるところがあったのかも。私はその頃まだ学生で、第2外国語でフランス語をとっていたんだけど、シャンソンで（ジョルジュ・）ブラッサンスっていたじゃない？　「とにかく直訳でいいから翻訳してもらえますか？」って言われて、私は全然優秀じゃなかったんだけど、一枚の紙に訳したことは覚えています。当時はレコードに日本語の歌詞が載ってなかったのかな？

なぎら　渡ちゃんは（ジョルジュ・）ムスタキとかも好きだったんだよね。

富美子　そうそう。ムスタキはブラッサンスより少し後だったけどね。

なぎら　渡ちゃんはムスタキの公演を観に行っていたもんね。最後に客席に深々とおじぎをするところがいいと、しばらくそれを真似して渡ちゃんも深々とおじぎしていた。

富美子　なんか両方に振れていたところがあって、アメリカの音楽も好きだったけど、一方でヨーロッパのああいう音楽に憧れみたいなものがあったのかもしれない。

なぎら　この間、漣くんにも話したんだけど、あたしはアメリカの音楽が元歌になっているものは分かるんだけど、シャンソンとかだと分からないんですよ。本当にいろいろなものを聴いていたんだなと思いましたね。

富美子　翻訳したことは覚えているから、20歳くらいの頃にはブラッサンスを聴いていたのはたしかですね。

渡とノート

なぎら　『マイ・フレンド』は日記なんですけども、他にも『個人的理由』（自費出版、1969年）という詩集も出していて、渡ちゃんは当時けっこう詩を書いていたじゃないですか。2枚目のアルバム（『汽車が田舎を通るそのとき』）くらいまでは、渡ちゃんの作詞した曲も入っている。でもなぜかそこからピタッとなくなる。その後は、山之口貘さんをはじめ他の人の詩で、自分の気に入った作品に曲をつけていくというかたちになったけども、その理由はなんでしょうね？

富美子　それは分からないな。本人が他でどういうふうに話しているか分からないけど、私にはそのあたりの話をしたことはないですね。

なぎら　詩（詞）は書いていたんですか？

富美子　最初に会ったときから、ノートは必ず持っていましたよね。なにかというと書き込む人だったんじゃないかな。

なぎら　自由国民社から出ている『新譜ジャーナル別冊 高田渡の世界』（1973年）にそのノートを広げた写真がありましたね。

富美子　それは漣のところにあると思いますよ。

なぎら　そのノートをよく見ると、一番上になぎら健壱の電話番号が書いてあるの（笑）。

富美子　だからノートというよりも……。

なぎら　走り書きを含めて、メモ帳でもあったと。

富美子　そうそう。それはたぶん10代からの習慣だったんじゃない？

なぎら　『マイ・フレンド』を読んでもマメですもんね。活字に向かっていることが好きなんだなって感じがしたね。

富美子　そうだと思う。いつも持っていましたよ。あの頃の周りにいた人たちもそう言っているし、私もそう記憶しています。たとえば、待ち合わせをして渡が早く着いていると、必ずノートになにか書いていました。

人と人を結びつける

なぎら　渡さんは、ステージでは訥々とやるじゃないですか。明るいか暗いかで言えば、暗い感じでね。ところが、初めて楽屋で会ったときに、こんなに明るくて、喋る人なんだって驚いたの。

富美子　なんというか……。京都時代もそうだったんだけど、人と人を結びつけるのが上手だったよね。ミュージシャンだけじゃなくて。実際、私は「東京にあなたと気が合いそうな人がいるから今度紹介するよ」って言われて、1969年にその彼女と会っていたりするのね。だから詞を読んでいると、孤独というか、静かに世の中を斜めに見ている感じがするんだけど、人間としては〝人好き〟だったと思う。

なぎら　だけどもう一方で、嫌だと思うと徹底的にシャットアウトする。

富美子　そうですね。頑固なところと、両面があったんじゃないですか。

なぎら　そこまで閉ざさなくてもいいんじゃない？っていうくらい。

富美子　今の私たちくらいの年齢まで生きていたら、もうちょっと変わったかもね。結局、私の20歳の頃の印象のまま、あのスタイルのまま亡くなったじゃないですか。だけど、もうあと5年、10年生きていれば、変わらざるを得なくて変わったかもしれない。

『個人的理由』と今江祥智

なぎら　京都時代もそうですが、その後も渡ちゃんと一緒にいろんなところに行ったわけじゃないですか。あたしもうちのカミさんといつも一緒だったけど、みんなそんな感じだったから、ミュージシャンに接することも多かったと思うけど……。

富美子　でもね、私は圧倒的にミュージシャン以外の人が多かったかな。岩井さんは別だけど。岩井さんは『ばとこいあ』の機関誌でも一緒だったし、たえずそばにいた人というイメージ。岩井さんも早くに亡くなったから（2000年7月24日、享年56）すごく残念なんだけど。中山容さんもそうだし。渡が最初の詩集『個人的理由』を出したのが

1969年だったけど、あれは今江《いまえ》祥智《よしとも》さんという児童文学の先生がいろいろと世話をしてくれたのね。今江さんのところには高石さんや中川五郎さんとかと出入りしていたんだと思う。

なぎら　ブロンズ社で出たとき（1972年の再版）、最後に名前が出ていたかな？

富美子　そうそう。最初は自費出版で、私は69年の12月に受け取ったんですよ。だから、69年は、詩の朗読会なんかもあったけど、祥智さんも含めて（ジャンルを越えて）みんなそれぞれいろんなつながりがあったんじゃないですか？　そういえば、祥智さんはイヴ・モンタンのファンでしたね。イヴ・モンタンがなくなったときに追悼文を寄せてました。渡が今江祥智さんとどういうふうに出会ったかは分からないけど、ひょっとしたら中山容さんなのか片桐ユズルさんなのか、もしくは有馬さんなのか……。いずれにせよ当時の大人を介したものだったと思うんだけど。たぶん高石さんは、私たちよりももっと前から今江さんのところに出入りしていたと思うんですよ。

なぎら　なるほどね。

富美子　おそらくこの本には直接関係ないでしょうけど、今江さんの当時の奥さまは稗島《ひえじま》千江《ちえ》（児童文学作家）さんという方で、アルバムで（『うたれたしか』『かぜがふいている』）わらべうたを歌った人なの。その後すぐに離婚しちゃったんだけど、岩井さんたちと1枚だけLPを出しているの。

なぎら　ああ、『ぴんこちゃんとぽんこちゃん』が入っている『ぼくのしるし　わらべうた24』（URC　1970年）ね。白っぽいジャケットの（有馬敲の『どうよう集』に曲をつけた企画アルバム）。

富美子　彼女が歌っていたということは、今江先生を含めて、歌う人たちとつながりがあったということでしょう。その基点は高石さんだったのかもしれない。それで『個人的理由』の最初の表紙を描いたのが小林弥生さんという方。復刻版にも名前がクレジットされているんじゃないかな。『イノダ』と『六曜社』だけ赤くなっているイラストで……。

なぎら　ああ、地図になっているやつね。

富美子　そうそう。あのデザインをした方なのね。デザイナーさん、というか学生さんだったんじゃないかな。当時今江さんは聖母女学院短大の先生をしていたから。いずれにせよ児童文学関係のお仲間だったんでしょう。

『イノダ』

なぎら　ふみさんは『イノダ』にはしょっちゅう行ってたの？

富美子　『イノダ』も『六曜社』も私が通っていた高校の校区内にあったんですよ。京都って、市街地は自分が住んでいるところに一つの公立高校しかないから、近所にはいっぱい友達もいて、『イノダ』では友達と勉強したり、ダベッてたりしていたの。

なぎら　じゃあ、渡ちゃんが行くようになったのは、ふみさんの影響なの？

富美子　どうだろう。もっと前に『イノダ』を知っていたかもしれない。だって、私が当時の京都の若者の動きを知らなかっただけで、彼はその前の年くらいから京都には何度も来ているはずだから。『イノダ』は大きいから、どこかしら席が空いているだろうというので、待ち合わせをするのに便利だった。

なぎら　『コーヒーブルース』はすっかり『イノダ』のコマーシャルソングになっちゃったもんね。だから、渡ちゃんに憧れる人はみんなあそこ行くもん。

富美子　だけど、ほんとうは渡以外にもいろいろな人が行っているんだけどね。

なぎら　あたしは以前、支店のほうに行ったとき、がっかりしましたけどね（笑）。

富美子　どこだろう。三条のほう？

なぎら　三条じゃないところ。それでね、そこは自分で注ぐの。セルフサービスみたいに。これが天下の『イノダ』かよって思った（笑）。

富美子　本店じゃないよね？

なぎら　2階のなんだか狭い店だった。もちろん本店も行ったことある。だだっ広いところでしょ？丸いカウンターみたいなのがあった。

富美子　丸いカウンターがあったのは三条のほうね。本店のすぐそばだけど。

なぎら　本店はどこなの？

富美子　あの歌の通りで、三条の堺町。三条の支店のほうは角を曲がったところだから、三条通りに面しているお店。支店は後からできたから、69年の時点では本店しかなかったかもしれない（なぎら註・三条支店は70年開店)。でも、わりと高校生でもいられるようなところだったってことだよね。おしゃれなところじゃなくて、それこそ渡の好きそうな近所の喫茶店。競馬新聞を読んでいるおっちゃんが必ずいるような(笑)。それが飲み屋さんなのか喫茶店なのかの違いだけでね。

なぎら　渡ちゃんはそのときはまだ酒は飲んでないでしょ?

富美子　まったく飲まない人だった。

なぎら　たばこも吸わなかったもんね。

富美子　全然吸ってない。そのときはね。ただお酒は、私が一緒に飲まなかっただけで、兄とはそろそろ行き始めていたのかもしれない。兄以外にも、ミュージシャンだけでなく、いろんな人のつながりを京都で作っていたから。渡は自分と合う人を見つける嗅覚がある人だったからね。私みたいに「この人どんな人だろう?」って興味を持つ人が自然とそばに集まるというか。だから、私生活と歌の中の渡は違うよね(笑)。とくに最初のLPのイメージ、歌の衝撃と比べると。当時もお喋りではなかったですけど、こんなに〝人好き〟なんだと思った記憶はあります。

なぎら　〝人好き〟ね。そうかなぁ。

富美子　〝人好き〟というのとは少し違うのかもしれないけど、人物を見るのが好きじゃないですか。写真も人物を撮ったものが多いでしょう。だから、そうなのかなっていう気がする。まあ、私がそう思って見ていただけで、ほんとうのところはどうなのか分からないけど。京都時代はそういうことを本人に聞かなかったし、ましてや後になればそんなことを聞くような関係じゃなかったし……。亡くなってからですよ、いろいろな方の話を聞いたり読んだりして「へー、こんなところでこんなことしてたんだ」って、興味が一気にまた湧いたというか(笑)。おもしろいもんだよね、ある意味、興味が尽きない人物よね。

なぎら　そこの尽きない部分を探して歩いているんですよ(笑)。

富美子　みんなそれぞれいろいろなことを言っていると思うんだけど、それはそれでほんとうのことなんだよ。ある意味では。そういうふうに見えていたということで。

『ぐゎらん堂』の人たち

なぎら　『シモンズ』っていう名前のライブハウスが札幌にあったんだけど、あれはその後なんていう名前になったんだっけかなあ……。忘れてしまったけど、そこでまだ幼稚園くらいの漣くんと一緒に会った記憶があるよ。

富美子　お店の名前が分かると思い出すかも。

なぎら　家に帰れば資料があるんだけど。

富美子　やっぱりなぎらさんは記録をきちんととっているタイプなんだね。

なぎら　まだらですけど、わりといろいろ覚えているほうだと思いますよ。そうだ『人畜無害』だ。まあ、それは置いておくとして、あたしが渡ちゃんと富美子さんの家に泊まったの、覚えています？

富美子　覚えていますよ。ここからすぐそこですよ。当時はいろいろな人と来ていましたよね。

なぎら　うん。深夜『ぐゎらん堂』から帰れなくなっちゃうとね。

富美子　オーナーも含めて『ぐゎらん堂』の人たちに、また会うようになったのも渡が亡くなった後なんです。今は1年に一回くらいかな、吉祥寺でみんなと会うんですよ。オーナーの二人、(村瀬)春樹さんとゆみこ(村瀬春樹夫人、ゆみこ・ながい・むらせ)さんをはじめ、当時高校生だったような常連の人たちと……。

なぎら　そういえばすけべえ(白石英輔　舞台美術家。英輔《えいすけ》の倒言《とうげん》で、すけべえ)があたしのライブに来たなあ。あと、のってくん(野津手重隆)とかいたよねえ。

富美子　のってくん。絵描きさんよね。うちにも一つ絵がかかってますけど……。

なぎら　彼はついに絵描きさんになっちゃったの？

富美子　そうです。水彩画で。あの人、最初の頃スプーン叩いてたよね。武蔵野タンポポ団の頃。あのときはまだ造形大(東京造形大学)の学生だったんじゃない？

なぎら　そうそう。それでシバと同じアパートに住んでいてね。よく泊まらせてもらいましたよ。いつも絵を描いていた。

富美子　今は画家として活躍していますよ。

なぎら　そうなんだ。あたし、渡ちゃんがスプーンで練習していたのは知ってますよ。あるときスプーンを鳴らしながら、「なぎらくん、このスプーンの音は実にいいんだ」って言うわけ。「そんなものどれでも同じじゃないの?」って言ったら、「いや違う、これがいいんだ」と。それで吉祥寺のどこかの雑貨屋みたいなところに入って、そこにあったスプーンを適当に鳴らしたら「あれ、こっちのほうがいいな」って(笑)。それは覚えています。あれが71年だったかな。

富美子　東京に来た年だ。71年にこっちに出てきたけど、武蔵野タンポポ団は早々にできたでしょ。それで夏の中津川(第3回全日本フォーク・ジャンボリー)に行こうとなって。

なぎら　タンポポ団は中津川のメインステージと黒テントでやっていたの。そのときはメンバーもいい加減で、まだ(村瀬)雅美ちゃんもベースを弾いてなくて、たしかますみっていう人がベースやってたんだ。

富美子　顔知っている。それにしてもよく覚えてるね。

なぎら　それで友部(正人)がビール瓶を吹いてね。そこに若林(純夫)がいて、(山本)コウタローがいて、イサッちゃん(中川イサト)がいて、それと品川(寿男)くんがいた。

富美子　品川さんはときどきアメリカから帰ってきているみたいね。何年か前に国立で演奏を聴きましたよ。

なぎら　それは渡ちゃんが生きているときではなく?

富美子　もう亡くなっていた。

なぎら　渡ちゃんが生きているときに、十何年ぶりかで帰ってきたんですよね。

富美子　そのときは私は会ってないわ。

なぎら　それで渡ちゃんと一緒に行こうかと思って電話したんですよ。「行く?」って聞いたら、「あんなやつ、見る価値もない」なんて言ってるわけ(笑)。だけど後日聞いたら結局行ったみたいなんだけど(笑)。

富美子　私は渡が亡くなった後だけど、何回か行きましたよ。その後まだアメリカにいるのかな?

なぎら　うーん、どうでしょうね。一回電話がかかってきたんだけど、「あれ、日本語でなんて言いましたっけ~」って日本語忘れたみたいな感じで話してましたよ(笑)。

富美子　71年の頃なんて、もう50年くらい前の話だよ。

なぎら　そうなんですよ。半世紀前なんですよ。

富美子　そんな感じはしないんだけどね。

なぎら　74年の2月にランブリン・ジャック・エリオット（Ramblin' Jack Elliott）が来日したとき、そのすぐ後に、品川さんは彼を追ってアメリカに行っちゃったんだよね。

富美子　ああ、そうだったんだ。それはもう麻田浩さんの世界になっちゃうね。

たびたび麻田さんの名前が登場するので、ここで紹介しておく。

麻田浩は横浜市出身の1944年生まれである。1963年、明治学院大学で眞木壮一郎らと日本のカレッジ・フォークを代表するバンド、MFQ（モダン・フォーク・カルテット）を結成する。65年秋に解散した後、眞木壮一郎は名前をマイク眞木と変え『バラが咲いた』のヒットを生む。

67年単身渡米して多くのコンサートを観て、多くのミュージシャンと交流を深める。

76年トムス・キャビンというイベント会社を設立し、以来多くのアーティストを招聘している。

「こんなマニアックな人が来日するんだ」と思って見ると、ほとんどが麻田さんの手によるものである。

現在はSXSW（サウス・バイ・サウスウエスト。毎年3月にアメリカ合衆国テキサス州オースティンで行なわれる音楽祭・映画祭などを組み合わせた大規模イベント）の日本側の代表として活動している。

なぎら　あのときは、如月（ミュージックファミリー）がランブリン・ジャック・エリオットを呼んだんですよ。所属タレントがみんな「ジャック、ジャック」言うもんだから、じゃあ呼ぶかって。会場はよみうりホールで。その来日がきっかけで、渡ちゃんが中村とうようさんに叩かれちゃうという ね。

富美子　それから始まった論争ね。（『新譜ジャーナル』誌上で、中村とうようが前座で出演した日本のミュージシャンを批判したことから始まった、高田渡との論争）

なぎら　結局、最終的に飲めないお酒を飲ませて、中村とうようの背中をさすって介抱する渡という（笑）。

天袋から出てきた『マイ・フレンド』

なぎら　ところで、ふみさんはなんでずっとこのあたりに住んでいたの？　京都に帰ろうという考えはなかった？

富美子　京都？　うーん、やっぱり帰るところという感じがしなかったんですね。なんだろうね。深い理由はないんだけど、おそらくここが居場所って思ったんでしょうね。まあ子供（漣）がいたのも関係があるかもしれない。ところで、イサトさんには連絡はとれたの？

なぎら　あのね、他の人が電話したんだけど、すごい無碍《むげ》なことを言われたもんで、あたしは怖くて連絡できません（笑）。

富美子　みんな同じこと言うなぁ。誰かも言ってたよ。（西岡）恭蔵さんの追悼の関係で、電話したら、「俺はやらんわい」みたいなことを言われたとか。みんな、イサトさん体調悪いのかなって言ってる。私も会ってないからほんとうのところは分からないけど。

なぎら　近所のコンビニに行くのも億劫だって言ってたと、誰かから聞きました。

富美子　身体がしんどいのかもね。まあ渡については、東京に出た頃のことは少しは分かるけど、ほんとうのところは分かりません。本人も含めて、聞ける人が他に誰もいなくて。あの頃の彼のことだったら、小斎さん（加川良）だってまだ自分で歌う前だったけど、よく知っているはずなんだけど。私は彼の奥様とも行き来していたんですよ。小斎さんが亡くなった後も八ヶ岳に行ったりして。だけど、渡の話を改めてしたりしないからね。だから当時、ほんとうはどう思っていたのか分からない。だから私もみんなと一緒よ。「高田渡ってほんとうはどういう人だったんだろう？」って。だから、残っている人が今のうちに話しておかないと……。

なぎら　それぞれのパズルのピースがはまっていくとおもしろいと思いますよ。

富美子　それでしか分からないしね。

なぎら　そういうことですよ。本人の口から話されることはないわけだから。

富美子　本人がいたら「違うよ」とか言いそうだし（笑）。「そんなこと話すなよ」とか。漣が書いていたね、『マイ・フレンド』を出すときに。だって、あの本だって、亡くなったから出せたんだよね。

なぎら　そうだよ。絶対に本人は「うん」って言わなかったはずだよ。

富美子　あのノートの存在は私も忘れていたんですよ。家の天袋にあったの。渡が亡くなって、そういえば一箱忘れ物があるって箱を降ろしたの。だから何十年も天袋にあったわけ。引っ越しをしていたら、そのときどきで整理をするじゃないですか。そのまま置いておこうとか、借りているものは返そうとか。たしか一度、渡に「忘れ物があるよ」って言ったんだけど、「また取りに来るから、そのまま置いといて」って言われて。そのまま置いといたのを、それから何十年も忘れていたんです。で、漣が「お父さんの資料がなにかないかな」って言ってきて、それで降ろしたらああいうものが出てきた。その時代のものが整理もされず、わーっと入っていただけなんだけどね。

なぎら　そうかー。でも、渡ちゃんが生きていたら、気恥ずかしいって、絶対に「うん」って言わないよね。

富美子　本人も忘れていたと思うの。まさか牟礼の家に自分の昔のそんな資料を置いていたなんて、そんなこと絶対思い出せないと思う。

なぎら　うん。そうかもしれない。

富美子　もうちょっと生きていたら、思い出していたかもね。そういえばまずいものが置いてあるって（笑）。

エンディング

なぎら　当時は、「こんな歌を作った」とかそういう会話はなかったの？

富美子　家の中では話したことないですね（笑）。だけど、ギターはすごく弾いていた。『系図』（キング・ベルウッド1972年）のジャケット写真じゃないけど、ああいうシーンはよく見ました。

なぎら　あのジャケット写真は誰が撮ったの？

富美子　あれは……。佐治嘉隆さん。佐治さんがあの写真の原画も入れて、数年前に吉祥寺で写真展をやっていたの（2016年 吉祥寺『百年』で）。漣も行ったと思うけど、私も観に行ったの。その方もすごく不思議な縁で、たまたまどこかの音楽雑誌の依頼で、高田渡を撮りに行ってくれないかということで『ぐゎらん堂』で会ったら、その日に結局帰してもらえなくて家まで来ていたの。それで、夜中に撮ったみたい。私は寝ていたんだけどね。ところで大塚務さんは覚えている？

なぎら　大塚さんね、名前の響きでなんとなく覚えているな。

富美子　朝日新聞の写真部の方で、明治大正の演歌を歌ってた人。今思うと、渡の最初のヨーロッパ旅行での写真はほとんど、朝日新聞の写真部でこっそり現像されたんじゃないかな（笑）。そういえばなぎらさん、『ぐゎらん堂』に演歌師の方を連れてきていたよね？　桜井さんじゃなくて……。

なぎら　ああ、都家《みやこや》歌六《うたろく》師匠ね。あの人演歌に精通していたけど、本来は噺家さん。のこぎりミュージックをやっていた。

富美子　たしか写真が残っていたと思う。

なぎら　『ぐゎらん堂』でふたり会やったんですよ。

富美子　私の印象だと、なぎらさんはその周辺の方々とつながりが濃い人だった。70年前半はよくいろいろな人連れてきていたんじゃない？

なぎら　連れて行ってましたね。

富美子　それにしても、これから本をまとめるのも大変ね。

なぎら　あとから分からないことが出てくるんですよ。たとえば、渡の兄貴の烈さんに話を聞いたんだけど、彼らの親父が働かなかったって言ってる。だけどなんで働かなかったのか、そこをなんで親父に聞かなかったのかな？とかね。また会うときに話そうと思うけどね。そういえば烈さん、この間あたしが話を聞いたあとで、また一人で飲みに行ったみたい（笑）。あたしもよく行く店なんで、後日店主が「渡のあんちゃん来たよ」って言ってた（笑）。

富美子　寂しいんじゃないの（笑）。まあ、でもお兄さんたちも、渡が亡くなった後から、渡が近づいてきたみたいな感覚があるんじゃないかな。他の人もそうだと思う。

なぎら　それで烈さんは顔が渡ちゃんと似てきちゃってね（笑）。

富美子　そっくりよね。

なぎら　よく家族が声を間違えていたんだって。渡ちゃんが亡くなる前のことだけど、烈さんの家族が烈さんと話していると思っていたら、渡さんだったとか（笑）。

富美子　兄弟仲良くやっていたのね。孤独じゃなかったね。

なぎら　印象とは違うよね。

富美子　やはり本人の中に両方があったんじゃない。フレンドリーなところとものすごく閉じこもるところ。その両方はもう10代から持っていたっていうことでしょう。突き詰めるところはあるんだけど、もう一方では人恋しいじゃないけど……。

なぎら　そうなんですよ。漣くんも言い回しは違うけど、同じようなことを言っていましたよ。その二面性があるって。そこが浮かび出てくればいいですよね。今日はほんとうにありがとうございました。

証言4

佐久間順平

さくま・じゅんぺい●マルチ弦楽器奏者、シンガーソングライター。1953年、神奈川県逗子市生まれ。学生時代フォークデュオ「林亭」結成。その後、高田渡らと「ヒルトップ・ストリングスバンド」結成。1977年、フォーライフ・レコードより『ヴァーボン・ストリート・ブルース』をリリース。ソロシンガーとして歌いながら、高田渡、さとう宗幸、小室等、南こうせつ等のステージ・レコーディングの活動をしている。2019年、菅原克己の詩から7作品を選び自身が作曲し歌った『美しい夏』、2020年12月には最新CD『世界は愛で出来ている』をリリースした。

第1部 証言4 佐久間順平

取材日：2019年9月13日

フォーク、高田渡との出会い

なぎら　高田渡ちゃんもそうですが、我々はみんな、ボブ・ディランやウディ・ガスリーなどのプロテスト・ソングに惹かれたわけです。だけど、そこに行きつく前に多くのフォーク・キッズが、モダン・フォークを聴いたとは思うんだけど、順平はどうだったの？

佐久間　どのあたりの音楽のこと？　モダン・フォーク・カルテットとか？

なぎら　いや、ブラザース・フォアとかキングストン・トリオ、P・P・M（ピーター・ポール＆マリー）あたり。

佐久間　ああ、それは聴いてましたよ。

なぎら　他には？

佐久間　もちろんディランも聴いていたし、サイモンとガーファンクル、とかだね。ビートルズのシングルを初めて買ったのは、僕が小学校の3年生くらいだったかな。でも、その前に聴いてショックを受けたのは『恋の片道切符』。

なぎら　ニール・セダカ？

佐久間　そう。あと、これも小学校の2〜3年生くらいだったかな、親父に「このレコードを買ってこい」って言われて買ったのが『いそしぎ』。

なぎら　ああ、映画の主題歌ね。

佐久間　アストラッド・ジルベルトが歌ったレコード。あれが最初の洋盤だったかもしれない……。だけどベンチャーズも聴いていたなぁ。

なぎら　じゃあ、当時よくラジオで流れていた、いわゆる軽音楽といわれていたものは、当たり前のように聴いていたってことですね。それで、渡ちゃんが傾倒したようなフォークを知るのはいつぐらいだったんですか？　つまりピート・シーガーとかウディ・ガスリーとかを知ったのは、渡ちゃんと出会う前からなのか、渡ちゃんの影響なのか。

佐久間　高校2年生までは洋楽ばっかり聴いていたのね。解散する寸前ぐらいだったと思うけど、当時はビートルズ人気が全盛で。そのころ、のちに映画監督になる小林（政広）とずっと遊んでいたの。小林はもともとディランに傾倒していたんだけど、あるとき「高田渡って知ってるか？」って言ってきた。「いや、知らない」って答えると、「加川良っていうのもいるんだが、知ってるか？」「いや、知らない」。彼はすでに両方ともLPを持っていたんだよね。

なぎら　じゃあ、70年以降か。加川良は70年のフォーク・ジャンボリーからだから。

佐久間　70年といったら、僕が17歳か。そのときに、小林から両方聴かされて、「おまえはどっちが好きだ？」って言うから、加川さんのほうが派手で、かっこいいじゃない？　だから、こっちがいいって加川さんを選んだの。小林が「俺はこっちだ」って選んだのが高田渡。だから、小林の影響なんだよね。しばらくのちに小林が音頭を取って、渡ちゃんの家に遊びに行こうとなり、4人くらいで渡ちゃんのアパートに遊びにも行ったんだよ。

なぎら　じゃあ、渡ちゃんに大きな影響を受けて、ぜひとも会いに行こうという感じではなく、なんとなく行ってみようという感じだったと。

佐久間　僕はね。小林のほうはもうハマっていた。

なぎら　どっぷりいっちゃってたのね。

佐久間　うん。小林はディランの真似してみたり、自分でも歌を作ってみたり、いろいろとやっていたのね。それに僕らは影響されたわけ。僕はその頃すでに大江田（信）と林亭というフォークデュオをやっていたんだけど、小林に「詞を書け」って言って歌詞を書いてもらったりしていたね。

なぎら　ちょっと待って、大江田さんと順平の林亭もオールド・タイミー風の音楽じゃないですか。そうすると、渡ちゃんに会う前にすでにそういう音楽に興味があったということになっちゃうけど。

佐久間　そうじゃなくてね、高校のときは外国のばかりやっていたの。それは林亭って名乗る前のことなんだ。その後、渡ちゃんのところに行って、そのときに大江田もいたから、二人して影響を受けたわけ。日本語で歌を作って、しかも自分で歌っている人がいるって、そういう存在を初めて知ったのよ。

なぎら　何年か覚えている?

佐久間　たぶん18歳くらいのことだと思うんだよな……。

なぎら　加川良を聴いた以降であれば、70年以降なんだよね。

佐久間　じゃあ71年か72年くらいじゃないかな。

なぎら　アルバムでいうと『教訓』(URC)が71年、『親愛なるQに捧ぐ』(URC)が出ていたら72年。

佐久間　聴いたのはたぶん『教訓』だったと思うな。

なぎら　渡ちゃんのレコードは『ごあいさつ』(キング・ベルウッド1971年)?

佐久間　『ごあいさつ』……。ジャケットがイラストのやつだよね。

なぎら　バナナの絵があって……。

佐久間　じゃあ『ごあいさつ』だ。『教訓』と『ごあいさつ』を聴いたんだ。

なぎら　そうなると71年に遊びに行ったんだろうね。それで高田渡のところに行く前は、大江田さんとそういう音楽はやっていなかったんでしょ?

佐久間　そうそう。

なぎら　そもそも大江田さんとはなに仲間だったの?

佐久間　僕らの時代は学校にフォーク・ソング同好会みたいな、そういうものがなかったじゃない?だから自分たちで作ろうとなったの。その前にうちの学校が制服だったから、まず制服廃止運動から始めたんだけど(笑)、それから次にフォーク・ソング同好会を作ろうとなった。

なぎら　ええ~同じようなことやってるな。あたしも制帽廃止運動をやって、ギター同好会作ったもん。フォークはダメだって言われたから、ギター同好会。

佐久間　それでフォーク・ソング同好会で外国ものを真似してやっていたんだけど、仲間の中にバンジョーを弾くやつがいて、そいつが楽譜を持ってきて「こういうアメリカの古い曲があるんだよ」なんて教えてくれたりしてたんだ。そんなときに現れたのが高田渡。アメリカの古い曲に日本語の詞を乗せて歌っている人がいるんだって驚いた。それまでプロのミュージシャンというか、外国のミュージシャンってすごく遠い存在だったわけじゃない。一方、高田渡って、そこらへんにいる人という感じで（笑）、実際に会いに行けるわけだし。

なぎら　それで会いに行って、大江田さんも渡ちゃんの影響を受けたわけ？

佐久間　そう。それからアメリカの古いフォーク・ソング、マウンテン・ミュージックというかオールド・タイム・ミュージックを探し始めて、こんなのもある、あんなのもあるってなっていくわけ。「渡ちゃんは、この曲に詞をつけて歌っているよ」とか。

なぎら　林亭の「林」は小林からとったの？

佐久間　そうだよ。小林に詞を書いてもらって、私と大江田くんとで歌っていたんだけど、ライブのときには小林と一緒にやっているという意味あいで、「林」の一文字をもらって林亭と名乗ろうということになったの。

小林政広は、日本の映画監督で、脚本もこなす。15歳のとき、フランソワ・トリュフォー監督の『大人は判ってくれない』（1959年）に感銘を受けて映画監督を目指す。1996年（平成八年）に『CLOSING TIME』（モンキータウンプロダクション）で映画監督としてデビューし、内外の各賞を数多く受賞している。

70年代の頭に高田渡に感化され、林ヒロシという名義でアルバム『とりわけ10月の風が』（ミディ）を発表するフォーク・シンガーでもあった。『高田渡、旅の記録　上巻』（アルタラミュージック）に収録の『神田橋』でギターをサポートしている。

三橋一夫さんの家で

なぎら　ところでさ、三橋（一夫 音楽評論家）さんのところで会ったのは、順平じゃないよね？

佐久間　三橋さんは、大江田くんがよく知っていたから、2～3回遊びに行っている。

なぎら　あたしとは会ってないよね？

佐久間　たぶん会ってないかなぁ。

なぎら　じゃああたし、小林くんと会っていたのかな。

佐久間　ほんと？

なぎら　うん。

佐久間　たしか都営住宅みたいなところに住んでいたよね？

なぎら　保谷《ほうや》とかあっちのほうだったよなぁ。下町からはひどく行きにくかったもん。

佐久間　小さい一軒家で、一階建てで……。

なぎら　昔のスタイルの家ね。そこで72年には泉谷（しげる）とも会ったよ。

佐久間　え？　三橋さんちで？

なぎら　三橋さんと泉谷って一緒にならないはずなんだよね。泉谷がアメリカン・フォークやギターの研究をしているとは思えないし（笑）。それで二人で、どんちゃん騒ぎしていたら、「失礼な人たちだ。二人で喧嘩している」って奥さんに誤解を受けたんだけど、喧嘩じゃなくて二人で大騒ぎしていただけなんだよね。

高石ともや

なぎら　それで渡ちゃんとの出会いもあって、オールド・タイミーを聴くことになったということなんだけど、ボブ・ディランなんかもそのときに知ったの？

佐久間　ディランは小林がすごく好きだったからね。ディランみたいな詞を書いて、ディランみたいな曲を書いて歌っていたから。

なぎら　渡ちゃんの影響は大きかった？

佐久間　大きいですよ。だって、日本語の詞で、自分で作って自分で歌っちゃっている人たちがいるというのは……。やっぱりグループ・サウンズ（GS）とは全然違う。それまでGSも作曲家の先生が書いていたわけじゃない。そうじゃなくて自分たちの手作りだったわけだから。

なぎら　それ以前の若者の音楽というのは、歌謡曲はもちろん、ロカビリーにしてもGSにしてもみんなプロの先生が作っていたわけだからね。それを打破して、自作自演というか、シンガー・ソング・ライターというかたちでやり始めたのは、日本ではフォーク・ソングが初めてなんだよね。その前を辿っていくと、演歌師しかいないんだよ。

佐久間　ああ、そうだね。ところで、民謡だと、たとえば『ソーラン節』でも百も二百も文句があるんだよね。代表的な歌詞はあるにせよ、民謡歌手はその時々の感じで歌詞を作って歌ってる。

なぎら　地域によっても違うし、それぞれの地域のお祭りなどに合わせていくと、メロディーも違ってくるしね。そういうことはあったんだけど、日本のポピュラー音楽は、それを伝承していかなかったんだよね。

佐久間　先生方がいて曲を書いてもらって、というやりかたでレコード会社は儲かっていったからね。

なぎら　だから、当時のフォークは時代が生んだとも言えるんだけど、最初にやり始めたのは高石ともやさんだと思うんですね。

佐久間　そうだね。高石ともやさんが始めて、もう一方にフォーク・クルセダーズというのがいたじゃない。彼らはメジャー系で、オリジナル曲をやる人たちだったよね。

なぎら　だけど、彼らを誘い出したのも高石さんなんだよ。

佐久間　そうなの？

なぎら　彼らは高石音楽事務所で1年やったんだよ。だから高石さんて、すっごい影響力のあった人なんですよ。

佐久間　そういえば、この間、中津川フォーク・ジャンボリー（椛の湖フォーク・ジャンボリー2019）で高石さんと一緒だったんです。高石ともやさん、中川五郎ちゃんと、六文銭とよしだよしこちゃんと僕、あと土着民と我夢土下座というメンバーが出たのね。そうしたら高石さんが上機嫌で……。打ち上げでちょっと話をしたんだけど、あの人面白いんだね。びっくりしちゃった。永（六輔）さんとの話から始まって……。

なぎら　すごい喋り好きでしょ？

佐久間　ずーっと喋っているよ（笑）。

なぎら　なんとなく識者的な人が好きなんですよ、あの人は。実は高石さんは69年のジャンボリーは出ていたんだけど、あとは出てないんだよね。不思議なことに。

佐久間　70年と71年があったじゃない。

なぎら　盛り上がったその2回とも出てないの。これにはどうも裏があるらしいんだけどね。高石さんの性格というのがあるんじゃないのかな？　よく分からないけれど、高石さんは唯我独尊みたいなところがあるから。

佐久間　あ、それはすごくはっきりしているみたいね。あるイベントで別のシンガーが呼ばれたときに、「なんで、あいつを呼ぶんだ。このイベントは私だけでいいじゃないか」って（笑）。

なぎら　そうなんだよ。他の人と並べられると嫌になってしまうところがあってね。だけどＵＲＣで、高石さんが声をかけたのは中川五郎や高田渡、岡林信康。じつはみなそうなんです。ただし、売れ始めると面白くないんでしょうね、分からないけど（笑）。

佐久間　そうかぁ。この間は永六輔さんの話になったんだけど、彼は永さんと『宵々山コンサート』というイベントをずっとやっていたんだよね。永さんの先生といわれているのは民俗学者の宮本常一さんだけど、高石さんも宮本さんと会ってお話をうかがったんだと。宮本先生いわく「芸能というのは人前で人を楽しませるものだが、そのお客さんの負のものを全部いただいてくることだ。負のものを全部いただいて、発散する。そういう芸能ごとの世界で、おまえはやる覚悟があるのか」と。それで、私は派手なことはやらないんだけど、負のものをいただいて投げ返して……という教えは守っているんだって言ってましたね。

なぎら　高石さんらしいなぁ（笑）。永さんの影響が大きかったんだと思うけど、そういう体験を自分の中で大きくしちゃって、すごいんだよねぇ。だから、小沢昭一さんのほうにいかなかったのは分かる。そういえば、以前『宵々山コンサート』に出たとき、あたしがすごいアンコールをもらったことがあるんですよ。そうすると、ソデでタイミングをはかっていた高石さんが出てきて「じゃあ、もう１曲歌ってもらいましょうか」って言ったの。会場は盛り上がったんだけど、「では、高橋くん！」。呼んだのはあたしの前に歌った人なの（笑）。

佐久間　え？　なにそれ。

なぎら　自転車で回っていた高橋なんとかさん、知らない？　なんだか知らないけど、あたしが受けちゃったからダメだったのよ。そうしたら、呼ばれた高橋くんはギターをしまってボ～っとしていたんだけど、「え!?」って驚いて（笑）。しょうがないから彼が出てきたんだけど、お客もざわざわしているのよ。それで、この後にあたしが呼ばれるのかなと思っていたんだけれど、結局あたしの出番はなかった（笑）。

佐久間　なぎらがウケてアンコールがきたわけでしょ？　それでなんで呼ばれないの？　うそだろ

（笑）。

なぎら　そのときも「え？」って思ったんだけど、一番すごかったのは、五つの赤い風船とやったときだったかな。もともと西岡（たかし）さんと高石さんはあまり仲がよくなかったんだけどね。最近は歳もとったからお互いに丸くはなったけどね。ついでに言えば岡林さんもダメなんだよ（笑）。それであるとき、高石さんと五つの赤い風船がコンサートをやって、最後に『遠い世界に』をみんなで歌うっていう段取りだったのよ。それでその段になって、高石さんが先に舞台に出て行ったの。それで風船の連中や他のバッキングの人たちもみんな舞台袖で待っていたんだけど、高石さん、一人で歌い始めた（笑）。そんなことしたもんだから、西岡さんが烈火のごとく怒っちゃって、「あの男とは絶対にやらねぇ！」。あげくに、シングアウトまでやって終わっちゃって、みんな舞台袖で待っていただけ。

佐久間　横に風船がいるのに？

なぎら　そう。みんなで決めた段取りで、最後は『遠い世界に』をみんなで歌って大団円で終わることになっていたのが、一人でやっちゃったの。

新見さん（五つの赤い風船のマネージャー）って知っている？

佐久間　うん、知っている。

なぎら　あの人が言ってたんだけど、それから西岡さんは高石さんがらみは絶対にやってくれないって。当たり前だろ（笑）。

佐久間　10年前に、やはり中津川でフォーク・ジャンボリーがあったんだけど、当日大雨でね。

なぎら　あたしも行ったよ。

佐久間　そのときに事件が起こったんでしょ？

なぎら　高石さんの？

佐久間　いや、高石さんじゃなくて……。

なぎら　加川良ね。

佐久間　そうそう。加川良事件（笑）。みんなで『生活の柄』を歌おうってなってたんで、イサっちゃん（中川イサト）なんかも用意していてね。最後にみんなで歌おうとなっていたのに、加川良がソロのところで一人で歌っちゃったんだよね。

なぎら　イサっちゃんが激怒して（笑）。

佐久間　「もう帰る！」ってね（笑）。

なぎら　実はもう一つあったのよ。誰だかが、小斎ちゃん（加川良）の前に『鉱夫の祈り』を歌ったんだけど、立て続けに同じ歌うたったんだよね。『鉱夫の祈り』が続いちゃったのよ。イサっちゃん、怒ってました（笑）。

渡との初対面

なぎら それで渡ちゃんと会ったのは、71年頃に渡ちゃんの家に行ったときだったわけだけど、そのときの印象はどうでした？

佐久間 ものすごく大人に見えたよね。こっちは18歳で、渡ちゃんとは4歳くらいしか違わないのに。

なぎら それまでステージでも見たことがなかった？

佐久間 見たことないはずだけど……。もしかしたら高校のときに『ぐゎらん堂』で見ていたかもしれない。

なぎら あたしが初めてステージの渡ちゃんを見たときの印象は、「ものすごい暗いな」というのと「すっげえ貧乏くせぇな」。最初はなんだこりゃと思っていたわけ。それで一方、楽屋とかで仲間内で話しているときはふつうに喋ってるじゃない？ このギャップはなんだ？って思ったのよ。順平も最初に家に行ったときはふつうに喋ったでしょ？

佐久間 うん。お茶を出してくれてさ、バームクーヘンまで出してくれてたからね。

なぎら 非常にいい人な部分があるんだよな。変なところで、まめに気づくんだよ。だけど他のことは気づかないというか、無頓着というか（笑）。だけど、順平も『ぐゎらん堂』に行ってたんだ。

佐久間 行ってた。たぶん、高校のときも1〜2回行ったような気がするんだけど……。

なぎら あたしは『ぐゎらん堂』で順平と会った記憶がないんだよ。

佐久間 大学に入ってからはしょっちゅう行ってたけど、僕もなぎらに会った記憶はないかなあ。

なぎら あたしは下町だったから行くのが大変だったんだ。当時葛飾に住んでいたから、東京の端から端だからね。

もう一人の林亭

なぎら 林亭のときはギターですよね。

佐久間　ギターとマンドリン。

なぎら　そうだマンドリンも弾いてるよね。そうなると、マンドリンが2台になっちゃうじゃない？持ち替えとか？

佐久間　うん。そういうこともあったけど、大江田くんはだいたいバンジョーでね。バンジョーとギターは多かったかな。

なぎら　それで小林くんはなんで入らなかったの？

佐久間　あれはディランを目指すから。

なぎら　一人でやると。

佐久間　うん。一人で、かっこいい世界をやろうと。

なぎら　だけど、その頃はディランもバックつけていたじゃない（笑）。

佐久間　小林は初期のディランがすごく好きだったんだろうね。それで自分でもアルバムを自主制作で出すんだよ、林ヒロシ名義で『とりわけ10月の風が』というアルバム。

なぎら　そうだね。いや、あのアルバムを聴いたときに、まあ、こんなこと小林くんの耳に入れたくないんだけど、林亭に入れなくてよかったなと思ったのね（笑）。ちょっと音が外れてない？って。

佐久間　だけど、あのアルバムは、ピアノで坂本（龍一）が入ってるんだよね。

なぎら　ほんと？

佐久間　3曲くらい入っているよ。まだ芸大（東京藝術大学）の学生だったとき。

なぎら　そうなんだ。あのアルバム聴いたときに、もっとオールド・タイミーっぽい感じかなと思ったんだけど、そうでもなかったんだよね。

佐久間　小林は、ディラン系と、もう一つ、シャンソンにもはまっていたから。あと、その頃から映画も好きでね。御茶ノ水にフランス語を習うところがあって、通っていたのかな？

なぎら　日仏会館があったところ？

佐久間　そうだ。それで、その後に彼は郵便局員になるんだけど、結局、映画の世界に行くんだよね。たしかに、あのアルバムはオールド・タイミーとはあまり関係のない、おしゃれなアルバムだったね。

なぎら　だから、林亭に入らなくてよかったと思ったのかもしれない。

ヒルトップのこと

なぎら　ヒルトップ・ストリングス・バンドのことを聞きたいんだけど、結成はいつでしたっけ?

佐久間　1974年か、75年だったような……。

なぎら　資料によると結成が77年になっているみたい。

佐久間　あれ、そんな後だったのか。フォーライフで作った『ヴァーボン・ストリート・ブルース』は何年だったかな?

なぎら　やっぱり77年ですよ。あたしは74年以降かなというのは分かったんだけど。だってヒルトップ・ストリングス・バンドがあたしのバッキングでやってくれていた時代があったじゃない。ちなみに、これは誰も知らないと思うけど、そのときのバンド名は『キャノンボール』。

佐久間　やったね。だけど名前は知らなかった(笑)。

なぎら　『キャノンボール』っていうのは、あたしがやっていた店の名前なのよ(笑)。それで、その店は75年に作ったから、それ以降じゃないとおかしいよなって思ったわけ。

佐久間　そうだね。75年というと、私はまだ22歳だもんな。うん、77年だね。

なぎら　武蔵野タンポポ団は、『ぐゎらん堂』に集まった連中が、ある意味洒落でジャグっぽい音楽をやってみようかというノリで始まったわけだけど、ヒルトップ・ストリングス・バンドの結成はどういういきさつだったの?

佐久間　その頃、珍太(大庭昌浩)と(小林)清が、吉祥寺の『シェーキーズ』っていうピザ屋で演奏していたんだよね。昔は生演奏を聴かせていた。

なぎら　ああ、地下に降りていくところね。あたし行ったことあるよ。ビール飲んだ。まさかそのとき珍太と清がやっていたのかな。

佐久間　その頃、珍太はウッドベースを弾いて、清は4弦バンジョーで、ニューオリンズやっていたの。

なぎら　そうだった。ニューオリンズ・ジャズをやっていたね。

佐久間　それで、渡ちゃんが『シェーキーズ』に聴きに行ったときに、こういう二人がいるとなって、それからなぜか一緒に飲んで(笑)。「じゃあ、ちょっとバンドやろうか」って話になったんだよね。

なぎら　そのときには順平はもう清や珍太は知っていたの？

佐久間　まあ、なんとなく飲み仲間というかね。吉祥寺で集まって毎晩飲んでいるみたいな。

なぎら　最初は『シェーキーズ』だったわけ？

佐久間　うん。

なぎら　あー、そうか。今考えてみたら、確かあたしはメンバーの誰かに……、待てよ、渡ちゃんだったかな、『シェーキーズ』を教えてもらったんだよ、確か。「あそこ、面白いよ」とかなんとか言われて。たしかに生演奏やっていた。もしかしたら、あたしはそこで珍太と清の演奏を聴いていたのかもしれないんだね。

佐久間　それでヒルトップは、ニューオリンズ系の曲をやるみたいなことになったんだ。

なぎら　では、結成のときも、渡ありきだったということか。

佐久間　そう、渡ちゃんが誘った。清と珍太と私の4人で作ろうかと。

なぎら　それ以前に、清と珍太と順平の3人でやったということはないの？

佐久間　ないね。このバンドがきっかけ。清くんはカントリーのふつうの5弦バンジョーとかもやっていたし、ギターもやるし、その後はジャズギターもやっていたね。

なぎら　5弦バンジョーと、テナーバンジョーとはコードが違うの？

佐久間　チューニングが違うからね。4弦（テナーバンジョー）はマンドリンと同じ。

なぎら　オープン（チューニング）じゃないの？

佐久間　オープンじゃない。G・D・A・Eっていうやつなの。5弦バンジョーはオープンだとGでしょ。だから全然違うんだよね。

なぎら　なるほどね。それでヒルトップの選曲はどういうふうに決めていたの？

佐久間　ライブのときも、だいたいレコードの感じでやっていたかな。『ヴァーボン・ストリート・ブルース』で始まって、ブルースも入れて3〜4曲をオープニングで4人でやってから、渡ちゃんのソロコーナーになって、そのあと他のメンバーがやって、最後はみんなで一緒にやって、という感じかな。レコーディングのときは、たしか小室等さんがプロデュースで……。

なぎら　渡ちゃんが、小室さんの事務所にいたんだよね。六文銭ファクトリー。

佐久間　ああ、そうか。

なぎら　だから、小室さんはよく面倒をみていたの。あたしは同じ年、77年に文化放送の『セイ！ヤング』でDJをやっていて、あるとき渡ちゃんがゲストに来たことがあったんだけど、本番中にスタジオの中で吐き始めて、倒れちゃったのね。そうしたら、ブースの向こうで小室さんが腕を組んで見ていて、イヤ〜な顔をしていたね（笑）。渡ちゃんたちとヒルトップを一緒にやろうよってなって、話がまとまったときに、憧れというか音楽的に影響を受けた高田渡とやれて、それはありがたいっていう感じだったの？

佐久間　うん。そうだったね。当時、渡さんは六文銭ファクトリーにいたという話だけど、その後そこを出て、ヒルトップはなぜか瀬谷福太郎事務所と契約するんだよね。

なぎら　瀬谷さんのところか。

佐久間　うん。あのカントリーギターの。

なぎら　瀬谷福太郎さんは知っているよ。あたしもお世話になった方で、2016年に亡くなっちゃったよね（享年83）。

佐久間　そこの事務所と契約するわけ。ところがその事務所からは仕事の依頼もなにもないから、結局立ち消えになったけど。

なぎら　瀬谷さんね。ジミー（時田）さんのバックなんかもやって。（チェット・）アトキンスなんかやったら上手かったよ。渡ちゃんの事務所は、ベルウッドの関係で、小室等さんが預かることになったんだろうね。

佐久間　うん、そうなんだろうな。

なぎら　結局ヒルトップってどのぐらいの活動期間だっけ？

佐久間　2〜3年だったと思う。LPを出して、コンサートに呼ばれたり、ライブハウスに呼ばれたりしたけど、ギャランティーは折半だったのよ。渡ちゃんはそういうところ公平で、自分が中心だからこれだけもらうとか言わないんだよね。だけど、そうするとさ、必然的に食えなくなるよね（笑）。それまで一人でやっていたときのギャラが4分の1になっちゃうんだから、だんだん苦しくなったんだろうな（笑）。そして、少しずつ自分一人のライブの比率が高くなって、バンドはだんだんフェードアウトしていくという。
なぎら　ギャラを4等分折半というのはいい話なんだけどね。その後があんまりいい話じゃない(笑)。
佐久間　だけど生活が苦しいんだからさ(笑)。
なぎら　アレンジなんかも渡ちゃんがこうしようあしようじゃなかった？
佐久間　うん。4人で『のろ』に集まって、今度はこの曲をやろうとか言いながら、みんなで練習して。
なぎら　この曲をやりましょうよって誰かが持ってきたときに、却下するということもあったわけ？
佐久間　そうね。渡ちゃんの感じというか、空気を見てね。ああ、これはやりたがってないな、みたいな。「佐久間くんも1曲歌いなさい」って言われて、「じゃあ『猿股の唄』を歌います」って言って、清くんは『リンゴの木の下でドミニクは世界の日の出を待っていた』を歌うことになったり。
なぎら　なるほどね。バンド内ではさしたるもめごとはなかったの？
佐久間　ヒルトップではなかったなあ。やっぱり、渡ちゃんが僕より4つ年上で、清くんが僕より2〜3歳下で、珍太くんがさらにもう一つ下だからね。
なぎら　珍太ってそんな下だったの？
佐久間　珍太が昭和三十一年生まれじゃなかったかな。清くんが三十年かな？　少しずつ年齢が違うから、あまり衝突みたいなことはなかったね。
なぎら　なるほど。それで、あたしが思うに、ヒルトップのときは渡ちゃん、一番マンドリンが上手かった時期だと思うんですよ。真摯にマンドリンに対して向かっていたというか。それまでの渡ちゃんのマンドリンはだいたいどの曲も同じ奏法で、あまり大したことなかったんだけど、ヒルトップのときはソロなんかやっちゃって、上手いなって思ったのね。
佐久間　そうだね。まず渡ちゃんがバンドを組んだということがすごいと思った。あの人はもっと個人的な人かと思っていたから。ずっと一人でやっていたしね。『ごあいさつ』って歌なんかほんと信じられない。谷川(俊太郎)さんの書いたああいう詩を見つけてきて、あんなトーキング・ブルースみたいに歌うなんてね。考えられないよ。YouTubeで中津川フォーク・ジャンボリーのときの映像があるけど、今観てもすごいと思う。

なぎら　そうかぁ。それで、その後、せっかく腕があるにもかかわらず、ギターもマンドリンも酒でダメになっていく、とあたしは思っているんだけどね。ダメというか、酒で弾けなくなっていった。だから、その時期が一番よかったと思う。順平はヒルトップ以前に渡ちゃんのギターに影響を受けたとか、そういうことはなかったの？

佐久間　渡ちゃんの、ミシシッピー・ジョン・ハートのあのスタイル、あれは絶品だよね。すごく上手だと思った。

なぎら　アトキンスとか（マール・）トラヴィスのベース音が5（弦）・4・6・4とは違うんですよね。変則な奏法なんだよね。ミシシッピー・ジョン・ハートに影響受けているから「5弦飛ばしているじゃないか！」っていう（笑）。

佐久間　Gでいうとさ、6弦と4弦でやるからね。あの渡ちゃんはすごく上手だと思ったよ。

なぎら　あたしは、高田渡の影響でマイク・シーガーとかあの辺のフィンガー・ピッキングを聴いたときに、ギター2台でやってんだと思ったからね。低音部と高音部で。あれはやっぱり驚きだった

佐久間　ところでさ、渡ちゃんは西岡さんともあんま仲良くなかったじゃない？　一回も一緒にやってないんだよね。

なぎら　若いときはいっしょにやってるじゃん。

佐久間　それは、五つの赤い風船とはあるけど、西岡たかしさんと二人というのはないんだよ。それが、渡ちゃんが亡くなる3日前に、札幌でやっているんだよね。その映像を持っている人がいて、この間みんなで観たんだよ。そうしたら、二人が穏やかなんだよね。次の日にホテルで別れるときに、「じゃあ、渡も元気でがんばれよ」みたいなことを言ってる。

なぎら　『大ダイジェスト版三億円強奪事件の唄』（URC 1969年）のフィドルは西岡さんだからね。『汽車が田舎を通るそのとき』のレコーディング・ディレクターも西岡さんですよ。

佐久間　そうなんだ。

なぎら　渡ちゃんの通夜のときだったかな、西岡さんが大阪から来たもんで、あたしが「遠いところご苦労様です」って言ったら、「当たり前だよ、戦友だぞ」って言ったの。かっこいいなって思っ

たね。そうしたらガンさん（佐藤GWAN博）が酔っぱらっちゃって「誰だ、あのオヤジ？」って（笑）。「西岡たかしさんじゃないですか」って言ったら「あれがそうなんだ」って、でかい声で（笑）。

佐久間　すごいね。たしかに思い返すと、ヒルトップのときの渡ちゃんは楽器に関しても、すごくやる気で、楽しそうにやっていたなあ。

なぎら　楽しそうにやっていたし、上手かったよね。まあ、ヒルトップはみんな上手かったけどね。すごかったよ。

佐久間　あの頃はみんな若いじゃない。だから、あの速いテンポでいけたんだね。ものすごく速い。今ならとてもじゃないけどできない。

なぎら　『リンゴの木の下でドミニクは世界の日の出を待っていた』で、『ドミニク』に移るあたりなんてすごいもんね（笑）。

ヤマハのギター

なぎら　渡ちゃんはいろんなギターを持って登場していたけど、必ずヤマハに戻っていたじゃない？理由は知っている？　あたしは知らないんだけど。

佐久間　大きな音が出るからじゃないの？

なぎら　まあ、実はあんまり自分のギターって持ってないんだけどね。人から借りてそのまま使っている。

佐久間　藤村（直樹）さんのギターとかね。

なぎら　それで「自分のギターだ」って言いきっちゃうようなね（笑）。たとえば、ヒルトップで使っていたブズーキも小室（等）さんのでしょ？

佐久間　そう。小室さんに一回お借りしたら、「それはもう君が持っていていいよ」って言われて。

なぎら　あたしが聞いた話だと、ケースを作っちゃったもんで、小室さんが返してくれって言えなくなっちゃったっていう（笑）。

佐久間　レコーディングのときに、変な曲をやろうよってなって、ブズーキを使ったんだよね。それで、その後も「ライブで使いたいんで使わせてください」ってそのまま借りていたの。それで「じゃあ、ケースを作ろう」っていって、ふみさん（富美子）にケースを作ってもらって（笑）。

なぎら　ひどいよね（笑）。ところが、違うチューニングにしたら折れちゃったんだよね。

佐久間　ネックがおじぎしちゃってね。

なぎら　ギターチューニングでやっちゃったんだっけ？　弦のテンションがそうとう上がっちゃって、とうとう、パキッていったと。

佐久間　それで慌ててね。そのとき、渡ちゃんの知り合いでギリシャに行くっていう人がいたから、「お願いだからブズーキを一本買ってきてくれ」って頼んで買ってきてもらったんだよ。

なぎら　ほんと？

佐久間　それを私が小室さんにお返しにあがったわけ。

なぎら　え？　渡ちゃんじゃなくて順平が？

佐久間　そう。そうしたら「いや、これは君が持っていなさい」って言われたの。

なぎら　今も持っているの？

佐久間　まだありますよ。

なぎら　今のブズーキってギターと同じチューニングなの？　あるいは昔のブズーキと何かが変わったの？　この間楽器屋に行ったら「ギターが弾ければ弾けますよ」って言われて。

佐久間　僕はブズーキのほんとのチューニングを知らないんだよ、実は。

なぎら　長さによっていろいろあるみたいだね。

それで話が戻るけど、渡ちゃんはあのヤマハのギターに非常に固執したというのがあったんだけど、大きい音がするからか、弾きやすいからか……。

佐久間　ヤマハっていうのは、あのフレットがないやつでしょ？

なぎら　ヘッドのヤマハのロゴのところにシール貼っちゃったやつ。

佐久間　あれはテリーズ・テリーの注文で作ったやつで、ここから上は使わないからフレットいらないって言ってね。そこに「W.TAKADA」って入っている。あれはものすごく大きい音が鳴るのよ。

なぎら　そうなんだ。

佐久間　ものすごくいい音なの。それで当時はラインを使わないで、マイクで音を拾っていたけど、ドーンって鳴るもんだから、あれが一番よかったんじゃないかな。だから、他のギター使ってもすぐあのギターに戻っちゃうんだね。

なぎら　飯沼（哲）さんに作ってもらったギターは、小ぶりなんだけど、音が鳴るように胴を厚くしてあって、奇妙なギターなんだけど、あまり胴鳴りがしないんだよね。ふつうのドレッドノートくらいにすればよかったのに、なんでこんなに小さくしたのって思った。その代わり中で音が回るように、胴を分厚くしてね。ところで、順平はどこでギターをいじってもらってるの？

佐久間　僕はシモギターで、そこの志茂（崇弘）くんに作ってもらったり、リペアも彼にやってもらってる。

なぎら　上手い？

佐久間　上手いよ。高木ブーさんのウクレレも作っている人だよ。ダブルネックウクレレとかも作っている（笑）。

なぎら　そういえば、以前、マイク眞木さんがトリプルネックっていうのを作ってたね。

佐久間　トリプルネックね。あれは弾きにくいんだよ。

なぎら　12弦ギターと、ふつうのギターと、ウクレレ。あれはケースが巨大になっちゃってね（笑）。

佐久間　渡ちゃんがあのヤマハのギターを気に入っていた理由は大きな音が鳴って、しかもいい音だというのがあったけど、それともう一つ、すごく丈夫なんだよ。それも理由の一つだったと思う。渡ちゃんが亡くなったとき、彼のギターが3台ほど僕のところにきたんだよね。それでしばらく持っていたんだけど、いずれ漣のところにいくわけだから、漣に「取りに来て」って言って、その3台を渡したんだよね。そうしたら、漣はそれ以降ずーっとそのヤマハばかり使っているでしょ？

なぎら　そうそう。漣はあのギターに電気は通したの？

佐久間　いや、通してないいんじゃないかな。

なぎら　ヘッドのヤマハのロゴのあたりに、『ヒッコリーウィンド』のシールを貼っちゃってるんだよね。ヤマハのロゴを隠すために。ひどいよね、提供してもらったのにさ（笑）。『ヒッコリーウィンド』って愛知の楽器屋さんじゃなかったかな。ウサギのマークの。

渡と酒

なぎら　ヒルトップのときには、もう渡ちゃんは酒飲んでいたでしょ？

佐久間　飲んでた。

なぎら　心配はなかったの？

佐久間　あの頃はまだ若かったし、身体も丈夫だったしね。飲むといってもふつうだったんじゃないかな。渡ちゃんがお酒を習ったのは藤村さんなんだよね。京都時代に。それまでは、日がな一日コーヒーばかり何杯も飲んでいた。藤村さんが『六曜社』に通っていたから、渡ちゃんもそこにたむろするようになったんだけど、藤村さんがウィスキーをきこしめすようになって、それからお酒を覚えたんだと思う。

1970年の時点で、高田はまだ酒をたしなんではいなかった。藤村直樹氏の回想によると「ほとんどコーヒーかプリン、ホット・レモンで歌の話をしていた」と言うが、それが徐々に変わっていく。その頃のことを藤村氏が『高田渡読本』に書いているので、要約しながら引用しておこう。

一九七一年の初め頃、ぼくがフォーク・シーンから離れ医学生に戻る頃だろうけど、(中略)相変わらず昼間からウィスキーを呑んでいると、渡が「俺にもちょっと味見させろ」と言った。そして「うん、これはコーヒーみたいにうまいな!」といったのが、彼が酒を呑みだした初めではないかと思う。あるいは、京都のアサヒ・ビヤホールでぼくがすすめて呑んだビールが最初だったかもしれない。

いずれにせよ、京都時代の渡は、すでに大酒のみであったぼくからみれば、まだ酒に関しては初心であったし、酒を呑まない渡に酒を教えてしまったのがぼくであることは事実だろう。

ウィスキーが「コーヒーみたいに美味いな」はちょっと解せないが、まずこの頃に酒を覚えたのは間違いないだろう。

一九七八年頃から、京都でのライブで、いっしょにいることが多くなった。その頃の渡は、売れていないが、体力・気力に満ちて、酒もぼくより強くなっていた。ある日など、ライブの後ぼくの部屋で、夜中から朝にかけウィスキーを一本とブランデーを二分の一ボトル飲み干して、次のライブがある九州に平気で出かけたものだ。

要するに、晩年のチビチビやっていた頃とは違い、結構な量を飲んでいたということになる。しかし73年頃だったか、当時はノースランド(ニッカ・ウィスキー)専門に飲んでいたが、まるまる1本も飲んでいたかどうか?——どうだっただろうか?

『新譜ジャーナル別冊 高田渡の世界』にライブハウス『ジャンジャン』での楽屋シーンの写真が載っている。眼がドヨ〜ンとした高田の前に置かれているのがノースランドである。

渡の健康に問題が出だしたのは、一九九〇年頃からだった。肝機能障害で、ぼくがいた国立療養所比良病院、そして琵琶湖大橋病院に何度か入院した。そのたびに奥さんの友恵さんは、彼のそばに補助ベッドで付き添ったり、近所の民宿に泊まって面倒をみたり本当に渡を大切にしていることがわかった。

（中略）

それでも渡の肝臓の回復力は超人的で、毎回、一か月も入院するとほとんど検査値も正常に近づいた。

（中略）

たしかにぼくは身体については渡の主治医だったが、心については渡がぼくの主治医だったと思う。つまり「たがいに主治医として、患者として、二〇年近くを付き合うことになってしまった」わけだ。

なぎら　この間、ふみさんに聞いたら、京都では飲まなかったようなことを言ってたよ。まあ、じょじょに、ということなんだろうね。タバコも遅かったもんね。当時はホープを吸っていたね。最後はチェリーだったけど（笑）。

佐久間　チェリーね。ヒルトップのときはふつうに打ち上げで飲んだりしていたけど、それの弊害みたいなことはなかったね。やっぱり80年代に入ってから、だんだんおかしくなっていったかな……。

なぎら　あるときのステージで渡ちゃんが寝ちゃってさ。お客さんはちょっとだけザワザワしていたんだけど、そのままステージを見ている感じでね。あたしは客席にいたんだけど、ソデのほうでぼそぼそ話し始めているのが聞こえてきた。おそらく「起こさないとまずいんじゃないか」みたいな話をしているわけよ（笑）。そうしたら、そこに、いかにもバックを弾いているような感じで順平がステージに出てきたのよ。それであたしは、「どうするのかな？」って思いながら見ていたら、順平が渡ちゃんを起こすために、座っていたパイプ椅子をコンコンと蹴ったの（笑）。何回か蹴るんだけど全然起きなくて、とうとう客席もクスクス笑い始めてね。それで、もうこれは起きないって踏んだのか、いたたまれなくなったのか、順平は帰っていったの。そうしたら、渡ちゃんは舟こぎだして、とうとうマイクに頭ゴンッとぶつけて、その反動でハッとしたように起きて、続きを歌い始めたっていう（笑）。覚えてる？

佐久間　それは見ていたの？

なぎら　そう、客席で見てたの。これに限らないけど、そういう酒で寝ちゃっている渡ちゃんを見ていて、どう思っていました？

佐久間　ふつうだったら、アーティストとしては許しがたい行為じゃない（笑）。でも、なぜかお客さんはじっと見ているんだよね。あれは不思議な体験だったな。

なぎら　まあ「そのままにしとけー」とか、「起こせよ！」なんていう声もないし、お客はただ静かに見ているんだよね。

佐久間　ステージで寝ちゃったのは何回もあるからね。あるとき、『ブラザー軒』を歌っていて、2番くらいまで歌ったんだけど、だんだん静かになって、そのまま寝ちゃったんだよね。

なぎら　落ちたのね。

佐久間　僕は横にいたから「ああ、寝たな」と思って、もうなにもしないで待っていたのよ（笑）。そうしたら、途中でふっと起きて、すぐ歌い出すの。だけど、また2番から歌い始めた。それで2番を歌い終わったら、「あ、これさっき歌いましたね」って（笑）。

なぎら　すげぇ（笑）。

佐久間　みんなもびっくりしちゃってさ。これが高田渡のパフォーマンスかみたいな（笑）。

なぎら　まあ、計算してやったわけじゃないだろうけどね。しかし、すげえな、それ。そういえば、池袋の『シアターグリーン』のステージで渡ちゃんが吐いたのは知っているよ。吐いちゃったのは見たことない？

佐久間　何回かあるね。わざわざソデまで行って吐いて、それでまた出てきてすぐ歌ったっていうのもあるしね。

なぎら　ひどいよね（笑）。『シアターグリーン』のときは出かかったのを飲んじゃったんだよね。見てて気持ち悪くて（笑）。

アイススケート

なぎら　渡ちゃんは運動が得意だったという話を

聞いたんだけど、あたしの印象ではまったくそういうのないんだよね。

佐久間　意外と運動神経はいいんですよ。

なぎら　それはどういうときに感じたの？

佐久間　何回か一緒にアイススケートに行ったのよ。

なぎら　漣くんもそう言ってた。ほんとに渡ちゃんはできるの？

佐久間　できるどころじゃないよ。後ろに手を組んでスイースイーだよ。

なぎら　どこで覚えたんだろうね？

佐久間　京都時代だったのかな？　練習したらしいよ。アイススケートは京都でも東京でも行ったけど、何人かで行っているのね。友部（正人）やユミ（友部正人夫人・小野由美子）とかもいて、7〜8人で行ったことがあったな。子供たちもいてね。それで、渡ちゃんは得意げにスイースイー滑るわけよ。友くんはぎこちないんだけど、とにかく休みもしないで、ずっとリンクを回っている。私はスケートやっていたから、子供たちに教えながらやっていたのね。そうしたら、ユミが文句言うんだね。「友くん！　自分だけ滑ってないで、子供たちも見なさいよ！」って。「はーい」とか言って戻ってくるんだけど、そんな中、渡はずっと得意げに滑っているというね。

なぎら　へー、ほんとう？

佐久間　スケートも上手かったし、あとビリヤードもよくやったね。自分のキューを持っていて。よく渡ちゃんとやっていたのは、あるラーメン屋の一番高いメニューを賭けての勝負。五目チャーシューワンタンメンみたいなのが一番高いんだけど、私は5〜6杯分くらい勝っているのに、一回もおごってもらったことがない（笑）。

なぎら　ビリヤードのほうはそんなに上手くはなかったよね。

佐久間　ビリヤード自体は上手くないんだけど、キューから球を弾くことはすごく上手なのよ。

なぎら　まあ、それは誰でもできるけど（笑）。形はいいんだよね。

佐久間　そうそう。でね、たぶん、ちゃんとした理論を分かってないわけ。この角度でいけば、クッションがこうなって、こう動くとか。彼の場合は、だいたいの勘でやっているの（笑）。理論はあんまりない。

なぎら　そうかぁ。あたしにとっては運動神経のない人だったんだよなぁ。

佐久間　一時期よく軽井沢に行っていたことがあってね。北軽井沢にステーキハウスがあって、夏の間中、そこのお客さんを相手にヒルトップが演奏するっていうのをやっていたのよ。1日5ステージとかね。1~2週間滞在するんだけど、昼間は暇じゃない？　もちろん練習もしていたんだけど、あるとき時間があるもんだから、飲み始めちゃったのね。そうしたら、外に誰かの車が置いてあったの。渡ちゃんももう酔っちゃってるからさ、「ぼくにも運転させて」って（笑）。そもそも免許なんか持ってないし、酔ってるんだよ？　「ちょっとどうやんの？」「ギヤ入れて、クラッチ踏んで……」「ちょっとやってみる」とか言ったらスーッと行っちゃった。ブレーキが分かってなかったのかもしれない。道路を挟んだ向いが棚田みたいになっていたんだけど、そこをガンガンガン！って行って止まった。これは、渡ちゃんの無謀なところ（笑）。

なぎら　渡ちゃんの女性関係はどうでした？　あたしはけっこう見ているんだよね。

佐久間　渡ちゃんは甘えるのが上手だからさ。

なぎら　なんというか、母性本能をくすぐるみたいなタイプなのかな。

佐久間　膝枕をしてもらうのがすごく上手なのよ。膝枕の状態になるのが。そこで寝静まる（笑）。それは何度も見てるな。地方のライブハウスでやって、その後お酒が入ったりして、そういう人といい感じになると、そこに泊まりに行って、しばらく帰ってこないとかさ。

なぎら　それで、なにか良からぬことをしているっていうのは、ピンとこないんだよね。膝枕してもらうっていうのは分かるんだけど。そういうメイドカフェあるよね。渡ちゃん生きてたら、きっと行ってるよ（笑）。

佐久間　そういえば、渡ちゃんと中津川に行ったとき、呼んでくれた人が「フィリピンパブに行きましょうか？」って渡ちゃんを誘ったの。だけど、そのときは友恵さんも一緒だったわけ。友恵さんをホテルに置いて、自分がフィリピンパブに行くわけにはいかないっていうんで断って、その晩は行かなかったんだけど、別れ際に「今度はぜひ一緒に」って（笑）。

なぎら　心にしみる話だねえ（笑）。しかし渡ちゃん、スケートが得意っていうのは信じがたい話だよなぁ。

佐久間　渡ちゃんがスケートする姿を思い出しながら、マンドリンで曲を作ったのが『Wataru's Waltz』（アルバム『明日の想いで』に収録）なんだよ。

なぎら　そうなの？　ほんとうにスケーターズ・ワルツなんだ（笑）。あたしはてっきり『Last Walz』（ザ・バンド）に触発されて作った曲かと思ってたんですけど。

佐久間　違うのよ。渡ちゃんのスケートの姿。

なぎら　いやあ、そうなんだ。いい話なのか嫌な話なのか分からないけど（笑）。

佐久間　ほら、渡ちゃんは脚が短いじゃない？　安定がすごくいいのよ（笑）。

なぎら　しかし、意外でした。あたしは渡ちゃん、運動神経が〝悪い〟というより、〝ない〟と思ってた（笑）。

佐久間　だけど、球技は全然ダメよ。野球とかね。

なぎら　なんか地方かどこかでキャッチボールみたいなことをしていたら、おでこでキャッチしたのは見たことある。みんなで「だから言ったじゃないか！」って（笑）。

人に分け隔てなく入っていく能力

なぎら　渡ちゃんて高級志向なところがあったじゃない？　たとえば万年筆はモンブランとか。

佐久間　そうところあったね。

なぎら　雨の日にはL.L.Bean（エルエルビーン）の長靴を履いているとかね。また、着ているものが煮染めたような色なんだけど、実際はあれ高いぞみたいな、そういうところがあったじゃないですか。

佐久間　ありました。

なぎら　こだわりというのかな。『いせや』なんかで飲んでいて、隣の人に喋りかけられても「おたくとは関係ないから」「なんで私がサインしなきゃいけないんだ」とかやっていたじゃない？　だけど、隣の人がライカのカメラなんか持っていようもんなら、渡ちゃんほうから「バルナックライカですか？」なんて話しかけたりして（笑）。他にこういう趣味があったとか知らない？

佐久間　趣味ねえ……。

なぎら　なにかをコレクションしていたとか聞か

ないしね。

佐久間　まあ、やはりお父さんが詩人だったからもしれないけど、蔵書がものすごい量あったじゃない？　とくに日本の詩人の詩集はすごく集めていたよね。レコードも確かに多かったけど、日本の詩人に対するリスペクトみたいなものはとくに感じたな。

なぎら　そうだね。あたしも渡ちゃんの家に行ったときに、他の本はそうでもないけど、詩集はとにかく多いんだよね。それもほとんど知らない人だった。そういうところから、歌になる詩を引っ張ってくるんだよね。

佐久間　民俗学でも知られる詩人の松永伍一さんとも知り合いで、僕らが軽井沢に行っているときに、彼も避暑で北軽井沢に来ていると、よく話をしたりしていたね。

なぎら　そういう人に分け隔てなく入っていく能力はすごいんだよね。

佐久間　あとベトナム戦争の従軍カメラマンだった人とも知り合いだったよね。その人なんかともよく飲んでたな。

なぎら　話が合うと旧知の仲のように話すんだけども、変に声かけられたりするとね……。声かけたやつがかわいそうなぐらい（笑）。

佐久間　けんもほろろな感じね。

なぎら　「この人、たぶんファンをやめるだろうな」ってくらいひどかった。『いせや』でそういう場面に出くわして「渡ちゃん、もうちょっとなんか言ってやんなよ」なんて言おうものなら「なんでだよ」って今度はあたしが言われるから、もういいやって思って（笑）。

佐久間　『ブラザー軒』という歌があるじゃない。あの詞は菅原克己さんという詩人のものだけど、この人は宮城の亘理《わたり》から出てきて、共産党の機関紙『赤旗』を刷っていた人なんだよね。

なぎら　渡ちゃんの若い頃と似ているじゃん。

佐久間　そうそう。それで菅原克己を好きな人たちが1年に1回、日本全国から集まって偲ぶ会をやっているんだよね。『げんげ忌』というんだけど、太宰治の『桜桃忌』みたいなもので。それで、いつかの『げんげ忌』のときに、筑摩書房の編集者が来ていたんだけど、その人が『げんげ忌』の人たちから「高田渡なるものが、『ブラザー軒』の詩に勝手に曲をつけて歌っている。そういう不届き者がいるから、ついては君、ちょっとクレームをつけに行きなさい」って言われた。そこでその編集者は渡ちゃんにアポイントをとって吉祥寺に行ったのね。クレームをつけようと乗り込んだんだけど、一緒に『いせや』に行ったら意気投合しちゃった（笑）。あげくには「ぜひ、今度『げんげ忌』で歌ってください」という話になって、それから呼ばれるようになったんだよ。

なぎら　渡ちゃんにわざわざ言いにいったんだ。

佐久間　そう。野上（龍彦）さんという元筑摩書房の編集者。おそらく、勝手に歌われては困るとか言おうと思ったんだろうけど、飲んでいるうちに意気投合しちゃったんだね。

なぎら　そういうケース、多いんだよね。一方、その反対に最後までダメって人もたまにいたね。永山則夫なんかはそうだった。

佐久間　ああ、そうだ。永山さんが収監されていた刑務所にまで行って。

なぎら　けんもほろろどころじゃなくて、説教までされてね。それで、その日のこと、あたし知っているんだよ。最初、原宿にあった『如月』に寄って、当時はもう音楽舎から如月ミュージック・ファミリー（如月音楽一家）に変わった頃ね、そこでいかに永山の詩がいいかと散々っぱら語って、それから拘置所に会いに行ったんだよ。

佐久間　それで帰ってきてなんて言ってたの？

なぎら　「二度と歌うもんか！」って（笑）。渡ちゃんは『バーボン・ストリート・ブルース』の中で永山に「詩は音楽なんかじゃ表現できないよ」って言われたって書いているけど、実際はもっとキツかったらしいよ。「君なんかに歌われる筋合いはない」というようなことを言われたみたい。『如月』にいた和田さんていうマネージャー覚えてる？

佐久間　名前は覚えている。

なぎら　たしかその人も一緒に行ったんだけど、「たかがフォーク・シンガーごときに私の詩は歌ってほしくない」とかいろいろ言われたんだって。だけど、渡ちゃんも「いや、私はあなたのことを敬愛してますし、詩も大好きで……」と、喜んでくれると思ったらしいのね。言ったんだけど、ばっさり「そんなことを言われる筋合いはない」って。もう散々言われたらしくって「二度と歌うもんかー！」って帰ってきたと。

佐久間　そんなひどかったんだ。『ミミズのうた』とかそうだよね。

なぎら　あと『自由な奴』『手紙を書こう』。

佐久間　『自由な奴』の詩もすごいと思ったけど、そういえばいつからか歌わなくなったよな（笑）。そういうことか。

アバウトなところがあった時代

佐久間　そういえば、詩を使っているのに、ずっと印税を払ってなかったってことがあったよね。

なぎら　それは本来は渡ちゃんのせいじゃないよねぇ。

佐久間　いや、渡ちゃんが詞のクレジットをちゃんと書かなかったとか……。そんなようなことを聞いたことがあるんだよな。

なぎら　他人の詞を「作詞　高田渡」にしちゃったと。

佐久間　そんなことで、印税がその詩人に払われていなかったっていう。

なぎら　それはね、加川良さんも大いにあります（笑）。昔さ、（松山）千春ちゃんに呼ばれたコンサートの後で、小斎ちゃん（加川良）とせつちゃん（南こうせつ）と4人で飲んだじゃない？　あのとき散々っぱらその話を聞いたよね。それで小斎ちゃんが「あれは俺じゃなくて、事務所が全部そういうふうにやっちゃったから」って言ってたんだけど、あたしは心の中で「冗談じゃない。あんたが自分の作詞って言ったんじゃねえか」と思いながら聞いてたけどね（笑）。順平がまた「ああ、そうだったんですか」なんて言うもんだから、ほんとのこと話してやろうかなって思っていた（笑）。だから、なんというか、大らかといえば聞こえがいいんだけど、そうじゃないんだよな。ずさんと言うかね。

佐久間　ほぼ窃盗に近いでしょ（笑）。詩人が「いいよ、使って」と言ったんなら大らかと言えるけど。

なぎら　だから渡ちゃんも大らかに、使っていいんだろうな～って気分で（笑）

佐久間　どういう解釈（笑）。

なぎら　まあ事務所もずさんですよね。

佐久間　ふつうの歌手はちゃんとした芸能事務所所属だったけど、フォークは学生上がりの素人がやっている事務所だったからね。

なぎら　「かまわねえ、かまわねえ」って、そんな感じだもん（笑）。

佐久間　学園祭の続きみたいなノリだったからね。作曲者だってさ、アメリカに作った人がちゃんといるのに、「アメリカ民謡」とか書いてね（笑）。印税払わなくていいから。

なぎら　あれは向こうで管理している人がいて、あたしなんかもちゃんと通したら、すっごいうるさいのね。めちゃくちゃうるさい。だから、ちゃんと通さないほうがいいんだよ（笑）。クレジットだけ書いて、黙ってりゃいいんだよ。イサっちゃんのハッピー&アーティ・トラウムの曲をいっぱい使ったアルバムがあったじゃない？　『飲んだくれ女』とかが入っている。それできちんと向こうの出版社を通したら、レコードが売れても一銭もこっちに入らないくらい、全部向こうに持っていかれたんだって。そうそう、最初のアルバム『村上律と中川イサト』（CBS/SONY 1972年）だね。それであたしもこの間出したアルバムでちゃんと許諾をとったら、大変なことになった。

佐久間　許諾が出るまですごい時間がかかるんだよね。

なぎら　そうそう。だからかなり早くから許諾の打診をやってないと、アルバムが出せないってこともあるんだよ。たとえ録音が終わっていたとしても。あたしのアルバムを担当した人はそれまで、そういうことに厳しいディレクターだったのよ。「なぎらさん、ちゃんとしなければダメですよ」とか言って。だけど、あまりに大変だったから、その次のアルバムのときには「なぎらさんの作曲でいいですよ。みんなやってますよ」って（笑）。それとあたしの最初のアルバムのとき、ディランの詞を訳して曲はあたしがつけたのよ。許諾の申請を出したら、ディランの詞にどんな曲を載せようと、「ディランの作曲扱いになります」だから、仕方なくボブ・ディランの作曲にしたのよ。つまり、ディランの著作権の中にあたしが作った曲が入っているわけ。その程度なんだよね。そういうアバウトなところがあった時代だった。だけど、今のようにそうじゃない時代になるとね、友恵さん震えちゃっているもんね。最後のほうのアルバム『高田渡、旅の記録　下巻』（アルタミラミュージック）で4曲の元曲はなんだとあたしのところに聞きにきましたもん。

佐久間　へぇ～。

なぎら　1曲目の『流行りものには目がないわ』は直ぐ分かった。あたしの歌です（笑）。『新バカの歌～当世平和節』は、ややっこしくて、添田唖蝉坊に山路赤春と添田さつきの『平和節』『解放節』『ノンキ節』と、いろいろな歌詞を混ぜている。曲は『オハイオの岸辺で』（Banks of the Ohio）を引用している。『愛党行進曲』の原詞は『愛国行進曲』で替え歌なんだけど、曲は『レッド・ウイングス（Red Wing (An Indian Fable)）』というのが分かった。残りの1曲がどうしても分からなくて、サビがシャンソンの『小さな靴屋さん』にちょっと似ているんだけど、「アメリカ古謡の類ではなく、50～60年代に流行ったポップスだったと思いますって」返事したのよ。そうしたら、その1週間後にポンと浮かんだの。分かったのよ。カーター・ファミリーの『キャノンボール・ブルース（The Cannonball Blues）』ってやつ。その原曲が『ワシントン（To Washington）』って曲。それで渡ちゃんは『ワシントン』のほうを模しているわけ。谷川俊太郎さんの詩に曲をつけた『しわ』って曲。

佐久間　それは友恵さんが全部申請したの？

なぎら　申請は全部レコード会社がやっているんでしょう。友恵さんはただ怖がっているだけ。「これ出して大丈夫でしょうか」って。「大丈夫じゃないの？」って渡ちゃんみたいに簡単なことを言うと「いや、そうじゃなくて」って引き下がんない（笑）。すごい心配性だからね、彼女は。筋なのかどうか分からないけど、ギターも返したもんね。（マーチンの）D－45も返しちゃったでしょ？

佐久間　あれは藤村さんのだっけ？

なぎら　違う、省悟。

佐久間　ああ、坂庭省悟。

なぎら　だからあれが回り回ってきたら、縁起が悪いのよ。二人とも死んでるぞって（笑）。それで「坂崎（幸之助）さんからもらったカメラも返したほうがいいかしら」って言うから、「もらったものをなんで返すんですか。向こうは反対に嫌な気持ちになりますよ」って言ったの。渡ちゃんみたいな根性で、「ケース作っちゃいました」くらいのほうがいいんだよ（笑）。

渡とバンジョー

なぎら　ところで順平がいろんな楽器に挑戦する

ようになったのはなんで？　すごいじゃないですか。オーソリティになっちゃって。

佐久間　いやいや全然、まだまだですよ。

なぎら　風船とやったときに、西岡さんが弾きたくないっていうから、順平が『遠い世界に』オートハープを弾いたじゃない？　ちゃんとした弾き方してたからありがたかったもん。

佐久間　西岡さんは平置きで弾いてたじゃない。ああやらないといけないのかなって思ったんだけど。

なぎら　いや、当時のステージではちゃんと立って持って弾いていたからね。

佐久間　ああ、そうなんだ。

なぎら　それでジャラーンって。オスカーシュミットのやつじゃなくて、ドイツ製で薔薇の絵がついているやつだね。西岡さんはのちに渡ちゃんと一緒にやらなくなったけど、アマチュアのときはすごく仲良かったんだよね。同じアメリカ民謡派だったから。だから京都時代はすごく行き来があったんだよ。それで西岡さんは追悼に『白湯（SAYU）〜高田渡君に捧ぐ〜』（『storage 〜ボクの見た時代〜』テイチク 2005年に収録）って曲を作ったんだね。西岡さんが渡ちゃんのところに遊びに行って……。

佐久間　ああ、白湯を出されたってやつね。

なぎら　いや、西岡さんちで、渡ちゃんが白湯しか飲めないって言ったっていう。加川良さんの角砂糖でもかじったらというのは渡ちゃんの部屋で、それとは逆で白湯を出したという。あの頃は西岡さんも大阪の民謡研究会に入っていて、渡ちゃんも好きだったから話が合った。ところで渡ちゃんがバンジョーを弾いているのを見たことある？　ステージで。

佐久間　ステージではないよね。渡ちゃんはフレットレスバンジョーを持っていたじゃない。小さいやつ。

なぎら　はいはい。木のやつね。

佐久間　自宅ではあれをたまに弾いていたのを見たことはあるけど。

なぎら　ポコポコいうやつね。というのはね、渡ちゃんが興味を持つ楽器は、ウクレレに始まって、次にバンジョーなんだよね。

佐久間　やっぱりピート・シーガーの影響かな。

なぎら　そう。ついには自分で作ろうとするんだ。それが、日記を読むと、ずーっとバンジョーのことを書いているのに、ある日急にギターになるんだよね。それまで一切出てこないのに。それがなんなのかなと思ってね。長いから読み返すの嫌だなと思いながら日記を読んでたんだけど（笑）、急にギターが出てきて、バンジョーがどこかにいっちゃってるんだよ。それからバンジョーは弾いてないんだよね。その間にハーモニカ・ホルダーを作らせてるんです。

佐久間　バンジョーといえば、ピート・シーガーが向こうでテレビ番組（『セサミ・ストリート』によくゲスト出演していた）を持っていたじゃない。たぶん、ああいうので憧れたのかな。

なぎら　最初はブラザース・フォアの『花はどこへ行った』なんですよ。それでピート・シーガーを知った。兄貴の烈さんが言うには、烈さんが買ったオムニバス盤にピート・シーガー『花はどこへ行った』が入っていたんじゃないかと。それである日突然ピート・シーガーにいく。ピート・シーガーを知れば他にいろいろなものが出てくるよね。ウディ・ガスリーやボブ・ディランとか。だけどまずはピート・シーガーありきなんですよ。

佐久間　だって手紙書いてるもんね。

なぎら　そうそう。返事がきたっていうんだから、ピート・シーガーも偉いよね。書いてあったのは、日本でまず頑張りなさいってことだけど（笑）。

高田は憧れのピート・シーガーに1966年6月8日に手紙を出す。『マイ・フレンド』の3月17日の日記にその下書きが載っているので、2か月あまり内容を推敲したと思われる。尚、英文にしてくれたのは中学の先生であるという（英文と日本語文の両方を送っている）。

文面からフォークに対する熱意が感じられる部分を抜き出しておく。

「何も大衆の音楽を学ぶんだったら、アメリカの音楽（フォーク・ソング）じゃなくても、日本にだってたくさんいいものがあるじゃないか？　日本でだって十分学べるじゃないか。」たしかに日本にもいい歌がありますし、作られています。でも日本の場合にはそれがまだ一般大衆（めざめていない人たち）にはまだまだ関心がうすいようです。あなた方のように色々な集会やデモでうたわれた歌があなた

方フォーク・シンガーの力で一般の中に広められ、そしてそれが一般の人々をみちびくというようなものがありません。

それと、メロデーの明るさ心よさにだれでもが引かれます。

など、いろいろな点でアメリカの大衆音楽（フォーク・ソング）を選んだわけです
（中略）

とくに「あなた」を選んだ理由は、

「あなた」はアメリカ民謡にとても深い理解と高い社会意識をもち、現に色々な運動に自ら加わり、そしてたたかってる「現代のアメリカ人」だからです。それにあなたは、常に人民、大衆の中に生きるフォーク・シンガーだからです。それになんとなく親しみやすく感じる。そしてもっとも大きな理由は、「あなた」がアメリカの反戦歌手の指導者であるからです。

また途中の自己紹介で

印刷会社で印刷工をしている十七才の青年です。ここで僕の大体の体つきをいいます。背は一六四cm位、体重50kすこしたりない位

と書いているが、これは必要あったのだろうか？

しかしずいぶん小柄ですね。

4月28日には

こんどの手紙は4月8日に書いたものです。

とあり、さらに新たな手紙の下書きがあるのだが、手紙を何回か出しているのであろうか？　それとも3月17日の下書きにあらたにそれを付け加えて、一つの手紙にしたのかどうかは分からない。

そのシーガーから返事が来たのは66年9月2日のことである。

ぼくがずーっと前、「ピート・シーガー」に日本語で手紙を書いてだしたのだが、ピートから、その返事がきた。8月30日にうけとった。航空便でだしたらしいから、3、4日前に出したのであろう。とてもうれしかった。ちょっと口ではいいあらわせないものがある。2ヶ月位もまっていたので、「もうくるはずない」と思っていたからなおさらである。手

紙は、タイプでうたれ、最後に彼独特のサイン（名前を書いてそのすぐ横にバンジョー（五絃だが）のマンガがかいてあるサイン）がしてあった。もちろん英文の簡単な文章で書かれていた。

その手紙の訳である。

高田渡様

長いお手紙をありがとうございます。短い返答になってしまうことをお許しください。

1）あなたは「Sing Out Magazine」での私の文章やOak Publicationsのソングブック、私のレコードなどでたくさんのことを学ぶことができます。

2）でも、あなたはあなたの身近な人々や友人、あなたが実際に経験した成功や失敗などから、もっと多くのものを学べるはずです。

3）あなたが英語を学んだあと、またあなたからのお便りをいただけると嬉しく思います。

4）それまでは、皆が何度も繰り返して聴きたくなるような素晴らしい音楽を作れるように頑張ってください。幸運を祈っています。

追伸

日本語で返事が書けなくてごめんなさい。

シングアウト誌とはフォーク・ソングの専門情報誌で、扱っている店は少なかった。私は銀座の洋書専門店の『イエナ』で手に入れていた。オーク出版社は、ブルース、フォーク系の楽譜誌を多く出版しており、手元に何冊かあるが、そちらはどこで手に入れたかは失念してしまった。

そして1967年にピート・シーガーが来日を果たしたのである。

4年前の初来日（63年11月）のときはまるで人々の関心の外だったのだが、67年の来日のときは大学生などにその名は知れ渡り、空港にも人が押し寄せたという。

その63年の来日最中にジョン・F・ケネディがテキサス州ダラスで暗殺された（63年11月22日）という報が入り、シーガーは悲痛のどん底に落とされたという。余談だが、ピートの叔父にあたる詩人のアラン・シーガー（1888年6月22日〜1916年7月4日）の詩『I Have a Rendezvous with Death』はジョン・F・ケネディ大統領のお気に入りだったという。余談ついでに、ピート・シーガーの奥さん、トシ・シーガーは日系2世で、1943年21歳のときにピート・シーガーと結婚している。父親の太田誉《たかし》は四国松山生まれのブラジル移民である。

67年の来日のとき、高田はシーガーの宿泊先であるホテルを訪ね、そこでシーガー本人に面会することができた。彼は「あの手紙をくれたのは君だったか」と覚えていてくれており、日比谷公会堂でのコンサートに最前列のチケットを用意してくれたのである。高田にとっては天にも昇る気持ちであったに違いない。

なぎら　それにしても急にバンジョーをやらなくなったというのは不思議議でね。まだ岩井（宏）さんとも知り合ってないから、岩井さんがいるから自分はいいや、ってことでもない。日記を読んでいると、バンジョーを作るって書いてあって、次にはもう持っているんだよね。それが自分で作ったものなのか、買ったものなのかは分からない。自作はあたしなんかもやったけど、みんなバンジョーを作って大失敗するんだよね。

佐久間　そうだね。僕もギター作ったけど失敗した。小学生のときだから、御菓子の缶に木を付けるんだけど、弦を張ると必ずネックがおじぎしてくる（笑）

なぎら　あたしはバンジョーだったけど、やっぱり弦の張力に負けて、ネックが恐ろしく曲がっちゃった。一見、ギターより作りやすい気がするんだよ。みんな若いときに一度はやったことがあるんだよね。

高田渡と楽器

ここで高田と楽器の話に触れておく。

高田がフォークを聴き始め、最初に手にした楽器はウクレレであった。文選工をしているとき、社内のラテンバンドに誘われ、有無を言わさずウクレレを持たされたという。しかしどうもウクレレには馴染めず、12弦ギターとマンドリンを意識して復弦に改造したというのだが、ウクレレを復弦に改造するというのは、いささか無茶であるとしか言いようがないのだが、案の定張力に負けてネックが折れてしまったという。

フォーク・ギターを手に入れるのは17歳のとき、1966年11月8日のことで、ヤマハのFG－150だったと回想している。吉祥寺の『ヒワタリ』という楽器屋で一万六千円の値段を2割引で買ったと書いている。

前述のようにFG－150とFG－180が発売されたのは1966年10月のことであるから、高田は発売してひと月あまりで手にしたことになる。しかし分からないのは、FG－150の値段は確か一万五千円と記憶するが、高田が手にしたFG－150は、「一万六千円の値段を2割引で買った」とある。これは如何なることであろう？高田がなにか勘違いしているか、私の記憶違いということになるのだろう。

『マイ・フレンド』での日記は1966年3月13日から始まっているのだが、11月8日以前にギターを購入したとの記載はない。しかしなぜかギターは手にしている。ということはそのギターの前にガット・ギターを手に入れていたのかもしれないし、あるいは誰かに借りていたのかもしれない。そのあたりの記述がないので実際のところは分からない。とにかく『マイ・フレンド』の中では、楽器といえばバンジョーのことに終始しており、ギターはあまり登場していないのである。しかしヤマハのFG－150を手に入れる前に、かなりギターを練習していた事は間違いないのである。

日記は1969年8月14日で終わっている。最後の日記には2ndアルバム『汽車が田舎を通るそのとき』のレコーディングでのことが書かれている。67年9月14日より、その間までの日記は紹介されていない。そこに1stアルバムのことが書かれていたと思われるが、そのことに関して触れられていない。実はここが、プロになるまでが分かる最も重要な部分なのだが……。

初めてギターを手にしてから2年あまりで最初のアルバムが作られている。そして同年には2枚目のアルバムが発売される。

『うたうたうた フォーク・リポート』（1969年5・6月合併号）に『リポリポギター教室』という高田のギター教則のような記事がある（連載扱いなのだが、1回で終わっている）。

よく聞かれるのですが、「いつごろからギターをや

> ってますか。どうやって憶えたのですか。どうやったら弾けるようになりますか?……。」てなことをどうもいつもうまくこの答えが僕にはだせません。なにしろ、僕自身が目下基礎練習をしているところなのですから。
>
> 僕がギターを持ったのは約2年前。一般にそうだが、ウェスタン・フォーク系の人のほとんどはギター奏法などをみんなレコードからとる。つまりレコードをよく聴いて音（奏法）をとるのである。その方法にはレコードの回転をおそくしてとったり、テープにとって、さらにテープをおそくして聴いたりしているようだ。僕もこの方法でギターを憶えてきました。人それぞれ好みがあるので音をとるといっても、どんな奏法がやりたいかによって聴くレコードも変ってくる。ではこれよりいろんな奏法に参考になると思われるギター奏者の名を書いておく。何かの機会があったら聴いてみて下さい。カーター・ファミリー、ドック・ワトソン、ジャック・エリオット、ウディ・ガスリー、トム・パクストン、ミシシッピー・ジョン・ハート等

というように、高田が影響を受けたという人たちの名前が最後にある。高田がこの人たちのギターをお手本にしていたということが分かり興味深い。よって、並べられたこの名前を見ると、なるほどとうなずけるのだが、ボブ・ディランとマイク・シーガーの名前がないのはどうしてなんだろう？

面白いのは、ウディ・ガスリーに影響を受けた、と言われたランブリン・ジャック・エリオットとトム・パクストン双方の名前があることである。彼らはウディ・ガスリーのギター奏法を色濃く模している人たちである。そうした人たちは、ガスリー・チルドレンと呼ばれている（実際はWoody's childrenで、ピート・シーガーが提唱したものである。ランブリン・ジャック・エリオット、ボブ・ディラン、フィル・オクス、トム・パクストン、レン・チャンドラー等を指す）。

高田はデビューまでの2年間で、ギターは人に聴かせるに十分耐えうる上達をみるのである。いかにレコードから音を拾って練習をしたのか、情報があふれている現在とは違って独学では時間がかかったはずである。たとえテープ・レコーダーに録ってその回転を遅くしたとしてもである。というのも人に聞こうにも、日本にこうした奏法のお手本となる人がほとんどいなかったからである。

高田はギブソン、ギルド、マーチンと様々なギターを使ったが、1974年製のヤマハ・カスタムメイドのギターの出番が俄然多かった。このギターはヤマハ時代に開発に携わっていた中本照美(Terry's Terry)が手がけたギターで、弾くことがないからと、14フレットより上にはフレットがなく、WATARUのインレイが入っている。高田の注文で最初はバンジョーのペグをつけていたというが、ある日シバが壊してしまい、えらく怒られたと聞いた。最終的にはシャーラ製のペグがつけられていた。ヤマハのロゴを嫌ったのかずっとロゴの上にシールを貼っていた。

ハーモニカ

高田はプロになってからは、ハーモニカを吹くことはなかった。理由としては単に興味を失ってしまったから、自分には合わないと判断したから、側に卓越した技量の人の人がいるのを見たので、などが考えられるが、それは本人でなくては分からない。

よってここで高田とハーモニカの関係性を書いても仕方ないことかもしれないが、アマチュア時代、フォークに対する情熱とハーモニカが一緒にあったことは否めないので、あえてそれを書いておこう。

高田がハーモニカに興味を抱くようになったのは、ボブ・ディラン、あるいはウディ・ガスリーの音源によってからだということは想像に難くない。

そしてアメリカン・フォークに出会った頃、ボブ・ディランの写真等から、ハーモニカを首から下げるハーモニカ・ホルダーの存在を知ることになる。それを手に入れたかったのだが、その頃の日本では、まだハーモニカ・ホルダーは製造されていなかった。輸入品に頼るという手もあったが、それを手に入れるにも、もう少し時間が必要であった。

当時ハーモニカ・ホルダーを首から下げ、それを吹きながら演奏をする雄といえばボブ・ディランであり、ディランがそれをメジャーにしたとも言える。確かにそれ以前にもそうした形で演奏をするフォーク・シンガーやブルース・シンガーはいた。1920年の代の初めにヘンリー・ホイッターというヒルビリー(カントリー&ウエスタンの前身)

歌手が、すでにハーモニカをホルダーにつけてギターとともに演奏している。多分このあたりの時代が、ハーモニカ・ホルダーの登場を見る最初ではなかろうかと思われる。ディランがデビューする40年前もの話である。

　ディラン以前、ハーモニカ・ホルダーを使っているアーティストは日本にはほとんど紹介されていなかった。数少ない中で有名なところではジェシー・フラーがそれであろう。ジェシー・フラーは『サンフランシスコ・ベイ・ブルース（San Francisco Bay Blues）』の作者などとして有名だが、彼はワンマン形式の演奏形態をとり、ハーモニカ・ホルダーにハーモニカだけでなく、カズーとマイクまでとりつけていた。足ではフォトデラ、ハイハット・シンバル、ウォッシュボードも同時に操った。そのハーモニカ・ホルダーが、ディランの登場で一躍脚光を浴びるようになった。しかしそれを真似したくとも肝心のホルダーが手に入らないのではなんともいたしかたない。

　高田は『マイ・フレンド』の中で、

ぼくが「この間、イエナ（洋書専門店）へいった時みたんですけど、ボブ・ディランの小さな本がありましたよ」といったら、その本を本ばこから取りだして見せてくれた。その中に、ボブ・ディランが首からホルダーをつけている写真が何枚もあった。

（1966年6月20日）

と書いている。

　これはたぶん『bob dylan by daniel kramer』という一冊であると思われるが、この本には確かに、ディランがハーモニカ・ホルダーを使っている写真がかなり載っている。

　ちなみにイエナ書店とは、銀座5丁目の晴海通り沿いの近藤書店の3階にあった洋書専門店で、2002年に閉店してしまった。

　とにかく、ギターを手にしてフォークに没頭し始めた高田は、そのハーモニカ・ホルダーをいつ頃手にしたのであろう。

　1966年6月20日には、新宿の『コタニ楽器』に行っている。

「ハーモニカの首からぶらさげるバンドのようなものありますか」といったら「ないですね」といわれた。

その他にもいろいろな楽器店で同じことを聞いたが、一様に答えは同じであった。

手に入らないホルダーが手に入るまで、高田はどうにかしてギターを弾きながら、ハーモニカを同時に吹く方法がないものかと、試行錯誤する。その奮闘ぶりを『マイ・フレンド』から時系列順に引用してみよう。

1966年6月28日。

そして、おもしろい事をおもいついた。箱の上に百科辞典を三冊のせて一番上にこまかいペーパーを1枚のせて、それを机の上にのせ、そこへハーモニカをのせて、バンジョーをかかえて、その上においたハーモニカを吹く。なかなかおもしろい。（中略）

ここにハーモニカのホルダー（首からつるすバンド）があれば最高だと思う。上の方法（なぎら註・前記の方法が図になっている）ではつかれるし、下がみれない。つまり楽譜をみながらハーモニカを吹き、バンジョーをということが、この方法では出来ないのだ。でも知っている曲をハーモニカで吹き、伴奏をするとおもしろい。（中略）ハーモニカのホルダーはやっぱり買うことにします。少し高いかもしれませんが、しかたがないでしょう。舶来品だからね。これから、ホルダーがくるまでは上の図の方法で練習します。

7月12日。

ギターとハーモニカを一緒に合奏した。もちろんひとりでハーモニカとギターをやるのであるが（中略）ハーモニカは首からつるすバンドなんかないので、机の上（デコラでよくすべるのでハーモニカがうごいてしょうがなかった）において、イスにすわり、体をぐーと前にたおして吹くのである。したがって、すごく首のへんがつかれるし、ギターの方が全然みえないのである。

前者は、本を積み上げて、その間にハーモニカを挟んで吹くという方法で、後者はハーモニカを机の上に置いて、首のほうをハーモニカに近づけて吹くという努力をしている。当然、ハーモニカを固定していなければ、ハーモニカは押されてあらぬ方向へ行ってしまう。「ギターの方が全然みえないのである」には笑わせてもらった。

そして同日、また違った方法を思いつく。


小型のプレーヤーの後側にちょうどハーモニカがすっぽり入る空気穴があった。そこにハーモニカを入れて、ギターをひき、ハーモニカを吹いた。こんどはハーモニカがうごく心配がない。

プレーヤーの高さもまあまあいい。調子よくいった。やっぱりギターの方はみえない。「やっぱりホルダーがあると便利だな！」と痛感した。


なるほど、まあ苦肉の策として考えたどの方法も、確かに手が空いているためギターと同時に演奏は出来る。しかし、その場所から移動することはできないし、ただ同時に楽器の演奏が出来るというそれだけのことであった。まず知らぬ人がそれを見たら、滑稽な姿に写ったに違いない。

そして7月17日、小田急デパートで念願のホーナー社のブルース・ハープを手に入れることになる。当時、千百円であった。


7月18日。


『フォークソングを語ろう』（新興楽譜出版社、1966年7月10日発行）という本の著者の一人である日高義さんに出版社を介して連絡先を知り、ブルース・ハープを教わる。そしてハーモニカ・ホルダーのことを聞く。そのとき「近くトンボで試験的に20・30作る」と聞かされるのである。このとき高田は嬉々としたに違いない。

5日後の23日に電話をして、「ハーモニカ・ホルダーまだ出来ていないか」と尋ね、「来週の月曜だと返事をもらう。

そして日高氏から25日には「トンボから連絡があり次第連絡をする」と言われ、27日に日高のところを訪ねる約束を取り付けている。しかし、27日の日記にはそのことが書かれていない。

それからホルダーのことは忘れ去られたように出てこない。

2か月半たった9月10日、よくフォークのレコードを聴きに行っていた『麦』という店でボブ・ディランをリクエストして聴いているとき、ホルダーが登場する。


「ボブ・ディラン」をたのんだ。それはハーモニカ

をいかに使っているかを知るためであった。そばにいる若者たちは、ぼくのもっているものを「チラチラ」とみていた。とくにホルダーを見ているように思えた。ホルダーをいじくっているうちに、まん中へんの細いうすい所がおれてしまった。とれてしまった。ニッケルだからもろいのである。

この時点でホルダーを手にしているのであるが、どこで手に入れたかは書かれていない。そのホルダーを壊してしまう。そのとき、高田は動揺するとともにかなりガッカリしたに違いない。あわてた高田は溶接をしてくれる場所を探し、ある自動車工場で修理を頼む。そこでホルダーを溶接してもらう。

家に着いてさっそくハーモニカをホルダーにはさんで、ギターを持ってやってみました。最初はなれなくて、やりにくい感じがしましたが、時間がたつにつれてなれてきました。

はたしてトンボのホルダーが手に入ったのかどうなのかが、分からないのだが、『麦』での若者がチラチラ見る姿に優越感のようなものを感じているのを見ることが出来る。その文章からして、手に入れて間もない時期ではなかろうかということが推測される。

実は私の手元に当時のトンボのハーモニカ・ホルダーがある。手に入れて50年はたつが、今まで折れてしまったということは一度もない。ニッケル製ではなく、鉄製であるのだが……。また「真ん中へんの細い薄いところ」というのも何を言っているのか分からない。ホルダーにそんな部分はないはずなのだが？　もしトンボの製品であったのなら、試作品の状態でまだ改良の余地があるものだったのかもしれない。

そのホルダーを佐賀時代（1967年3月14日から5か月間）、鉄工所に頼んで作ってもらったと『バーボン・ストリート・ブルース』にある。しかしそのホルダーはやたら重くて、とてもまともに使えるものではなかったらしい。高田は「首が折れそうだった」と言っていた。鹿島へ行ったとき、それを頼まれて作ったという中村源二氏にお会いしたことがある。「渡ちゃんに、こうしたものを作ってくれと実物を見せられたんですか？」と質問すると「同じ物が欲しいからと注文された」と返ってきた。佐賀に行く前にホルダーはすでに手に入っているのに、なぜ同じ物を作ってくれと言ったのだろうか？　そのあたりが今一つ解せないし、信憑性に欠けるのであるが、すでに手に入っているのだとしたら、一つでは心許なかったのかもしれない。もしそれが事実であるのなら、首の折れそうなハーモニカ・ホルダーがどんな物だったか実物を見てみたかった。

ところで、ホルダーと言えるかどうかは分からないが、実は日本にもハーモニカを吹きながらギターを演奏する人たちがいたのである。

漫才師、大空ヒットその人で、東駒千代《あずまこまちよ》とコンビを組んで、ヒットがハーモニカとギターを奏でるハーモニカ漫才であった。1938年（昭和十三年）の頃である。

そして都上英二《とがみえいじ》。1933年（昭和八年）頃に大空ヒットに拾われる形でコンビを結成し、「大空クリーン」と名乗る。

「♪　君と一緒に歌の旅　歌えば楽しユートピア
昨日も今日も朗らかに　陽気な歌の二人旅　ギターを弾こよ　三味弾こよ　弾けば一人で歌がでる」

という曲を覚えている方もいるのではなかろうか。都上英二も大空ヒットの影響でギターを持ち、ハーモニカを首から掛けていた。ゴム紐で吊るして、吹くときは耳にかけ吹いていたが、後に金属に変わった。つまり戦前から、日本でもギターを弾きながらハーモニカを吹くというスタイルは存在していたのである。

実は日本にも、ジェシー・フラーのようなワンマンバンドもいた。源氏太郎はギターあるいは三味線を弾きながら、首にハーモニカを下げ、打楽器をセットしたものを抱え、足にはカスタネットという姿で演奏をしていた。ちなみに、ワンマンバンドとは呼ばず「八人芸」と呼ばれていた。

もっともこの場合のハーモニカは10穴ダイアトニック・ハーモニカ（ブルースハープ）ではなく、複音ハーモニカ（トレモロ・ハーモニカ）であった。

蛇足ついでに書いておくが、ハーモニカの日本への渡来は、1896年（明治二十九年）であり、広告ではハーモニカを西洋横笛と記している。1905年（明治三十八年）、日本で販売されたホーナー社のハーモニカ名は「カチドキ笛」という名称である。

高田は当時こうした日本の芸人のホルダーを目にしなかったのであろうか？　少なくとも、私は何回か目にしたことがある。高田がもしこのスタイルを目にしていれば、もしかしたらそれを模倣したかのもしれないのだが……。

バンジョー

『マイ・フレンド』では、バンジョーのことに多く触れている。しかし私はハーモニカ同様、高田がバンジョーを弾いているのをステージで目にしたことがない。どこか旅先の飲み屋にあったバンジョーを弾いているのを見たような気もするが、記憶が散漫である。『マイ・フレンド』に登場するバンジョーのことを、やはり時系列順に追ってみよう。

１９６６年3月13日の日記に初めてバンジョーの名前が出てくる。

そして、〔バンジョー〕という楽器に興味をもちはじめたのでした。そして、バンジョーの名手ピート・シーガーの名をしったのです。
そしてそれからというもの〔バンジョー〕のレコードをあつめたのです。聞けばきくほど魅力をかんじました。
そしてバンジョーをおぼえようと思いたったのです。

高田はピート・シーガーからフォーク・ソングに傾倒していくようになるのである。まずピート・シーガーありきで、やがてシーガーの周囲に興味が広がり、また聴く音楽も広がっていくのである。

4月5日の日記には労音主催の『ウエスタンとフォークの夕べ』というコンサートに出かけ、大野義男の5弦バンジョーを耳にしている。

大野義夫は日本を代表するカントリー歌手であり、ヨーデルの第一人者でもある。またフォークが注目される以前から、バンジョー奏者として名を馳せていた。カントリー&ウエスタンでもフォーク・ソングでも、メインヴォーカリストはほとんどの場合ギターを手にしているが、大野はバンジョーを抱えてステージを熟す数少ない一人である。私も親しくしていただいた方であり、独特なスタイルのバンジョーを弾く。昭和六年生まれで、いまだ現役である（この本の校正中、２０２０年6月9日、大野義夫さんがお亡くなりになられました。享年89。ご冥福をお祈り申し上げます）。

その大野のバンジョーを聴いて、

大野義夫の5絃バンジョー・ソロが聞けた。特に〔バンジョーメドレー〕で。そして、マウンテン・ディウーでは、特別のバンジョー・ソロがきけた。

とあるが、この曲はアメリカの古謡『マウンテンデュー（Mountain Dew）』のことであろう。特別なバンジョー・ソロとはどのようなものだったのか見当もつかないのだが、高田がこのようなバンジョーに接したのは初めてのことではなかっただろうか。

5月18日になって手製バンジョーを作り始める（なぎら註・ここでは手製のバンジョーを作るための材料が書かれている）。

木製で材料はラワン。たいこの所はタンバリンというかわったもの。もうだいたい出来たが、まだ「トソウ」と「ゲン」がついていない。でもすぐできる。うまくいったらもうけものです。失敗してもあとに経験だけはのこります。
最後に、このバンジョーはフレットがありません。

そして5月19日には「バンジョーのトソウ終る。あとはよくみがいて「つるつる」にする、そして弦をつけるだけとなった」とあるが、制作にどのぐらいの日数を要したのかは書かれていない。そんなに簡単に作れるとは思えないのだが……。

5月21日。

ニスはもうすっかりぬれて、あとはトメガネとブリッジが来るのをまつだけとなった。トメガネは〔ナルダン〕というメーカーのものである。話はもどるがバンジョーのできは今のところ、というより、うまく出来た。（中略）
でもまだバンジョーがよくひけないからしっかりと練習しなくては。それで6月あたりからバンジョーを習いに行こうと思っている。（中略）
こんど作っているバンジョーには今の所フレットがない。形はピート・シーガーの教則本でみた、5絃バンジョーができた時（5絃バンジョーを発明した時の形らしい、古いもの）をまねした。タイコの

所はタンバリンである（ステンレスのもの）。自分でつけようか？つけまいかとまよっている。それにフレットをつける（植え込む）のはとてもむずかしく、専門家でもうっかりするとくるうそうだ。もしつけるとしたら、専門家にたのもうと思っている。つけないとするととても奏法がむずかしくなる。フレットがついていれば、音色ははっきり、まちがいなくでる。それにひきやすくなる。

それにとてもうまくやらないとちゃんとひけないだろう。ちゃんとした音色がでないだろう。といって自分でフレットを正確につけれるわけでもないし、こまってしまうー。

どんな形かだいたい書いておこう（なぎら註・簡単な図面が載っている）。

日本製のバンジョーといえば当時、ナルダンとピアレス両社の製品しかなかった。発売月日は両社とも分からないので、どちらが先だったのかは把握できないでいる。外国製と比べるとにかく安価であり、特にピアレス社はロングネック・バンジョー（ピート・シーガーはロングネック・バンジョーを使っていた）も発売しており、ピート・シーガーに触発されたフォーク小僧はこぞってピアレスのバンジョーを使った。しかしそれにふれられていないということは、この時点ではまだ発売されていなかったということであろう。

そういえば、拙著『五つの赤い風船とフォークの時代』に西岡たかし氏もバンジョーを作ったと書いた。

ウクレレのネックを胴から外し、缶のようなものを付ければいいというような噂をどこからか聞いて、そのとおり飴玉の缶を付けてみた。缶の中に一本木を通して、ウクレレのネックを取り付けたのである。

と。

当時のフォークの雑誌にバンジョーの作り方という記事が載っていた（どこかにその雑誌があるはずなのだが、見当たらない）のを目にした。高田もその雑誌を見たかどうかは知るところではないのだが、まるでなんの知識もなくバンジョーを作るというのはかなり難しいことだと思うのだが、高田はそれに挑戦している。

というのも、前述のように私もバンジョーを作ったことがある。『五つの赤い風船とフォークの時代』で書いているのだが、それに触れておく。先の雑誌に触発されたのだが、そんなに簡単にできるものではなかった。ネックは近所の銭湯からラワン材をもらってきたのだが、厚みが1㎝強しかなく、これが後に悲劇を生むことになる。やはりヘッド（高田の言うタイコ）にはタンバリンの革を使った。

胴の部分は、円形のわさび漬けの入れ物を利用して、そこにタンバリンの革を張った。ペグ（糸巻き）だけはいかんともしがたく、市販のものを楽器屋で取り寄せてもらった——これが結構高かった思い出がある。

一応、バンジョーらしい形は出来た——形だけで、高田のようにネックは46㎝、胴は26㎝、全長88㎝などという計算などせず、お粗末なものであった。

ペグを取り付け、そして弦を張ってみたのだが、弦の張力はバカにできない。その張力にネックが負けてしまったのだ。ペグを締めても締めても、締まっていかない。要するに強度のないラワン材のネックに対してペグを締めるほどネックが曲がっていくのである。やがてネックは目に見えるほど曲がり、弓形の竪琴のようになってしまった。よくネックとわさび漬けの接合部分が取れなかったものだと感心するが、どう考えても高田のバンジョーのほうが優秀である。もっとも見ていないのでなんとも言えないのだが、高田メイドのバンジョーとはいかなるものであったのだろうか？

さて、一方の高田だが、いとも簡単に作ってしまった感があるのだが、詳細は書かれていない。

5月22日

野崎楽器店（吉祥寺の）で5絃バンジョーのブリッジをちょいとかすめた。でもあんまりいいブリッジじゃなかった。後でとてもとても変な、いやな気持ちがした（普通ブリッジは日本では今の所あまり売っていない。それにブリッジを作ろうと思って作ったが出来が良くなかった）。それから、トメガネをたのんだ店へ向かった。そして、「ぜったいトメガネ（ナルダンの（メーカーの名））はくるのでしょうね」とねんを押しにいった。ところがその店に［ブリッジ］が売っていた。1個100円で。でも今さら買う気にはならなかった。それに少々高いと思う。

とあるが、かすめちゃいけません。

　さらに2日後の5月25日の日記には、

トメガネをやっとつけた。そして絃をはった。しかし、うまくいかない。というのは、ドラムと絃の高さがたかすぎてだめなのである。そこで、ドラムの中にとおっている心棒を少々まげて、またやってみた。しかしどうもいい具合にいかない。音は、蛇び（じゃび）線のような音がするのだが、音程があわないのである。色々とやってみたが、やっぱりだめだった。

　そしてついにあきらめ、ネックとドラム（シンバル）をはなしてしまい、絃はすてた。トメガネはすてないでもとのバンジョーにつかうからとっといた。

　なかなか、むずかしいものである。ぼくの考えでは「まあ、出来るだろう」と思っていたのだが、結局はだめだった。でもまだ希望はすててはいない。もっと色々と研究して、絶対に完成させるつもりだ。だが、そうとうむずかしく困ナンを要するだろう。しかし、やってみる。


とあるが、ここで「あれっ？」と思った。よく分からないのが、「そしてついに諦め、ネックとドラム（シンバル）をはなしてしまい、絃はすてた。トメガネはすてないでもとのバンジョーにつかうからとっといた」である。元のバンジョーということは、これが2台目ということであろうか？　そのあたりには触れられていないので判断のしようがない。

　5月30日には、

「今貯めている労金毎月5000円は、バンジョーのいいやつを買うために貯金していたのだが、この際、そのお金は全部（なぎら註・アメリカへの）旅費にするんだ」

とあるが、アメリカに行きたい理由を、アメリカの民謡とバンジョーを研究したいため、と記している。ここでは手作りのバンジョーではなく、バンジョーを買おうとしていることが分かるが、バンジョー製作はさらに続く。


6月1日。

例の楽器屋へいって「バンジョーのとめ金はきたか」とたずねにいったのだが、まだこない。「あと三日位できます」といった。

　ぼくは「ねだんはどれくらいですか？　あんまり

高いのなら買いませんよ！」

するると店の人いわく「それでは、こまるんですよ。お客さん、どれくらいだったら買うんですか？」そこでぼくはずばりと答えたよ。「５００円も６００円もするんなら、買えません。ほかの店で聞いたのですが、せいぜい100〜200円位という話ですから。それくらいなら買います。それ以上、５００円、６００円もするんなら作った方がましですからね。」

またまた「?」である。5日前の5月25日の日記には、「トメガネをやっとつけた」とあるのに、ここでは「バンジョーのとめ金はきたか」と楽器店に尋ねている。

そして6月3日になると、友人と練習をする段になって「ぼくはバンジョーとウクレレとタンバリンをやることになるだろう、おもしろくなりそうだ」と書いている。そして10日後の6月13日には「今日は夜おそくまで、バンジョーひいていた」と、14日には「バンジョーとハーモニカをもってオモテで練習した」とある。そうしたところをみると、すでにバンジョーが完成していることになる。しかしそれまでに、バンジョーが完成したとは一つも書かれていないのである。それに15日には、義姉にバンジョー・ケースを作ってくれるように頼んでいる。

また16日には、

会社に電話がかかってきた。例の楽器屋が「バンジョーのトメガネがはいりました」と。ぼくはもう必要なかったのだが、電話をかけてくるとは思わなかった。

との記述があるので、留め金が手に入っていたと思われる。まあ、5月25日の日記には、「トメガネをやっとつけた」とあるのだから、どこかで留め金を手に入れたのであろう。しかし、どこで留め金を手に入れたのであろうか？　このときバンジョーがすでに完成していたことは間違いないのだろうが、いつどこで完成をみたのかが判然としない。

そして具体的にバンジョー・ケースを兄、烈さんの女友達に作ってもらうことを頼んでいる。

その ケース とはピート・シーガーのバンジョーの

教則本にのっていたものを作るのである。それは、肩からかけられる気軽なケースだ。

と高田は言っているが、実際ピート・シーガーの教則本には手作りケースのことが書かれている。

数年前、私は、パット入りの模造皮で、ジッパーで開け閉め出来、肩から下げることの出来るケースをデザインしました。そして、年中苦労をかけている私の妻のトシがこれを縫いあげました。（中略）このようなケースの利点は、大変運びよいということです。そして一方の手で別の荷物を持ち、且つドアの開け閉めも楽に出来るのです。それに、荷物係の手をわずらわせずに済みますし、飛行機や汽車自動車に乗るときも自分の身近において大切に取り扱えられるからです。型を切るときには、縫い取りなどの余裕をとっておくことは勿論のこと、着替え、沓下（靴下）、本や、サンドイッチなどを入れるスペースを考えておくと、後で便利です。

とある。そして見事にこれと同じような物を作った。またこの文章の影響かどうかは分からないが、高田のツアー時の荷物は極端に少なく、ギターケースに着替えのシャツやパンツソックスなどを、入れていた。

6月21日。ここで高田は、

（楽器屋の十字屋にて）楽器を色々と見た。とくにアメリカ製のバンジョーをみた。ベーガー（またはバーガー）のバンジョーがあった。ロングバンジョーが１３００００円、普通のが８５５００円だった。「高いなー」と思った。その時にバンジョーのカポタストを見た。そのカポタストはゴム製でピート・シーガーなどがよく使っているやつです。４００円もするので買うのをやめました。もう１つのは金属製でガンジョウなやつでした。

と書いている。

ベガ（FAIRBANKS・VEGA）は19世紀から続く、アメリカの代表的なバンジョーブランドである。一方日本製のナルダン社やピアレス社のバンジョーは一万円前後ではなかっただろうか？

10月28日の日記には、

銀座のヤマハ楽器に電話をした。そして、例の「ドイツ製のBanjo」のことをきいた。4万9000円だそうだ。ロング・ネック。その時のぼくの喜びようといったら、もう、そうとうなものであった。顔はポーッと暖かくなって、歯をみせている。はたから見れば、こんなしまらない顔もないだろう。「しあわせだナー」の連発であった。

とあるが、実物も見ていないバンジョーに対してのこの喜びようはよほど嬉しかったに違いない。十分に行間から伝わってくる。さらにその日の日記はこう閉めくくられている。

でも、今日は本当におもしろかったよ。もし、万が一、お金が入るとしたら、ぼくはドイツ製のバンジョーを買いたい。万が一入ったらね。万が一ね。

そして会社の上司に労金に積み立ててしてあったお金の前借りを頼むのだが、無下に断られてしまう。翌日の29日の日記には

もうあの例の「ドイツ製の五絃バンジョー（ロングネック）」のことはあきらめた。

とある。前日の喜びようからしてあまりに切なく、やるせなくなってしまう。

話は前後するが、10月2日の日記にこうある。

吉祥寺に着いてから、野口君と二人で「麦」というフォーク・ソングをきかせる店にいった。寮に帰ってもつまらないというのである。店に入って、おどろいたことは、若い人が、イスにすわって五絃バンジョーロングサイズをなにやらひいていたのである。その人は3人、若い人ときていたらしい。ぼくもすきだから、そばにすわってみていたら、「ひきますか？」とたずねてきたので「少し……」とこたえて、そのバンジョーをひざにのせて、ひいてみた。なかなかいい音のするバンジョーでした。そして、その人と色々と話していた。彼は『キングストン・トリオのスリー・フィンガースタイル』だそうです。ぼくは、『ピート・シーガースタイル、フォーク・バンジョー』です。だから、奏法がまったく違うのです。そして、ぼくの弾き方をみせました。ぼくは彼の弾き方を見ました。もちろん、バンジョーの音

は小さくするためにブリッジのそばにハンカチがまるめてはさんでありました。それとおもしろいことは、彼は仲々バンジョーがうまいのですが、これは譜面で学んだのではなく、レコードで学んだのだそうです。僕は最初「レコードからおぼえるとしたら、たいへんだろうなあ」と思ったのですが、すぐにそのなぞはわかりました。

レコードをテープレコーダーに吹き込む→早い回転で練習するときには、おそい回転で再生する、そうしてやるんだそうです。そしてなれたら早く弾くわけです。なるほどなあと思いました。これなら楽譜がよめなくても、そうとう早い曲でも、ひけるようになるわけです。

7月5日に高田は念願の教則本を買っている。『ピート・シーガーの5弦バンジョー教則本』の訳本である。「原本は700円で、この訳本のほうは800円した」とある。著者はピート・シーガーで、『How to Play the 5-String Banjo』という本である。日本では新興楽譜出版社から高山宏之の訳で『How to Play the 5-String Banjo 5弦バンジョーの弾き方』として出版された。

高田が最初に英語版の教則本を手に入れたのは、1966年3月13日のことである。

そして、バンジョーをおぼえようと思いたったのです。しかし、いい教ソク本（日本の）がありませんでした。そしてやっとみつけたのが、ピート・シーガーの〔5絃バンジョー教ソク本〕でした。

しかし、全文英語で書いてあるのでこまりました。すこしは自分で〔やくして〕みましたが、だめでした。そこで会社の人の知人で、英語をやっている学生（女子）を紹介してくれました。そしてその人にたのんだのです。まだ〔訳〕した本をもらっていません。

とあり、手にするのが、「この本の訳がやっとできた」とある3月17日のことである。

これで、ちゃんとした、正しいバンジョーの奏法が学べる。

この教則本にはピート・シーガーが得意としたバンジョー奏法のクロウハンマー・スタイル（フ

レイリング）を中心に紹介されている。これはスリー・フィンガー奏法が一般化する以前の弾き方で、伝統的な演奏法といえよう。「僕は、『ピート・シーガースタイル、フォーク・バンジョー』です。だから、奏法がまったく違うのです」とあるのは、このクロウハンマー・スタイルのことであろう。後に高田のバッキングを務めた岩井宏の奏法は、フレイリングを基本としたこのスタイルの亜流である。

また相手は「キングストン・トリオのスリー・フィンガー・スタイル」とあるが、キングストン・トリオであれば、スリー・フィンガー・スタイルではなく、たぶんダブル・サミング・スタイルのことだと思われる。

つまり当時の高田は、バンジョーに相当熱を上げていたことが分かる――というか、ピート・シーガー本人に、かもしれない。高田がバンジョーを抱えた写真も残っているが、プロになってからおそらくステージではほとんど弾くことがなかったのではなかろうか？　どのような腕前であったのか、耳にしてみたかったとともに、疑問が残るのは、この頃弾いていたのは件の自作のバンジョーだったのであろうか？　ということである。というのも、いとも簡単に作り過ぎていると思えるからである。それとも市販のバンジョーを手にしたのであろうか？　自作のバンジョーであれば、かなり出来がよかったとしか思えない。普通、自作の楽器では、まずチューニングが出来ないほど音程が不安定である――というか、そこに行き着くまでが難しいのである。その不安定に妥協したのであろうか、はたまたしっかりした楽器が出来上ったのだろうか？　しかし市販のバンジョーを手に入れたとは一切書かれていないのである。

フラット・マンドリン

私が、高田がマンドリンを弾くのを近くで目にしたのは、71年のフォーク・ジャンボリーでの加川良のバッキングを務めているときである。いや、それ以前に、最初に高田を見たコンサートのとき、『三億円強奪事件の唄』ではフラット・マンドリンを弾いていた。ちなみにこのときのフラット・マンドリンは西岡たかしから譲り受けたものである。

URCが会員制の時期、第3回配布のシングル盤が『転身』で、高田がマンドリンを弾いた音が世に出た。マンドリンのお披露目である。私はそのときのレコードを聴いて、フラット・マンドリンの音がなんの楽器だか分からなかった。しかしそれが知りたくて、レコードを近所の楽器屋へ持っていき、店員と試聴しながら「これなんの楽器か分からないんですが、分かりますか?」と質問をしたのを覚えている。しばらくふたりでそれに耳を傾けていたのだが、結局結論は出ずじまいであった。

　そのとき私は、その楽器を勝手にテナーギターだと思い込んでいた。そうであると自分を納得はさせたのだが、もしかしたら違うのではなかろうかという、釈然としないものが残った。

　あるとき、コンサートの楽屋で高田に「『転身』のうしろで聴こえる楽器はなんですか?」と聞いたことがあった。高田はぶっきらぼうに「マンドリン」と答えた。「えっ、マンドリンなんですか?」と聞き返したが、「そう」以上の言葉はなかった。そのときは、フラット・マンドリンではなく、マンドリンと言った。それ以前、どこかのコンサートでフラット・マンドリンではなく、イチジクの縦割りに例えられるボールバックの、ナポリ型のマンドリンを弾いているのを見た記憶がおぼろげにあるのだが……。記憶違いかもしれない。

　そしてこのジャンボリーのとき、舞台脇の草原で岩井宏と加川良と3人でステージの練習をしているのを側で見ていた。そのとき、あの楽器がこれだと得心がいった。

　このジャンボリーのときの演奏はまだ稚拙だが、ヒルトップ・ストリングス・バンドの頃になると、かなりの腕前を見せるようになる。72年8月31日、日比谷野外音楽堂での五つの赤い風船の解散コンサート『ゲームは終わり　追い出しコンサート』では、私の『昭和の銀次』でマンドリンを弾いてくれている。この音源がどうした経緯なのか(私本人は知らなかった)、4枚組の『高田渡アンソロジー』(エイベックス)に収録されている。また、74年発売の『街の風になって』(URC)では、『ガソリンとマッチ』でマンドリンを弾いてくれている。

　長い間ジャンボ製のマンドリンを弾いていたが、ヒルトップ・ストリングス・バンドのときは、1930年代のドブロ社製のリゾネーター付きのドブロ・マンドリンを弾いていた。高田漣に言わせると、このマンドリン、リゾネーター付近とネック付近では音が全然違うということである。

オートハープ

高田がオートハープに興味をもったのは、カーター・ファミリーも然りであるが、マイク・シーガーの影響が大きい。特にマイクが所属していた、ニュー・ロスト・シティ・ランブラーズを好んで聴いていた。

オートハープはピアノのように弦（普通36本か37本）が並んでいる楽器で、バーのボタンを押すと——たとえばC（ハ長調）と書かれたところを押すと、ド・ミ・ソ・ドの音以外がバーについているフエルトでミュートされ、つまりCコード以外の音が消される。Cのボタンを離して、Fのボタンを押せばFのコードの音が出る。バーを押すことによって、和音を構成する弦楽器である。コードを弾くには最も簡単な楽器と言われ、アメリカでは学校の教材で使われているところもあるという。

高田は結構早い時期からオートハープを手にしていたのだが、最初にこの楽器を紹介した人物はマイク眞木ではなかろうかと思う。彼は60年代半ばには、すでにオートハープを手にしていた。

この楽器を有名にしたのは言わずと知れた五つの赤い風船（西岡たかし）の『遠い世界に』だろう。西岡は簡易的な弾き方をしているが、高田は本格的な弾き方をしていた。長い間オスカーシュミットのオートハープを弾いていたが（福岡風太のアメリカのお土産である）、晩年は坂庭省吾にアメリカで買ってきてもらった、クレストンの手工品であるテンバー（Timbre）ハープを使っていた。これを三輪車の荷台に積んで、井の頭公園でよく練習をしていた。

74年の私の『街の風になって』に収録の『夜逃げラグ』、76年『さすらいのばくち打ち』（ワーナー・パイオニア）に収録の『遺言』の中で高田がオートハープを弾いてくれている。

証言4 佐久間順平 第2部

取材日：2019年9月13日

楽譜の話

なぎら ところで、順平はいつ頃から譜面を読めるようになったの？

佐久間 子供の頃にヴァイオリンを習っていたから。

なぎら じゃあ最初から読めるんだ。ヴァイオリンはいつ習ってたの？

佐久間 小学校のときだけね。

なぎら 以前『フォークマン・ブラザース』（CBSソニー）の、『風がヴギウギ』のアレンジをやってもらったね。

佐久間 初めて弦（ストリングス）を入れたアレンジをさせてもらったんだよね。6・4・2・2（弦楽器の編成のことで、6は第1ヴァイオリンの人数、4は第2ヴァイオリン、2はビオラ、次の2はチェロ）くらいの。

なぎら そうしたら、なんかオクターブ間違えていたんだっけ？　たしか終わった後に順平が、「あれ、ちょっとオクターブ間違えちゃって……」って言っきてさ。だけど、オクターブ間違えることはないだろうなと思ったのね。実際、ストリングスがすごくいい味出していたんだよ。

佐久間 僕が間違ったのは、弱音器の指定ね。柔らかい音を出すとき、譜面上は「コン・ソルディーノ　con sordino」（弱音器を付けて）って書くんだけど、初めてアレンジをやるんで舞い上がっていたから、「コン・ソルディーノを外してください」とか言っちゃってさ。あの頃スタジオに入っていたミュージシャンって、N響（NHK交響楽団）の人とかがアルバイトで来ていたから、第1ヴァイオリンのおじさんが笑いをこらえているの（笑）。当時は、自分で何言ってるか分かってなかったのよ。

なぎら そういうことだったのね。

林亭

なぎら　あたしは覚えてないんだけど、順平とあたしが初めて会ったときのことって覚えてます？いつのまにか知り合いだったんだよなぁ。林亭の頃で、小林くんの名前から林亭とつけたと知って、なのになんで小林くんがいないのかな〜って。最初は3人だったのが、やめちゃったんだろうなって考えたことは覚えている。
佐久間　そうだったんだ。
なぎら　それで、林亭の音を聞いたときに、我々と同じ「渡一派」だなって思ったのよ。
佐久間　小林くんは渡さんのことをどこで知ったんだろうなぁ。
なぎら　小林くんとは同い年？
佐久間　同じ。学校は違ったんだけどね。彼は学習院の高等部だったから。僕は早稲田の付属。そのまま試験なしで大学に入れるから、そこに入ったんだけど、クラスメイトにバンジョーを弾いているやつがいて、そいつが小林くんと友達だったの。それで一緒に遊んだりしていて、知り合った。

「奢るのが仕事だ」

なぎら　渡ちゃんが、外タレ公演で客席で見た唯一のものは、ニュー・ロスト・シティ・ランブラーズね。やはり『生活の柄』のときに勉強したグループだからかなと思ったの。曲は彼らの持ち歌ですから。もともとはカーター・ファミリーだけども。
佐久間　ああ、そうなんだ。
なぎら　それでね、ひどいんだよ。コンサートは吾妻橋のアサヒビールにあるホールでやったんだけど、「なぎらくん、ビール奢ってくんないか？」「え？　いいですよ。奢りましょうか」「なぎらくんは儲かっているんだから、奢るのが仕事だ」みたいなことを言ってね。カチンときたんだけど、まあいいやと思って、細かいのがなかったから、一万円を出して渡ちゃんにわたしたの。それでビール持って戻ってきたら、お釣りがやけに少ないのよ（笑）。「渡ちゃん、お釣り少なくない？」「いや、あそこにいる若い二人。俺が連れてきたんだけど、やつらも飲みたいかな思って、奢った」って言うの。「あ、そう」（笑）。それでその二人のほうに行ったら「渡さん！　どうもごちそうさまです！」って（笑）。

佐久間　ひどいな（笑）。

なぎら　ほんとひどいよ。それで2年前に亡くなった音楽評論家の鈴木カツさんがその光景を見ていたのよ。「なぎらくん、渡ちゃんすごいね」（笑）。渡ちゃんは、そういうことしても、絶対に謝らないからね。それもあなたの仕事、みたいなことを言うんだよ（笑）。渡ちゃんに奢られた記憶はありません（笑）。こっちが缶ビールを買ってきたみたいなことはあるけどね。

佐久間　僕もふつうに折半で飲んでたかな。

なぎら　まあ、先輩としてあまりいない人だよね。

酒の失態

佐久間　あとさ、飲むと寝ながら服を脱ぐことなかった？

なぎら　それ書こうと思っていたんですよ（笑）。

佐久間　僕は、何度も見た。酒飲んで酔っ払って寝ちゃうじゃない。それでこっちは麻雀かなにかやっているんだけど、そのうちもぞもぞし始めて、「うーん」とか言いながらどんどん脱ぎ始めるの。それで素っ裸になる（笑）。寝苦しいのかね。こっちにいたふみさんが「嫌だ」とか言って（笑）。

なぎら　家でもやってたみたいね。友恵さんも言ってたよ。すぐ脱いじゃうんだけど、「よそでやってなきゃいいですけどね」って。やってるんですよ（笑）。

　北海道のトマムに行ったときだったかな、うちのバンドと渡ちゃんの演奏も終わって、ホテルの部屋で飲んでいたの。それで、渡ちゃんは例のごとく酔っ払って、あたしの後ろにあるベッドで寝始めたのね。しばらく飲んでいたら、みんながあたしのほうを見ているのね。でも、どうもあたしのことを見ているわけじゃない。それで後ろかなと思って振り返って見たら、スッポンポンなのよ（笑）。しかも無意識にキ○タマをもんでる。それを見ていたうちのギターの松本が言うには、手でしぼったときの玉がいやにテカテカしてたと（笑）。それでしばらくして、誰とはなしに、そろそろお開きにしようってなったのね。渡ちゃんを起こしちゃなんだからそのままにしておこうと。そうしたら、「ちょっと待ってくれよ。このままお開きはないだろう」って言う人がいるわけ。その人はコンサートをブッキングしてくれた人なのね。「なんで?」って聞くと、「みんなはいいかもしれないけど、ここ俺の部屋ですよ」(笑)。どうする?ってなったんだけど、起こしてまた服を着せるわけにもいかないから、荷物を全部渡ちゃんの部屋から運んで、部屋を替えて事なきを得たのよ。次の日、あたしが渡ちゃんのあだ名をつけると言って、つけたのが「ふぐりん渡(なぎら註・ふぐりとはキ○タマのこと)」(笑)。そうしたら、渡ちゃんは朝からワイン飲んでいるんだよ。「ねえ、ふぐりん。昨日よく寝られた?」「えっ? なぎらくん、一体なんのことを言ってるの?」。みんな下向いて笑っているのよ。「いや、渡ちゃんの名前は今日から、ふぐりんだから」「え、なんで?」。みんなになにも言わないように言ってあるから誰も言わないわけ。その事件があった後に、友恵さんから「最近脱ぐ癖があるんだけど、まさか、みなさんの前ではやってませんよね?」って言われたの。なんにも言えませんよ。一度ステージで見たかったよな〜、ふぐりん渡を(笑)。

佐久間　毎回脱いでいたわけじゃないけど、ホテルで酔っ払ってたのは何回もあったね。90年代の終わりのことだけど、NHKの『BS日本のうたフォーク大集合』という番組があったでしょ。南こうせつさんがやっていた。あれで名古屋に行ったときに、次の日に多摩センターでコンサートがあったのね。そのコンサートを仕切っていたのが(福岡)風太で、ゲストが亡くなった俳優の(大杉)漣さんで、ちゃんとしたコンサートだった。僕も行く予定だったから、渡ちゃんと一緒に行ったんだけど、NHKの番組が終わって、次の日に多摩センターに行こうかとなったときに、渡ちゃんが全然起きてこないわけ。みんな困ってしまって、ホテルのフロントに言って合鍵をもらって、部屋に行ったんだけど、チェーンをしていたからドアが全部開かないのよ。中を覗いたら、テレビをつけっぱなしで、酔っ払って寝ている。全然起きる気配がないから、そのドアの隙間から「おい〜! 渡! 起きろ!」(笑)。それでやっと起きたんだけど、もうベロベロでね。それでなんとかタクシーに乗って、新幹線に乗ったら、すぐ寝ちゃったのね。静かに寝てりゃいいやと思ったの。それで

やっと東京駅に着いたんだけど、新幹線を降りる直前になって渡ちゃんが目を覚まして「あっ！」とか言うわけ。なんだと思ったら、お漏らししちゃっていた（笑）。

なぎら　本人はまだ朦朧としてるの？

佐久間　そう。「う〜ん」とか言いながら。「う〜ん」じゃないよ（笑）。どこかのデパートに寄って、ズボンを買って着替えさせて、それから多摩センターに行ったんだよ。

なぎら　偉いなあ、順平は。あたしだったら置いていっちゃう（笑）。

佐久間　あと、山梨にライブに行ったとき。その頃はもう渡ちゃんが一人で行くのも大変だったから、僕が車で拾って行ったのよ。それでライブ終わって帰って、渡ちゃんのアパートに着いたんだけど、例のようにいい機嫌になって酔っ払っているわけ。それで「鍵がない」とかいうのよ。ちゃんと探してよって言っても「いや、ない」。運の悪いことに、そのときは友恵さんが帰省していて家にいなかったの。しかたないから、寝ていた大家のおばさんを起こして、「ごめんね、おばさん。鍵貸して」。それで、一応事なきを得たんだけど、おばさんが「あんた、もうちょっとしっかりしなよ」とか、ぼそぼそ小言を言ったんだね。そうしたら、渡ちゃんがすごい大声で「うるせえ！　ババア！」（笑）。大声であんなこと言う渡ちゃんを見たのは初めてだったね。「もういいから、いいから」って渡ちゃんを部屋に押し込んでね。それでもう僕は帰ってもよかったんだけど、ちょっと心配ではあったよね。「渡ちゃん、大丈夫？　ちゃんと寝るんだよ」って鍵締めて帰ったけど。それで、おばさんには鍵を渡しながら「おばさん、ごめんね」って謝って。その後火事とかにならなかったからよかったけどさ。

なぎら　順平は偉いよ。いい話だな。

佐久間　言ってしまうと、僕なんかそれぐらいのことをやるくらいには渡ちゃんに世話になっているからさ。ただ80年代から90年代にかけては、アルコールのコントロールが効かなくなっていたね。彼はステージで緊張するタイプだから、鼓舞するためにアルコールを入れちゃうんだけど、もともと味覚障害があるから、本人は美味しいと思って飲んでなかったんだと思う。

なぎら　えっ、味覚障害？

佐久間　うん。酔っ払うことで救われていたんじゃないかな。食べるものにしたって、ちゃんとした味で味わってなかったようなんだよね。だから、本当の酒飲みってお酒が美味しいから飲むわけだけど、渡ちゃんは美味しいとは思ってないんじゃないかなと思っていた。飲み方が変なのよ。日本酒だったら最初ちびちび飲んでいるのね。日本酒好きなら、くいくいってそのうち杯が空くじゃない。彼はほとんど減らないのよ。それでたとえば僕がおかわりをもらおうとすると、自分もガーって飲み干して「俺も」って言うわけ。

なぎら　へたすると30〜40分、目の前の酒を口にしないこともあるし。

佐久間　そうそう。ただアルコールを摂取しているだけ、みたいなね。

なぎら　『いせや』でもそうなの。思い出したようにキューーッと飲んで。また口をつけない。不思議なんだよ。だから、やっぱり酔うための手段だったんじゃないかなとは思うよね。お酒じゃなくて他のものにいっちゃったらヤバいことになっていたかも（笑）。

佐久間　ライブの前にちょっとだけ飲んで、高揚してステージに上がっていた頃は、すごくいいライブだったの。よれないし、声もしっかりしているし、段取りもちゃんとしていた。

なぎら　そうそう、そうしたときのステージって高田渡らしくていいんだよね。

佐久間　ところが90年代に入ってくると、だんだん行き過ぎた酒になっちゃったんだよね。コントロールが効かないで、ベロベロになっちゃう。

なぎら　抑制する力がなくなっちゃう。ここはセーブしなきゃっていうのが、あるときからなくなっちゃった。キューーッと飲むといっても、昔の肉体労働者がやっていたような2〜3杯をキューーッと引っ掛けて帰る、という飲み方とはわけが違う。そもそも量も全然多くなかった。ただ、つらつら朝からず〜っと飲んでいるんだよね。

佐久間　渡ちゃんは寂しがり屋だからね。ず〜っと寂しかったんだと思う。だからずっと人と一緒にいたかったんだろうな。

アメリカン・フォークのレコード

なぎら　あたしが高校生のときには出ていたのか

な、アメリカン・フォークのレコードのシリーズがあって（『フォークソング・コレクターズ・アイテム』）、渡ちゃんはそのレコードから自分の曲を取っているんだよね。中村とうようさん、野口久光さん、高山宏之さん、藤井肇さんが選んでやってたシリーズ。その中には、ランブリン・ジャック・エリオット、マイク・シーガーや、ニューポート・フォーク・フェスティバルの録音や、バール・アイヴス、ピート・シーガー、またウディ・ガスリーのアラン・ロマックスが編集したやつも入っている。そのレコードには訳詞も載っていたんですよ。

佐久間　それは何年くらいのやつ？　60年代後半？

なぎら　20枚弱でシリーズが終わっているんだけども、60年代の終わりから70年代にかけてかな。それで小斎ちゃん（加川良）の『その朝』っていう曲があるじゃない？「♪寒いある朝……。」で始まる。それとあたしの『永遠の絆』という曲は「♪ある寒い曇りの日……」と、よく歌詞が似ているんだけど、それはともにあのレコードの訳詞から取っているから、詞がほとんど同じなのよ。二人ともあのシリーズのジャック・エリオットから取っているの。渡ちゃんの『鉱夫の祈り』や『銭がなけりゃ』もそう。

佐久間　それは日本で発売されたものなの？

なぎら　そう。4人がアルバムの選者になって、レーベルを超えてシリーズとして出した。

佐久間　なるほどね。

なぎら　レーベルを超えているからおもしろいんだよね。さらに、アメリカのフォークウェイズ・レコードなんてすごく高かったから、それを邦盤の値段で買えたわけよ。しかもそれに訳詞が付いていると。それでその訳詞からみんな躍起になって取っていったわけですよ。おそらく順平も、このシリーズを知らなかったとしても何枚かは聴いたことがあるはずですよ。ところで、順平は渡ちゃんのアルバムはみんな持っていたの？

佐久間　いや〜、僕は持ってないんですよ（笑）。

なぎら　そうなんだ（笑）。なにも持ってないの？

佐久間　う〜ん、1枚くらい持っていたかもしれないけどな……。でも、ほとんど持ってないんだよな。

なぎら　ということは、ヒルトップ・ストリングス・バンドまでも持ってないの？

佐久間　そうだね。

なぎら　へぇ〜、意外。

フォーク・ジャンボリー、加川良

なぎら　『全電通ホール』だったかな、そこで沖縄フォーク村と高田渡がぶつかったのよ。渡ちゃんが「自分たちの言葉で歌えばいいんだよ。そんなにいろんなことを言うんなら、自分のところに帰って歌ったほうがいいんじゃない？」みたいなことを言って。怒った沖縄フォーク村がステージに上がってきて、大変な騒ぎになっちゃった。ただ、さっき言ったように謝らないからね（笑）。

佐久間　『全電通』って聞いたことあるな。御茶ノ水？

なぎら　そう。すごい古い建物だったのは覚えている。『全電通ホール』は、あたしが大勢の人の前で歌った2回目の場所なのよ。誰か歌いたい人がいたら……。というんで、ステージに飛んで行ったのよ。だけどあたしが上がる寸前に、女の人が男性の手を借りてステージに飛び上がった。あ、あ、負けちゃったと思ってすごすごと自分の席まで戻ったんだけど、その女性が新谷のり子さんだった。

佐久間　『フランシーヌの場合』（日本コロムビア1969年）だ。

なぎら　「ステージに上がるの速えっ！」と思った（笑）。そのときの斉藤哲夫のステージが秀逸だった。今の哲夫からは思いもつかない（笑）。あの頃は若き哲学者って呼ばれて殺気のようなものがあった。

佐久間　ええ〜、ほんとう？

なぎら　あの頃の哲夫はすでに『悩み多き者よ』（URC 1970年）は出しているはず。その次の『されど私の人生』（URC 1971年）のときのジャケットの裏にある写真は、その『全電通ホール』での写真なんですよ。そのときの楽屋で撮った写真。あのときあたしは早く帰っちゃったんだけど、居座っていればあの写真に写っていたはずなんだけどね。70年の秋だったと思う。そこで哲ちゃんと友達になったんだから。

佐久間　70年だったら、高校生だったんじゃないの？

なぎら　高校生ですよ。70年のフォーク・ジャンボリーのときは高校生だもん。

佐久間　71年のフォーク・ジャンボリーってさ、結局なんだかんだと政治の話になっちゃって、ステージを占拠されて、そのままコンサートが立ち消えみたくなっちゃったわけ？

なぎら　最初は和気藹々とやっていたんだけども、あの頃はなんでもいちゃもんつけるというか、「帰れー！」とか言うのが流行った時代だったじゃない。それが正義みたいに思われているわけよ。とにかく71年は、ちょっとでも商業ベースに乗ったやつは2万人からの帰れコールを食らう（笑）。

佐久間　ひどいよな（笑）。

なぎら　その前の年に司会をやっていたはしだのりひこさんは、『風』（東芝 1969年）がヒットしていたもんだから大帰れコール（笑）。もう歌ってらんないくらいだからね。本田路津子《ほんだるつこ》さんなんかほんとうにかわいそうだったよ。『一人の手』と歌うと、相の手のように2万人が「帰れー」。「♪一人の小さな手―帰れ！　何もできないけどー帰れ！」って（笑）「なんで静かに聴いてくれないんですか」みたいなことを言ったんだけど、焼け石に水。帰れコールを食らわなかったのは、岡林（信康）さん、加川良さん。あと、西岡さんがいない風船。これは西岡さんが加藤和彦と一緒にアメリカにいっちゃったんで、東祥高《あずまよしたか》と藤原秀子の二人で『トン・フー子』名義で出ていたんだけど、五つの赤い風船の二人だから帰れコールができないのよ。だけど、面白くもなんともないステージなの（笑）。ふつうだったら、大帰れコールを食らうはずなんだけど、風船だからというね、お目こぼしがあるから。

佐久間　風船だけは特別扱いみたいなところがあったの？

なぎら　やっぱりURCの上のほうですからね。岡林さんも特別扱いですよ。

佐久間　帰れコールはないんだ。

なぎら　ない。だけど岡林さんはサブでやって、その後メインステージでやったら危機感を感じて――危機感じゃなくて、喪失感のようなものを感じていたのかもしれませんけどね、すぐに逃げるようにして帰っちゃった。後から聞いて、なんだか聴衆は置いて行かれたのかって、ちょっと淋しくなりましたけどね。（遠藤）賢司も逃げたって言ってた。そうそう、賢司も帰れコールを食らわなかった。それと、早い時間だったけど、三上寛も食らわなかった。まあこの場合は、みんな見た目が怖いから（笑）。だって、三上があんな感じで歌っていて、隣で白塗りのアングラ舞踏家のような出で立ちの人間（外波山文明《とばやまぶんめい》）が白い着物で番傘を持って踊ってるんだよ。誰があんな怖いやつらに「帰れ」なんて言える？（笑）。とにかく一番受けたのは加川良だったね。ほんとうにすごかった。これまで見たことがないくらいだったよ。（武蔵野）タンポポ団は帰れコールは食らわなかったけど、ヤジはすごかったのよ。「渡！　バカヤロ〜！一人で歌え〜！」みたいなね。まあ、そんな中でコンサートは進んでいって、ついに夜中にデモを組んだようなやつらがやってきたわけ。それは学生運動の真似ごとって言うか、「入場料を取るとはなんぞや」とか、理不尽なことを言っているわけよ（笑）。「テレビカメラが入るとはなんぞや」とか「観客の中に私服（警官）がいるぞ」とかね。それでこっちもすぐ終わると思っているから「そうだ〜！」なんて最初はやってたんだけど、それが延々続いて、結局だらだらと終わっちゃうわけ。

佐久間　それも非常に困ったもんだね。

なぎら　一番盛り上がった曲は加川良の『戦争をしましょう』だったよな。すごかったね。バックをつけずに一人で歌ったの。最後のところの、アメリカを攻めて勝ちましょうという部分、「♪そして、そして、勝ちましょう〜」とやった瞬間、観客は一瞬躊躇したの。2秒くらいかな、みんな「いいのかな？」と躊躇していたと思うんだけど、すぐにドッカーン！となった。「そうだ〜！　勝とうぜ〜！」なんて言ってるの。ああ、こいつら日本人だなと思ったよ（笑）。さっきまで反戦反戦言ってたのに、反戦もへったくれもない（笑）。パラドックスなんだけど。その後、一人だけ舞台に飛び乗って、「なんだそれは！」って抗議した女の子がいたけどね。羽交い絞めされて連れていかれたけど。とにかくこれが一番受けた。これが誰かに先導されたわけじゃなくて、観客が同時に盛り上がった。だからすごかったのよ。

佐久間　このときすでに加川良はスターだったよね。

なぎら　70年の中津川に出て、その年の暮れにはすでにスターでしたよ。いわゆる3バカトリオで、渡ちゃんと、岩井さんと3人でツアーに回っていたからね。

佐久間　一時期、小斎ちゃん（加川良）が渡のマネージャーをやっていたんだよね。そういう時期があったって聞いたよ。

なぎら　マネージャーというかね〜、ブッキングはしてないとは思うよ。誰もいないからちょっと運転手頼む、みたいなことだったと思うんだ。彼はアート音楽出版で『フォーク・リポート』を配っていたほうだった。デスクワークじゃなくてね。

佐久間　小斎ちゃんてその前はグループサウンズをやっていたんでしょ？

なぎら　そう。だけど、そのあたりはよく分からない。「ほんとうはフォークに興味がない」みたいな発言とかね。（吉田）拓郎も「俺はディランなんかに影響受けてない」とか言ってたけど、冗談じゃないよね。完全にディランだろ（笑）。加川良もある雑誌のインタビューかなにかで、俺の歌を「なになにだ」と決めつけないでくれって言ってるの。とくにフォークと決めつけられることは大嫌いだと。「俺の歌は自由だ」とか。エンケン（遠藤賢司）と同じようなことを言ってるわけ。ジャンルなんかないいんだと。それで最後のほうになると、もう語りすぎちゃっているもんだから熱くなっちゃって自分でもなにを言っているのか分からなくなっちゃって「俺の音楽はロックだ、ロックと呼んでくれ！」。ロックって言っちゃったじゃん（笑）。

佐久間　あの時期、ほんとめちゃくちゃというかさ、フォークと呼ばれるのが嫌で、ロックになりたがる人が多かった。ロックって便利な言葉だなと思ったよ。

なぎら　それはフォークもそういうところがあったかもね。だけど、あたしはフォークと呼ばれたかったですね。むしろ、全部をフォークと呼びたかった。正確に言うと〝フォークス・ソング〟って呼びたかったんです。歌は民衆のものであってほしいなって思ってた。

詞を届かせる力

なぎら　渡ちゃんが、今度はこの曲を使いたいとか、この詞を使いたいとかいう話を聞いたことある？　あたしは一回もそういうことはなかったんだけど。

佐久間　う〜ん、ないかな。

なぎら　そういうことはないよね。
佐久間　ないと思う。
なぎら　不思議なもんで、いつのまにか出来上がってきたのを持ってくるんだよね。
佐久間　そう。完成形にして持ってくる。だから、他からの意見の入る余地はない。
なぎら　それにさっきも話したように、どこで練習しているかも分からない。
佐久間　基本的には、渡ちゃんはものすごく歌が上手だから。いわゆる歌唱能力というか、ただ歌が上手い、ということではなくてね。あの人の歌はメロディーが上下するわけでもないんだけど、ものすごく上手なんだよね。声も太いし、なにより相手に届く。
なぎら　詞を届かせる力はすごいよね。歌唱の仕方がそうなんでしょうね。渡ちゃんの歌で不思議なのは、もっと高い声が出るのにそこにいかないんです。たとえば『生活の柄』をやるときに、キーを聞くと「Eで」「Fで」って言うわけ。あたしなんかはGで歌うんだけど、EとかFとか、むしろ低い音を出すのがつらいぐらいのところへ持っていくんだよね。派手好みでなかったというのもあると思うんだけど。
佐久間　後年だけど、マイクチェックのリハーサルのときに、必ず歌っていたのは『流行ものには目がないわ』(笑)。あの曲を半音ずつ上げていくのよ。それで今日はどこまでいけるかなってやって、そこで歌えた高音がその日の最高頂点。その後の本番は結局酔っぱらってグデグデなんだけどね(笑)。

築地のバイト、茶色の紙袋

佐久間　渡ちゃんが革ジャンとジーンズでポーズをとってスチールに収まっている写真って見たことある？
なぎら　チューリップハットみたいなのをかぶっていたやつかな？　サングラスかけて。それは知っている。それを見て「この人、実はおしゃれなんじゃない？」って思った。
佐久間　そうそう。なんていうかアダモみたいなの。あれはいつ頃だったんだろう……。
なぎら　デビューしてちょっとぐらいじゃない？
佐久間　だと思うんだよね。ちゃんとしたスチール写真だから、レコード会社がプロのカメラマンを使って撮ったやつなんだよ。アイドルじゃないけど、しっかりポーズをとっていてね。いかにも芸能界にデビューしましたみたいな写真で。

なぎら　ただね、その写真を渡ちゃんに見せたら「俺じゃない」って必ず言うから（笑）。「そんなことをするのは僕じゃない」って。だけど、自分の消したい過去だというようなことも絶対言わないんだよね。

佐久間　あの頃はどうなの？　築地でバイトしていた時代。

なぎら　築地で？　それは知らない。

佐久間　80年代のいつ頃だったかな？　お金に困ったんだと思うけど、知り合いの伝手《つて》で築地にバイトに行くんだよね。魚河岸市場。それで、たしか途中でダメになって、三日でやめたんだっけな。あんなひげ生やしていたから、ジジイみたいな感じじゃない？　だけど、築地の人からは「おお、僕」って「僕」扱いなのね。完全に素人だし。

なぎら　あたしはその話をまったく知らない。知っていたら、デフォルメして話していたよ（笑）。

佐久間　まあ、三日で帰ってきちゃったから、その話もあんまり詳しく言わないのよ。

なぎら　ああ、その話聞きたかったなぁ！　知っていれば、絶対につっこんだのに（笑）。残念だなぁ。

佐久間　おそらく金に困っていたんだと思う。80年代の半ばくらいだったと思うんだけどな。その他にバイトをやったかどうかは分からないけど。陰でなにしていたかまでは。

なぎら　もともと生活が見えてこない人なんだよね。と言うか、見せたがらなかったというのかな？

佐久間　そうだね。

なぎら　見えてくる場所が『いせや』というね（笑）。

佐久間　でもさ、『いせや』のことも、陰ではひどいこと言ってるんだよね。「あれは、美味しくもなんともないよ」（笑）。

なぎら　そのくせ、つまみを頼まないもんね。

佐久間　頼んでないよ。そもそも食べ物も別に好きじゃないから。なんとなく、人から一杯もらって、施しをさせるのが好きなんだよね（笑）。『いせや』はもともと肉屋（鶏肉）さんだから、午前中から串を打っているじゃない？　その串を打っているところに行って、チャチャを入れるのが楽しみだったんだよ。

なぎら　そうそう。それでチビチビやって、お昼頃に一回家に帰るんだよね。それで昼寝して、また夕方にやってくる。たしか三輪車みたいなやつで。自転車じゃ危ないから。

佐久間　そういえば、渡ちゃんの晩年、2003年くらいだったかな、用事があってうちの人（奥さん）と吉祥寺の中道通りを歩いていたんだよね。ずーっと歩いていくと左に小さい公園があるの。まだ、昼の12時くらいだったかな。そこのベンチに渡ちゃんが座っていたんだよ。「おお！」ってうちの人と言ったのよ。見たら、脇に茶色い紙袋みたいなのがあったんだけど、そいつをささっと隠して、気まずそうな顔をするわけ（笑）。僕も気まずいからさ。「どうしたの？」「いやいや」「あ、じゃ、またね」みたいにごまかして立ち去ったというね（笑）。

なぎら　アメリカのホームレスみたいなことだね（笑）。ほら、アメリカでは酒瓶を裸で持っていると法律違反だから（笑）。

佐久間　だから、袋の中に入れて（笑）。そういえば、渡ちゃんとの最後も、あんまりよくない別れ方をしたんだよね。『タカダワタル的』ってあったじゃない？　その映画のMA（マルチオーディオ。音声編集作業）を頼まれたので、スタジオに行ってライブ映像の音響のトラックダウンをやっていたのね。そうしたら、（飲んで）ものすごく上機嫌の渡さんがスタジオに入ってきてさ（笑）。こっちはもう時間内に仕上げなきゃいけないから一生懸命作業をしているじゃない？　なのに、渡ちゃんはわけの分からないところで、チャチャ入れてきて、「いや、そこはこれじゃダメだなあ～」とか言い出すわけ。「いいよ、いいから」って無視してさ（笑）、作業を進めているんだけど、何度もチャチャを入れてくるわけよ。もう酔っているからね。さすがにちょっとカチンときて、「もういいから！」って怒っちゃってね。そんなんで、なんとか作業が終わって、僕は車で帰ろうとして道を右に曲がって、渡ちゃんは直進していって、「じゃぁね！」って言って別れた。そのすぐ後、渡ちゃんが北海道で倒れちゃったから、それが最後だったのよ。

渡と電話

なぎら　順平は、渡ちゃんの電話攻勢は受けてない？

佐久間　電話はものすごいよね。

なぎら　朝早くとかさ。

佐久間　もう何回もある。それで、酔っているときと酔ってないときの差がすごいのよ。

なぎら　それも、前の晩の酒が残っているとかじゃなくて、朝から飲んでいて、夕方3時頃起きてきて、また飲んじゃって早く寝て、まだ人が寝ているような時間に飲み始めてご機嫌になっちゃって、人恋しいから誰かに電話をかける（笑）。（大塚）まさじの話は知っている？　まさじの奥さんの話。

佐久間　なんだっけ？

なぎら　朝の6時頃にまさじのところに渡ちゃんから電話がかかってきて、電話に出た奥さんが「今日は大塚がいないんですよ」って言ったら、渡ちゃんが「いやいや、いいんだ、いいんだ」って奥さん相手にかなり長いこと話したあげく、突然お喋りが止まって、「どうしました渡さん」って言ったら、「すみません、私は誰に電話かけているんですか？」（笑）。いい話だなあと思って。

佐久間　朝方に酔って電話かけてきてさ、最初僕が出ないで、うちの人が出たりしても「あなたの高田渡です」って言うんだよ（笑）。それでうちの人も冗談じゃないって思うから、「私のではありません」って答えたりして、それから延々と二人で喋っているの。おそらく渡ちゃんがず〜っと喋っているんだと思うんだけど、それで長いことうちの人に喋ったあとに、僕に替わって用件があってどうのこうのってなる。とにかく長いわけよ。30分とか平気だからね。それがね、しらふのときはすごいのよ。業務連絡なんだけど、「渡です」って最初から暗い（笑）。「渡です。何月何日よろしく」。それだけなんだよ。こっちの返事も聞かないで（笑）。

なぎら　分かる。分かるわ〜。ほんとうにそうだよね。

佐久間　機嫌が悪いのかなって思うじゃない。「あ、元気？」とかそういう一言も一切ないのよ。

なぎら　文字にしちゃうと分かりにくいかもしれないけど、このニュアンスが高田渡なのよ（笑）。

ほんと、それが渡なのよ。その落差というか、ギャップというかね。これを分かるか分からないかで、高田渡を知っているか知らないかが分かるくらい（笑）。

佐久間　機嫌が悪いっていうんじゃないんだよね。

なぎら　ふつう。むしろ機嫌がいいくらいかもしれないね。しらふだと、用件さえ伝えればいいということであってね。

佐久間　ストイックなのよ。

なぎら　酔っていると、あれも話したい、これも話したいってなるんだけど、しらふだとまったくそれがないから。駅の掲示板と同じで、用件だけ（笑）。掲示板も酔っているといろんなことが書きたくなるじゃない？「バーカ、来ねえのか？」みたいなさ（笑）。

佐久間　渡さんが、ふみさんのところを出て、友恵さんのところに行っていた時期に、一回うちに飲みに来てくれたことがあるの。やたら機嫌よく飲んでいてね。機嫌よく飲んでいるんだけど、僕はどうしてもふみさんと別れるのが許せなくてさ。僕も若かったから。「ちょっと今から俺、ふみさんのところに電話するから」って言って、ふみさんのところに電話してね。「今から渡を帰すから」って。僕も酔っぱらっているわけ（笑）。ふみさんも困っちゃっているんだけどね。それで渡ちゃんに「渡さん、ダメだ。今からふみさんのところに帰んなきゃダメだ」って説教したの。それで解散になって、渡ちゃんは自転車でふらふらしながら帰ったんだけどね。ちょうど夕方から夜になりかけているときで、そのときの夜空の藍色を見上げて、「自分の大好きな色はこれだ」とか言いながら、「じゃあね」って帰っていったの（笑）。

なぎら　その話もいいね。詩にしたいね。

佐久間　友恵さんは渡ちゃんのライブによく行ってたみたいね。

なぎら　ファンだったんですね。

佐久間　友恵さんは、当時カメラマンだったからね。ステージ写真を撮ったり、ヒルトップのときもスナップ写真を撮ったりしていたかな。僕はそのとき、なんでこの人がいるんだろって思ってたの。それで僕、言っちゃったんだよね。「あんた、なんでここにいるんだ」みたいな。すごい言い方で。友恵さんには、その後ず～っと言われた（笑）。その後ちゃんと謝ったけど。「あのときは事情知らなくて。ごめんね」ってね。

吉祥寺

なぎら 順平はもともとどこの出身なの？

佐久間 僕は、神奈川県の逗子。

なぎら それですぐ三鷹に来たの？

佐久間 いや、違うの。6歳のときに千葉県の市川市に引っ越して、大学を卒業するまでずっとそこに住んで、卒業と同時に一人暮らしをしますって三鷹に行った。

なぎら 三鷹を選んだ理由は？

佐久間 それは渡ちゃんがいるから。

なぎら やっぱりそうなんだ。偉いなあ（笑）。やっぱり、『ぐゎらん堂』もあるし、渡がいるからっていうんで、友部（正人）にしても、イサッちゃん（中川イサト）にしても、加川良も来ているしね。アーリー・タイムス・ストリングス・バンドの面々もあのあたりに住んでいたから、結局、渡ありきなんだよね。

佐久間 そうそう。もちろん『ぐゎらん堂』というみんなが集う場所があったことは大きいけど、やっぱり求心力があるのは渡ちゃんなんだよね。

なぎら そうだね。

佐久間 そういうところは、小斎ちゃんとは全然違うところなのね。小斎ちゃんは、周りに人を集めて、一緒にやろうよっていうタイプじゃない。渡ちゃんはそういう感じがあるからさ。仲間を大切にするというか。

なぎら 渡ちゃんは、自分から近寄っていくんじゃなくて、自然と人が集まってくるんだよね。小斎ちゃんは人に近寄ってきて、その人に「君は最高です」ってやたら褒める（笑）。嘘だろって思いながら見ていたけど（笑）。

佐久間 あの小斎ちゃんの人に対するアプローチはすごいんだよね。ほんとそんな感じ。

なぎら 「君はすごい」って。ある意味、永ちゃん（矢沢永吉）と同じだからね（笑）。

佐久間 僕なんかはそのあたり上手だから、小斎ちゃんとふつうに話ができていたけど、ダメな人は絶対にダメだったよ。

なぎら あたしもふつうだったな。だから、あんなに仲がよかったイサッちゃんがダメだもんね。「あいつの話なんかするんじゃねぇよ」って。

佐久間　顔も見たくないってなっちゃった。
なぎら　一応小斎ちゃんは、高田渡が師匠なわけじゃない。自分でも言ってたけど「最初の弟子で、最初に勘当を食らった弟子です」。最後には、渡ちゃんともあんなに仲が悪くなっちゃったんだよね。理由は知らないでしょ？
佐久間　知らない。
なぎら　あたしはおぼろげに知っていますから。
佐久間　あれじゃないだろうな。なんか魚介類を誰かからもらったのに、独り占めしたとかなんとか（笑）。
なぎら　あはは（笑）あ、本当はそれかもしれない（笑）。
佐久間　地方公演とかで知り合いになった人が、「みなさんに」ということで、代表して渡ちゃんのところに贈るじゃない？　そうすると自分がもらったんだと思ってさ（笑）。
なぎら　みんなで分けろっていう意味なんだということも分かっているんだけど、面倒くせえやって、家族で食っちゃえってなるんだよ（笑）。渡ちゃんと小斎ちゃんの不仲になったきっかけを、一言だけ言うと、渡ちゃんが友恵さんと結婚したことです。それと難しいのは、年下が師匠だったということ。それから説教癖があったしね。
佐久間　小斎ちゃんがマネージャーについた時期というのは、渡さんはもうちょっとしたスターだったから、最初は見上げる存在だったけど、その後ひっくり返った。難しいよね。

本音

なぎら　こうやっていろいろと話を聞いていると面白いですよ。高田渡は岡林（信康）さんみたいに〝神様〟扱いされなかったしね。だけども、不思議なのは、一番取っつきやすいけど、一番取っつきにくい人だったかな。しくじったりすると一番嫌な人間かもしれない。ねちねち言うし（笑）。ただ、率先して他の人に悪口を言うとかあまりそういうことはない人だったからね。人に言うにしても、たった一言「あれはダメだよ」くらいのものでね。以前「渡ちゃん、世の中に嫌いな人いるの？」って聞いたら、「うーん、考えてみないと分からないけども……」「じゃあ、フォーク界ではどうなの？」「それは、僕はない」「あ、そうなの」「ちょっと待って、なぎらくん。一人いた。あれはダメだなあ」（笑）。「誰ですか？」「T」（笑）。「え？」って言ったの。はっきり言ったの。そしたら「嘘の塊じゃない」って言ったの。それを聞いて、あたしは「やはりこの人はバカではない」って思ったもん（笑）。

佐久間　あはは（笑）。

なぎら　ちゃんと見てるよ。

佐久間　僕が90年代にライブアルバムを初めて出したときに、高田さんに「ちょっと一言、言葉をください」って頼んだのよ。あと小室等さん。二人に一行ずつ言葉をいただいたのね。高田さんもいいことを書いてくれたんだけど、あとになって電話でかなりきついことを言われた（笑）。「歌が遠いですね。聴こえてきませんねえ」って。

なぎら　「あんたもそうですね」とは言わなかったの？（笑）

佐久間　そんなこと言えないよ。

なぎら　順平は聴こえてくるよ。

佐久間　だから高田さんてさ、表向きに言うときと本音を言うときがあるんだよ。だけど、ちゃんと言ってくれたから僕はすごくうれしかったな。

ジャック・エリオット来日のとき

佐久間　僕は渡ちゃんの歌を歌い継いでいきたいとは思ってはいるのね。でも渡ちゃんの歌を歌うと、どうしても渡ちゃん風になるじゃない。それは嫌なのよ。渡ちゃんの歌い方から離れたいわけ。だから、まったく別のアレンジにして歌うんだけど、ふつうの渡ちゃん好きはみんな渡スタイルから入るわけ。つまり、歌う前に必ず楽譜をめくってボソボソ言う（笑）。憧れは分かるんだけど、渡の歌自体に、僕はもっと可能性があると思うんだよね。

なぎら　あたしもそう思っている。ただ、そのかたちを残しつつというのも手だけどね。そこまで模倣すると嫌味になる。

佐久間　オリジナルを残しつつね。

なぎら　だから、あの、林亭の『神田橋』（『下町のこころ』に収録）、あんなふうにしてすみませんでした（笑）。

佐久間　いえいえ、ありがとうございました（笑）。

なぎら　あれは名作ですね。だけど「御茶ノ水」

って言葉が2回出てくるのはダメ。他の地名がなかったのかなと思った（笑）。「淡路町」ってところ、きれいだなあって思って。

佐久間　あれはさ、小林（政広）が本郷に住んでいたからなんだよ。

なぎら　あれ、小林くんの作詞なの？

佐久間　そうだよ。だから神田界隈が歌詞になっているのよ。

なぎら　そうか。あたしは大江田くんか順平かどっちかだと思っていた。

佐久間　違うの。小林なんだよ。

なぎら　さっき話していた、小林くんがシャンソンあたりに興味を持ったというのは分かるんだけども……。自分はいいんだけど、聴き手に違和感を覚えさせてしまうというのがね。ひがしのひとしさんなんかもそれを感じるときがある。否定するわけじゃなくてね。なんだろう？

佐久間　あの人はジョルジュ・ブラッサンスに傾倒していたからね。実は渡もブラッサンスが大好きでね。だけど、ブラッサンスみたいになろうっていったって、なかなかそうはいかないよね。アダモとか、他のシャンソニエを見ていると、シャンソンって形なんだなと思うのよ。ブラッサンスは吟遊詩人の部類だから、もっとフォーク・シンガーに近いからね。だから渡ちゃんが憧れたんだと思う。だけど、それに対してそれほど深くは追及しなかった。そういえば、ジャック・エリオットが来日して読売ホールでやったとき、僕は観に行ってたんだけど、渡ちゃんが前座だったんだよね。ジャック・エリオットの前に渡ちゃんが出てきたんだけど、そうしたら反対のソデから小林が出てきやがってさ（笑）。二人でやったんだよ。「小林、なんでこんなところで！」。

なぎら　東京の公演で？

佐久間　そう。読売ホール。びっくりした。

なぎら　読売ホールでは、URC勢の友部、なぎら、渡、加川ともう一人くらいいたかな？　でやったことがあるの。

佐久間　そんなことがあったんだ。

なぎら　それで、トモ（友部正人）とジャックはツアーで回ったんだよ。

佐久間　ああ、そうだ、そうだ。

なぎら　だけど、渡とジャックのふたりのコンサートは覚えてないんだよなあ。それで今言った何人かが出たコンサートを、中村とうようさんが批判したんだよね。ジャック・エリオットの公演に、ジャックを超えられないような連中がいっぱい出てきて……みたいな批判を名指しでした。で、なぜか、そこにあたしだけ入ってなかったの。というのは、こいつを相手にしてもしょうがないと思われたのか、なぎらがよかったのか（笑）、どっちかは分からない。とにかく、ダメ出しを食らった中に、渡ちゃんは入っていたのよ。それで、『新譜ジャーナル』で論争になった。なかなか結論に至らないから、飲みながら話そうと。これは渡ちゃんに聞いたんだけども、その席でとうようさんがダウンしちゃって、それを介抱したと。それを書いたら、「そんな事実はない」ってとうようさんが言っていたらしい。まあ、あたしはそれを正そうとも思わないし、どっちかが間違えているのか、どっちかが作ったのかなと思って、なにも言わなかったけどね。またさ、そういうことになると、渡ちゃんはちくちく言うじゃない（笑）。「あなた、違うよ！」とは言わないで、「あなたの言っていることは、アメリカの民謡を理解しているみたいだけども、それで日本のフォークを理解している思っていると、もしそう思っているならあなたが違う」とかなんとか言い出すじゃない（笑）。「え？」っていうような。

佐久間　ああ、言うね。

なぎら　そもそもあなたが間違っているなんて、直接的には言わないからね。なんだかわけの分からないところから話を持ってくる（笑）。

渡と女性

佐久間　渡ちゃんは、なんであんなに人から慕われるんだろうね？

なぎら　そこなのよ。そこは今回の本の大きなテーマの一つなんです。さっき言ったように、「あんたとなんの関係がある」なんて突っぱねられて、肘鉄くらったような人はもちろん一生嫌いになると思うけど、その一方で、人からものすごく慕われる部分。これはいったいなんだろうな？ってほんとうに思う。子供みたいなもんなのかな……。不思議な性格なんだよね。ふつうの社会人、サラリーマンだとか工場の労働者だとかなんでもいいけど、渡ちゃんがもしそうした社会にいたら周りから嫌われると思うんですよ。あの性格は。だけど、なぜなんだろう。すごく人から慕われるわけで、この分析はね……。難しいのよ。

佐久間　ものすごく人を惹きつける能力があるよね。

なぎら　それで、こっちも「なんでなのかな？」って思う部分があるのよ。そうすると、あの人に近寄ってみたいというのがあるんだけど、近寄らせてくれないのか、それともすっと受け入れてくれるのか……。まあ、変な人なんだよね。子供っぽいという言い方もあるかもしれないけど、そうでもないんだよな。ただ、純粋だなというのはあったね。

佐久間　そうだね。あと、やっぱり、母親を早くに亡くしているじゃない？　愛情が足りないのかなって思ったりはした。

なぎら　イサッちゃんもそういう分析をしたのよ。それで、そのことを烈さんにぶつけてみたんだけど、「それはない」って言われたの。

佐久間　そうなんだ。でも、膝枕をしてもらうのもそうだけど、ゴロにゃんってできる性格があるわけじゃない？

なぎら　ふつう、我々は恥ずかしくてできないしね（笑）。だから、そうやられた相手が安心感を持つってことなんだよね。つまり、この犬なら平気だなっていうね（笑）。

佐久間　それがさ、相手がけっこう若い年齢だったりするわけ。

なぎら　ほんと？

佐久間　もう晩年ね、『タカダワタル的』の映像を撮るので、えもっちゃん（柄本明）が『スズナリ』を押さえていたんだけど、その前の日が『春一番』のコンサートだったのね。そこにも『タカダワタル的』のクルーが付いていったの。それで『春一番』が終わってその日のうちに新幹線で帰ってくるはずだったんだけど、渡ちゃんはなにを思ったか、誰にも告げないで楽器を持って新横浜で降りちゃった。映像を面白おかしくしたいというのもあったのかもしれないけど、（小指を立てて）どこかに行っているわけ（笑）。映画のクルーは東京駅に着いたら「いない！」ってなった。それで次の日の『スズナリ』は僕や漣（高田）など5人編成くらいでやるんだけど、漣が心配だからって言うんで、その日の入り時間に合わせて、アパートに迎えに行ってたのよ。だけど、そこにはいないわけだ。おそらく新横浜のどこかにいる（笑）。漣が「いません！」って入ってきて、みんなで「困ったね」みたいになってさ。映画としては『スズナリ』に入るところから撮りたいわけだし。僕らも渡ちゃんがメニュー書かないと、今日なにを演奏するかも分からない。だけど、いないもんだから、渡ちゃんならこうやるだろうというメニューを僕が考えて、譜面もそろえてコピーしたのよ。なぜか僕が全部やるのよ（笑）。全部準備したところで、開演の1時間くらい前くらいだったかな、「いやいや、どうもどうも」ってやってきたわけ。

なぎら　一人で来たの？

佐久間　……悪いやつだなって思った（笑）。

なぎら　あたしも江東区の森下でコンサートをやったときに、女の子と一緒にどこか行こうとしてつかまっちゃったのを見たな。

佐久間　まあ、モテたんだろうね。それと、人が好きなんだと思うの。渡ちゃんは。人のことが好きで、愛している。だから、人に媚びるんじゃなくてね。「おい、君」なんて話しかけるときも、ほんとうに人が好きなんだよ。だから、そうされると、放っておけなくなるんだ。

なぎら　うまい分析ですね。その通りです。たとえば、渡ちゃんに「ちょっとバックで弾いてくれ」って言われたら、ものすごくうれしいよ。もちろん毎回声をかけられたら、そのかぎりじゃないだろうけど、最初はほんとうにうれしいわけですよ。まず彼はかわいがっている人じゃないと声をかけないからね。そういう人だったから。レコーディングとかでは、楽器が上手いから誘うというのはあったと思うけど、そうでないときはね。そういう意味ではあたしはすごく幸せだったなと思うんです。かわいがってもらったなと思う。かわいがってないやつに「家に泊まっていきなよ」とは言わないからね（笑）。

若き日の渡

なぎら　不思議なことに、2枚目のアルバム（『汽車が田舎を通るそのとき』）の中で、あたしには故郷が2つある、岐阜と深川ですって言っているわりに、深川っていう言葉を出すと、どことなく嫌がっていた。「渡ちゃん、懐かしいところ行こうよ」って言うと、「うーん」。いい返事をしなかった。拒否というのではなく、「うーん」っていう重たい返事だったのよ。そういうことが何回もあった。だから、自分の中で思い出すのが嫌だったのか、忘れたかったのか、それは分からないけどね。話に出てくると「懐かしいな」とは言うのよ。だけど、今度行こうよって言うと重い返事になる。

佐久間　彼のバッキングをつけていた90年代だと、1曲目はだいたい『仕事さがし』（『渡』収録）という歌から入るんだよね。それで『仕事さがし』ってどこから持ってきたんだろうと思っていた。のちに本が出るじゃない（『高田渡と父・豊の「生活の柄」』）。それを読むと、深川時代には兄弟4人とお父さんとひと部屋に住んでいたっていうね。なんというか、あの歌は彼にとって切実な歌なんだなって後で分かったんだよ。

なぎら　『仕事さがし』の原曲はミシシッピー・ジョン・ハートの『Make Me a Paller on the Floor』で60年代に作った歌なんだけど、深川時代のちょい後なんですよ。なんというか悲哀ばっかりの歌なんだよね。渡ちゃんの歌はたしかにそういう傾向があるけど、救いがない歌なんだよ。青春時代のね。それをのちによく歌ったなと思うのね。

佐久間　『仕事さがし』は、他の誰かが歌ってもリアリティがないわけよ。だけど、渡ちゃんが歌うとなんであんなリアリティが出るんだろうって思っていた。それで本を読んで、ああそうかと思った。夜間高校に通って、写植のバイトとかやっていたでしょ。そういう時代がリアリティを持たせていたのかと。

なぎら　だけど、それを『マイ・フレンド』で読むと、あかつき印刷をやめようとも思ってないし、仕事も探してないんだよね（笑）。

佐久間　それから、17歳頃に佐賀のおばさんのところに預けられるじゃない。そこの林圭一郎さんと一緒に半年くらいいて、あちこち行ってたんでしょ。その佐賀の時代になにがあったのかなって思う。圭一郎さんはある程度分かるんだと思うんだけど。

なぎら　あたしもそれを感じるな。日記を読むと、多少語られているんだよね。佐賀で疎外されたというわけじゃなくて、単に嫌だったんだろうね。田舎が嫌だったんだろうな。

佐久間　嫌だったんだと思う。

なぎら　そのときに、さっき言ったコレクターズアイテムのレコードを買っているんだよ。

佐久間　やっぱり、中央の世界に憧れていたんだと思うんだよね。あのままいたら……。

なぎら　もうピート・シーガーと会えることはないしね（笑）。まあ東京にいても会えないけどさ。その頃、プロになろうなんてことは毛頭ないんだけど、彼の中ではフォーク・ソングがとても重要だったというか、そこにしか救いがなかったってことなんだろうね。そのときに、佐賀にいてはダメだっていうのはあったんじゃないかな。中央にいかないとまず情報がないし。

佐久間　ここではなんともしようがないと思ったんだろうな。

井上陽水

佐久間　渡ちゃんが出した『個人的理由』って詩集があるじゃない。その中に『夕暮れ』という詩があるのよ。それを歌おうと思って、前の前のアルバムのときに（『明日の想い出』）、自分で勝手に曲をつけてやったんだけど、そのときに調べたら、実はもう作曲されていたんだよね。それがNHKの『ステージ101』で使われていたの。音楽監督だった作曲家の東海林修が、ちゃんと曲を書いて、発表していたんだよね。よくあの詩を使ってやったなと驚いたよ。若い人向けの番組なのに。

なぎら　本人は承諾したのかね？

佐久間　承諾したんじゃない？　分からないけど。

なぎら　分からないけどね。著作権法としては本人の許諾はいらないですからね。そのためにお金を払うわけだから。しかし仁義はありますよ。

佐久間　あとさ、釧路で亡くなって、空輪でお棺が運ばれてきたんだけど、羽田に俺が迎えに行くって言ったのが、（井上）陽水さんなんだよね。

なぎら　それってなんだか分からないんだよね。

佐久間　分からないんだけど、陽水さんは自分で行きたいって言ったのよ。

なぎら　あたしはなんでかまったく分からなかったし、自分の中では「売名じゃねえか？」って思ったもんね。だけど、売名するって言っても、渡ちゃんよりはるかに知名度があるんだから、そんなことねぇなって思って（笑）。

佐久間　それで、陽水さんは一周忌のときに来てくれて、お櫃をどう羽田で受け入れたかっていうところを、携帯（電話）で撮っていて、それを見せてくれたよ。渡ちゃんを俺が迎えに行くんだという気持ちだったんだね。ものすごく好きだったんだと思う。アンドレ・カンドレ時代だと思うけど、労音とかを一緒に回っていたじゃない。短い期間だったけどね。

なぎら　うん、そうだね。だけど、我々「高田渡一派」にしてみれば、最大の汚点です（笑）。我々が行けなかったっていうね。

佐久間　僕らはアパートで待つってことになっていたんだよね。だけど、どの時点か分からないけど、「私が迎えに行く」って陽水さんが言ったんで、じゃあ任せましょうってなったんだよ。

なぎら　その行動力の意味はいまだによく分からないんだよ。

佐久間　やっぱり好きだったんじゃない？　渡ちゃんのこと。

なぎら　だったとしたら、ふだんの付き合いがもっとあってもよかったと思うんだよ。

佐久間　うん。まあね。

なぎら　互いにコンタクトをとるとらないじゃなくても、一緒にコンサートやるとかさ。やろうと思ったら、できたと思うの。だけど、それをやってなかったから、我々にしてみたら理不尽だなというか、驚いたというところですよね。

佐久間　それもちょっと裏があって、えもっちゃん（柄本明）が渡ちゃんのことをすごく好きじゃないですか。それで『スズナリ』を押さえてやってくれたわけだけど、陽水さんがえもっちゃんに「今度、僕も呼んでよ」って言ったらしいの。それで4月だったかな、『スズナリ』で陽水さんがライブをやる予定があったの。シークレットライブみたいな感じで。ところが渡ちゃんが倒れちゃったもんで、そのライブを中止にしたいという話になった。その2週間後くらいに渡ちゃんが亡くなったから、迎えに行ったのはそのこともあったのかなと思うのね。

なぎら　そうなんだ。だけど、我々にとっては違和感があるよねえ。ない？

佐久間　僕はないの。陽水さんが渡ちゃんを好きなんだって思ったから。

なぎら　渡ちゃんとの交流がまったく見えなかったからなあ。

佐久間　同じような時期だったと思うけど、NHKで高田渡を追っかけた番組があったんだよ。沖縄のホテルかなにかで、陽水さんにインタビューを受けるという（NHK　BS『井上陽水　空想ハイウェイ「ActⅡ　沖縄で30年ぶりのフォーク同窓会」』）。そのときの陽水さんに、ワタル・ラブみたいな感じがあったんだよね。

なぎら　あたしはあの番組にも違和感があったわけ。嘘つけ〜って（笑）。じゃあ、ふだんからもっとコンタクトとっているべきじゃないかって。

佐久間　そうか、なるほどね。

なぎら　ただし、こういう記憶があるんです。73年か74年頃かな、九州を回ったのね。交通の便が悪いから電車で時間がかかって大変だったんだけど、3〜4か所くらい渡ちゃんと回ったことがあるのよ。他に誰がいたかあまり覚えてないんだけど、陽水さんは一緒だったの。それで博多かどこかでやったときに、陽水の人気がすごくなっていたのね。まだLPが売れる前なんだけど。本来は渡ちゃんがトリだったんだけど、「陽水氏、おたくが代わってくれ」って言ったのは覚えている。陽水さんは「いや、僕なんかダメですよ」って言ったんだけど、結局トリでやってね。それからあっという間に陽水の人気に火がついた。アンドレ・カンドレのときは全然ダメだったからね。

テレビは好き

なぎら　あの頃は、フォークであればなんでもよかったというと語弊があるけど、そういう時代でしたね。

佐久間　だけど、世を席捲している人たちはやっぱりラジオの深夜放送をやっている人たちで、渡ちゃんはそのあたりは関係なかったからね。

なぎら　興味がなかったのか、意図的にそこを避けたのか、そういうのは見えてこないんだけど……。そいわゆるマスコミを拒否していたかというと、そうでもないんだよね。初期は別にしても、テレビに出るのが嫌いじゃなかったもんね。当時、マスコミを拒否することがステータスみたいな部分があったじゃないですか。それを言い出したのは高石ともやさんあたりが最初だと思うんだけど。それから（吉田）拓郎さんなんかもそういうふうになっちゃったでしょう。渡ちゃんは、「出てくれよ」

って言われたら「いいですよ」っていう感じだったからね。それでテレビ朝日の『プレステージ』だったかに出演することになったんだけど、そのとき（村瀬）雅美ちゃんに「渡、絶対に飲むなよ」って釘さされていて、当日は酔っぱらわずに来たのよ。それですごくいい感じで歌ったのよ。それが評判よかったもんだから、2回目もあって呼ばれたの。雅美ちゃんも「ああいう感じでいいからね」って言ってね。でも結局、当日、飲んできちゃったという（笑）。

佐久間　なんで、そこで気を緩めるんだろうなあ（笑）。

なぎら　目がトロンとしている映像が残っているんだけどね。そのときに新谷のり子さんが歌ったんだけど、その後ろでがっくり寝ている（笑）。カメラが避けようにも、半円の大きなテーブルの中央にステージがあって、その真ん中に渡ちゃんがいるもんだからさ（笑）。彼はあたしがテレビに出ていることについてもなにも言わなかったね。加川良は言いましたけどね。「今のおまえの姿勢はいい」なんて皮肉だか本心だか分からないけど（笑）。「そうでなくっちゃ」みたいなこと言われましたよ（笑）。渡ちゃんは、いいんじゃないの、くらいなことは言ってたかな。「どうでもいいんじゃない」って感じがありましたけど。

佐久間　話は変わるけど、ガリガリ君のCMで渡ちゃんの『値上げ』が使われたじゃない。あれを使った人のセンスはすごい。

なぎら　うまいこと切っている（編集）んだよ。CMの尺（長さ）があるからさ。うまく切っている。

佐久間　その後、僕はガリガリ君のファンになるわけ（笑）。あれ見ちゃったから。なんというセンスって思った。最後にみんなでお辞儀して、60円が70円になりますっていうね。素晴らしいなと思って。

なぎら　よくあの歌を発見したよ。

佐久間　そうそう。

なぎら　吉野家のために『値下げ』って歌、作るかな（笑）。

渡の『私の青空』

なぎら　この間、驚いたの。この本の前書きにも書いたんだけど、若い人相手に「拓郎が……」って話していたら、「たくろうって誰ですか?」って。こっちは吉田拓郎なんて当然知っていると思っているじゃない。「すみません、吉田拓郎さんって知らないんですけども」。そんな時代なんですよ。その世代に、高田渡をどう知らしめるかというね。今回の本は知っている人だけに買ってもらえればいいというんじゃいけないと思っているの。こういう人が音楽界にいたということを残しておかないと。

佐久間　例の『自衛隊に入ろう』を歌ったら、自衛隊からオファーがきたっていう話はすごいよね。自衛隊はなにを考えているんだという（笑）。

なぎら　そうそう、68年のことだから、まだデビューする前のことで、TBSの『ポーラ婦人ニュース』ね。オファーした後に、丁重にお断りしてきたというね。渡ちゃんは「どうぞ」って言ったんだけど。いかに自衛隊の広報が愚かかっていう（笑）。

佐久間　そうか、オファーした後に向こうから断ってきたんだ。

なぎら　自衛隊の広報曲として使いたいって言ってきて、すぐその日のうちに……。

佐久間　よく聴いてみて、やっと意味が分かったってこと?

なぎら　そういうこと（笑）。

佐久間　しょうがねえなあ（笑）。

なぎら　「♪　悪い中国やソ連をやっつけましょう」、なんていいじゃないねぇ（笑）。

佐久間　渡ちゃんって、ある意味挑発的というか……。話題性のあるアクションを起こすところがある。朗々と歌うというよりも、面白おかしい部分もありつつ……。落語の要素もありながら。

なぎら　『高田渡読本』（音楽出版社）で各人が高田渡の歌を1曲選ぶというのがあったと思うけど、順平はなにを選んだの?

佐久間　『私の青空』かな。

なぎら　なんで?

佐久間　渡ちゃんがライブのアンコールで必ずあれを歌っていたのよ。そのときは自分のライブから解放されて、うれしそうに歌うわけ。それが僕にとって、ほんとうの歌ってこういうもんだなって思えたのね。勝負してやるって感じじゃなくて、全部解放されて気持ちよさそうに歌っているのが、ものすごく印象的だったんだ。

なぎら　なるほどね。あたしはね、あの曲で渡ちゃんが間違って「火影（ほかげ）」を「ひかげ」って読んでいるのがダメなんだよ。もうちょっと勉強しなさいっていう（笑）。

佐久間　あれは二村さんだっけ？　他にも歌っている人が何人かいるじゃない。みんな歌い方が違うんだよね。「ひかげ」って読むのはなかったけど、何種類かあって歌詞が違うんだよね。

なぎら　そう、二村定一《ふたむらていいち》と天野喜久代の歌唱。『ダイナ』なんかもそうなんだよ。レコード会社で違うんだよね。ヒットしたのはディック・ミネ盤だからね。『ダイナ』も『私の青空』も、エノケン（榎本健一）も歌っていたけど、渡ちゃん、エノケンは聴いていたのかな？　あまり聴いていなかったという印象があるけど。やっぱり、アメリカの音楽だったのかな。途中からはシャンソンやらなんやら、あたしなんぞが興味持たなかったもんもたくさん聴いているんだよね。『相子《あいこ》』（『渡』収録）あたりなんて、元ネタが分からないんだよ（笑）。

佐久間　ああ、あれね。たしかスペインの歌なんだよね。『相子』のレコーディングなんてほんとうに乱暴だったよ。レコーディングの日、渡ちゃんのところに車で迎えに行ったんだけど、そのときにカセットを取り出して「ちょっとこれかけられる？」とか言ってきて。そうしたら、それが『相子』の元曲だったの。

なぎら　ほんと？　レコーディングの日？

佐久間　そうなのよ。スペインの曲。それで「今日、これやりたいんだけど」とか言って（笑）。こっちは「え〜！」だよ。しょうがないから、スタジオに入ってから合間を見て、練習よ。

なぎら　あの歌さ、ヴォーカルが小さすぎてよく分からないんだよなぁ。

CM撮影

佐久間　乱暴といえば、一度CMに付き合ったことがあるのよ。僕とアリちゃん（松田幸一）で。金鳥の蚊取りマットのCM。朝早くから川崎のスタジオに行って。ふつうアフレコだったりするじゃない？　ところが現場に行ってみたら同録で、マイクが全部セッティングされていた。それで、僕らは昔風のセットの中で、ランニングシャツ着させられて、虫取り網みたいなのを持たされて。渡ちゃんは窓越しの前の部屋にいて、テーブルがあって、ビールが置いてあって、蚊が飛んでいて、「あ〜、面倒だ、金鳥蚊取りマットを取り替えるのが面倒だ」みたいな歌を歌うと。それで隣のアパートみたいなところでは、僕とアリちゃんが伴奏している（笑）。だけど、撮影を始める段になってもこっちは資料もなにもないもんだから、30秒とか60秒とかやって終わるんだろうなと思っていたのよ。それで楽屋で「今日はどんなのやるの？」って聞いたら、「こんな感じなんだけど」って口ずさみ始めたのよ。「いや、それはいいから、譜面とか歌詞とかそういうのは？」って言ったら、「いや、こんな感じ」（笑）。「え〜！」ってなったんだけど、セットももう出来上がっちゃっていて、ディレクターが楽屋に来て「じゃあ、そろそろ始めたいと思います」とか言うわけ。「ちょっと待ってください！　とにかく1時間待って」ってドアを閉めて、「で、渡ちゃん、どんな曲？」（笑）。それで口ずさむのを聴いて、コードはこんな感じねってやって、30秒と60秒のものをそれぞれ3パターン作って、全部で6パターンの譜面を作った。横にいたアリちゃんは「もう順平に任せる」って（笑）。それで1時間待ってもらって作ったんだけど、渡ちゃんは自分が口ずさんだ歌なのに、結局覚えてないんだよ。1パターン目を撮ったら、「次はどんなんだっけ？」とか言うわけ。「だから、渡ちゃん、こうやるんだよ」って教えてさ。それで撮影を続けたんだけど、渡ちゃんの前のテーブルにダミーのビール瓶が置いてあったのね。撮影用にラベルを違うものに張り替えたやつ。ところが中身がダミーじゃなかった（笑）。本物が入っていて、それを本人は飲みながらやっているもんだから、途中でビール瓶を新しいものに変えなきゃいけない。そんなことやって6パターン撮っているから、だんだん陽気になってくるんだよ（笑）。それで午後の3時か4時頃に撮り終えたんだけど、僕はほとほと疲れ果ててね。もうね、渡ちゃんもなにも全部捨て置いて「お疲れ様でした！」って帰った（笑）。

なぎら　それが渡なんだよなあ。

佐久間　そうなんだよ。成り立っちゃうんだよ。成り立たないときもあるだろうけど。

なぎら　成り立たないときもあるよ（笑）。

佐久間　あれはすごかった。とにかく、いろいろとやらせていただきました（笑）。

なぎら　やっぱり順平が一番長いこと渡ちゃんの横にいたのかもしれない。そういう意味でも。やはり渡ちゃんはバッキングに恵まれたっていうこともあるのよ。細野（晴臣）さんにしてもね。みんな嫌な顔をせずにね。

佐久間　はっぴいえんどが、バッキングをやってるというのは、すごいよね。画期的というか。細野さんがプロデュースしてヴァン・ダイク・パークスが参加してというのもあったし。

なぎら　『FISHIN' ON SUNDAY』（フィリップス　1976年）ね。はっぴいえんどは、もともと岡林さんに無理矢理くっつけられちゃったという部分は否めないけれど、一緒にやったことで有名になったわけだから、あれがなかったらダメだったかもしれない。エイプリル・フールからヴァレンタイン・ブルーになって、はっぴいえんどになるんだけど、岡林さんはボブ・ディランとザ・バンドみたいな感じを狙って起用して、結果的にそれで成功したと思うんですよ。もしそれがなかったら、ＵＲＣからデビューできなかったと思うしね。その後『ミュージックマガジン』の人気投票でロック部門で上位にきたら、内田裕也が「日本語のロックはロックじゃない」ってガタガタ言い始めた（笑）。

藤村先生

佐久間　藤村先生は内科の先生で、渡ちゃんが頼りにしていた人だった。あるとき、渡ちゃんのγ（ガンマ）－ＧＴＰの数値が危ないってなって、実際ふらついているから、「じゃあ、うちに来て静養しなさい」ってなった。それで2～3週間入院するんだよね。そうすると、７００とか８００あった数値が、２００とか３００になるわけ。

なぎら　病院じゃ飲まないからね。

佐久間　それで退院する。退院してすぐは飲まないんだよ。だから退院したばかりのときのライブはすごくストイックで素晴らしいんだよ。

なぎら　ほんとすごかった。ギターがすごく上手くなった、というか戻ったなと思った。

佐久間　そう、シャープなの。でも、陽気ではない。きちっと、ストイックにやるわけ。そして、１か月、２か月経つと少しずつ酒が入ってくる（笑）。

なぎら　誰に言うわけでもなく「ビール一缶ならいいかなあ」とか言うんだよ（笑）。まあ自分に言っているんだろうけどね。それが一缶から二缶になり……。

佐久間　元の木阿弥《もくあみ》になるの。それでまた具合が悪くなって、また入院するわけ。聞いたところだと渡ちゃんのγ《ガンマ》－GTPの最高値が1300なんだって（笑）。

なぎら　あのね、あたしは、1000以上になった人で生き残った人は一人しか知らない（笑）。まあ、藤村さんを責めるわけじゃないんだけど、渡ちゃんの安心感がそこにあったんだよ。悪くなっても藤村さんのところに行けば、どうにかなるみたいな。それが結果的に一番よくなかったんだね。この薬を飲めばなんとかなるみたいな。

佐久間　だけど、滋賀の藤村さんの病院に入っても、やはり外で飲みたくなったみたいね。逃亡してちょっと飲んだとかあったみたい。

なぎら　さすがに藤村さんが「一緒に飲もう」とは言わなかったよね（笑）。

佐久間　それはさすがにないよ（笑）。

なぎら　この藤村さんというのは、69年のフォーク・キャンプのときに『新幹線はうんとはやい』を歌った人でね。まあ、音楽ではアマチュアの人かな。自費出版でCDも作っていますけどね。

佐久間　まあ、二足の草鞋《わらじ》。高石ともやさんとすごく親交が深かったね。晩年は高石さんと二人でライブをやったりしていた。

なぎら　ともかく、あたしは、藤村さんになんとかしてもらえるという安心感が渡ちゃんをダメにしたと思っているわけ。藤村さんが悪いわけじゃなくってね。渡ちゃんの通夜に藤村さんが来たんだけど、その落ち込みようは、もうひどかったね。泣いて泣いて……。というのは、おそらく藤村さん自身の中に、あそこで止めておければ……。という負い目があったんでしょうね。

佐久間　それと、酒を勧めたのは自分だという負い目もあったんだと思う。

なぎら　そうか～。勧めたっていう負い目もあったのかな。

佐久間　あったような気がするんだよね。

なぎら　それで、渡ちゃんが亡くなった5年後に亡くなった。

佐久間　僕、藤村さんの最後のレコーディングに参加しているんだよね。京都だったかな。「これを録っておきたいから、手伝ってくれるか?」っていうんで、僕はたまたま京都に用事があったから引き受けたの。そのときは『六曜社』で待ち合わせて、藤村さんは相変わらずウィスキーを朝からきこしめて(笑)。

なぎら　あの人、そんなに飲兵衛だったの?

佐久間　そうなのよ。それで昼飯を食おうってなって、四条にある老舗の鰻屋さんに連れていってくれたんだけど、「じゃあ、ちょっと日本酒でも飲もうか」って飲んで(笑)。それで鰻をごちそうになって、レコーディングをして帰ったんだけど、僕はそれが最後だった。渡さんは、藤村さんに甘えていた部分はあるよね。それで藤村さんも医者なんだけど、それ以上に友達だから、甘やかしていた部分もあったのかな。

高田漣の章でも登場しているが、高田に初めて酒を飲ませたという藤村直樹氏は医師であり、フォーク・シンガーとして活躍した人物。和歌山県立医科大学入学後、60年代後半の関西の「フォーク・キャンプ」に参加して、そこから発生した音楽ユニット「フォークキャンパーズ」(中川五郎、長野隆、金延幸子、西岡恭蔵らが参加)のリーダー的存在だった。第4回関西フォーク・キャンプ打ち上げコンサート(1969年8月17日、京都市の円山公園野外音楽堂)に『町工場のブルース』が収録されている。また小松民雄、勝木徹芳、村田真が参加した、「なれあいシンガーズ」の一員として、『新幹線はうんとはやい』が収録されている。実はこの歌、エリザベス・コットンの『フレイト・トレイン(Freight Train)』の替え歌であり、関西フォーク・キャンプのとき、楽屋で高田とともにおふざけで作った歌をその場で発表したものである。高田の主治医的な存在であり、高田が身体の不調を訴えると、その面倒をみた。藤村氏は高田渡と音楽を通じて知り合い40年にわたる付き合いがあった。2010年4月27日、敗血症のため亡くなった(享年62)。

ちなみにこの『フレイト・トレイン』の作者であるエリザベス・コットンは黒人の女性歌手である。この曲、典型的な2フィンガー・ピッキング奏法であるがため、ギター練習曲としてもてはやされた。しかしこの奏法の完全コピーはまず困難を要するであろう。というのも、彼女はサウスポーで、2フィンガー・ピッキングは右利き用のギターをそのまま反対に持って弾く。そのため、親指が高音部メロディーを弾き、人差し指がベース音という、通常の指の動きと逆になるという変則的な奏法である。

呼び捨てしない

佐久間　さっきの話に戻るけど、なんで渡ちゃんは人を惹きつけるのかなって、ずっと考えているんだけどさ……。やっぱり独特なんだよね。みんなけっこう迷惑かけられているのに、でも、みんな好きなんだよ。そこが不思議なんだな。

なぎら　なんでしょう。迷惑かけられた事例がすぐ過去形になっちゃうからかな〜？　あたしだって、苦渋の思いはたくさんしてますしね（笑）。普通は「ちょっと待てよ。あんた違うだろ」って喧嘩腰になるんだけど、あの人には言えないのよ（笑）。必ず、周りの人に「ねっ？　ねっ？」って同意を求めて、そうすると同意を求められたほうも「まあそうですね」と返事をする。いくら渡ちゃんが間違ったことを言っていても、自分は間違ってないという理論。こっちが悪者になっちゃうみたいなね（笑）。そういう力があったよね。「なぎら氏はそういうけどね……。ねっ？」。あれはなんだろう（笑）。

佐久間　それでちょっと甘えるときは「なぎらくぅ〜ん」って「くぅ〜ん」の語尾が上がるんだよ（笑）。僕のことは「順平さん」だったり「佐久間くん」だったりいろいろだったな。ただ、呼び捨てにされたことはなかったね。

なぎら　あの人は呼び捨てすることはあまりなかった。なになに氏みたいに呼ぶことが多かった。

佐久間　漣も「漣くん」だからね。

証言5　シバ

ブルース／フォーク・シンガー、漫画家、陶芸家、画家。1949年生まれ。1967年、漫画家・永島慎二に師事。漫画家・三橋《みつはし》乙揶《おとや》として『ガロ』『夜行』『幻燈』『アックス』などに作品を発表する。1970年、高田渡と出会い、第2回中津川フォーク・ジャンボリーに出演、1971年には高田渡、山本コウタロー、若林純夫らと「武蔵野タンポポ団」を結成した。1972年、『青い空の日』でURCからソロ・デビュー。近年は陶芸家、画家としても活動中。

証言5　シバ

取材日：2019年9月18日

ミュージシャンは体育会系

なぎら　この間、（佐久間）順平に話を聞いたんだけど、渡ちゃんはわりあい運動神経がよかったという、生れて初めて耳にするような話を聞いたのよ（笑）。
シバ　あいつ競歩とかやっていたからな。すごいのはアイスケートだよ。
なぎら　そうそう、順平にそれを聞いたのよ。
シバ　俺もスケートなんて「嘘だろ？」って思ってたんだけど、みんなで行ったときに後ろ手で滑っているんだよ。
なぎら　そのときにトモ（友部正人）もいたって言ってたよ。
シバ　トモはサッカー部だったから、案外できるんだ。ミュージシャンは意外と体育会系が多いのよ。俺さ、「ミュージシャン＝体育会系論」というのを言っているんだけど、たとえば100mを10秒台で走りたければ、走れるまでやるしかないわけだよね。そういうのはギターも同じで、こういうふうに弾きたいなと思ったら、弾けるまでやるしかないわけよ、あれこれ考えるんじゃなくて。体育会系のやつはそういうことが身についている。だから、ミュージシャンには体育会系が多いんじゃないのかって思ってるわけ。だって、イサッちゃん（中川イサト）だってワンダーフォーゲル部だよ。
なぎら　あの人が？　駅の階段もおぼつかないような人なのに？（笑）
シバ　カレーライスなんて3口で食っていたからね。
なぎら　高石ともやさんは応援団だったね。岡林（信康）さんがボクシング部。

シバ　意外と体育会系は多いのよ。
なぎら　（遠藤）賢司はそういうのはなかったね。
シバ　賢司はどうだったかねえ。俺だって一応、陸上部だからね。
なぎら　シバが？
シバ　俺、キャプテンだもん。
なぎら　ほんと？（笑）
シバ　ほんと。友部のサッカーもなるほどと思ったね。あの体型だから。サッカーも走る競技だけど、ちょっと腰を落として走るんだよね。だから、脚が短く見える。野球とも走り方が違うんだよな。
なぎら　面白いな。
シバ　楽器もスポーツも、とにかくやるしかないじゃない。
なぎら　がむしゃらにいくしかないと（笑）。
シバ　体育会系はそういうことが身についているのよ。できるまでやるしかないって。理屈じゃないのよ。そういう体質だから続くんじゃないかなと思うね。
なぎら　西岡（たかし）さんはそうじゃないだろうなぁ。
シバ　そうでないのもいるよね。
なぎら　（中川）五郎ちゃんもそうじゃないね。
シバ　五郎ちゃんは違うね。そういえば順平は剣道だよね。
なぎら　（村瀬）雅美ちゃんもそうだよね。亡くなったケメ（佐藤公彦）は少林寺拳法の正拳士だからね。あんなかわいい顔して。
シバ　それも信じられないね。
なぎら　どうでもいいけど、あたしは空手。
シバ　ええっ！

シバの音楽遍歴、ギター、ディラン

なぎら　まず、シバの場合、最初はどういう音楽を聴いていたの？
シバ　最初に聴いたのは、中学の頃にギターの……。
なぎら　待って。ふつうさ、本格的に目覚める以前の音楽体験みたいなものがあるじゃない。たとえば、順平なんかはニール・セダカとか言っていたけど。そういうものはなかったの？
シバ　そういうのは俺らの時代はまだなかった

から。

なぎら　嘘だよ（笑）。

シ　バ　ほんとなかった。映画『禁じられた遊び』（監督：ルネ・クレマン1952年）のポスターがあったの。ロゴだけの。それを小学校のときに友達と見て「あれ、いやらしい映画なんだぞ」とか言い合ってたんだよ（笑）。それで中学に入ったら、体育館で映画鑑賞会があって『禁じられた遊び』をやるっていうから、みんなで「いいのかよ」「ヤバいんじゃない？」みたいになった（笑）。もう映画が始まるまでドキドキしているわけ。そうしたら、始まったらあのギターじゃない？　それが衝撃ですごく印象に残ったんだね。ギターがすごいなと思って、それがきっかけといえばきっかけ。それにちょうど、その頃からラジオを聴きだした。ヒットパレードみたいな番組があったでしょ。

なぎら　あった。『ユアヒットパレード』みたいなね。

シ　バ　そういうのを聴くと、1位がジャズの『テイク・ファイブ』（デイヴ・ブルーベック・カルテット）だったり、カンツォーネの曲だったりしたんだよね。

なぎら　そうだね。なんでもありだった。映画音楽もあったし。

シ　バ　そうそう。フランスの曲だったりね。その頃はああいう洋楽を聴くのは不良だって言われていたから、こっそりうちで聴いていたわけよ。それでそのうちにローリング・ストーンズとかが出始めて……。

なぎら　ビートルズとかね。

シ　バ　そう。そうなると1位から5位まで全部ビートルズになっちゃう。その少し後にフォークが出てきて、（ジョーン・）バエズやP・P・M（ピーター・ポール＆マリー）が1位になる。そのあたりはだいたい聴いていたかな。

なぎら　『禁じられた遊び』の映画を観た頃は、ギターは始めていたの？

シ　バ　いや、その映画を観て弾きたくなったの。それでなんとかギターを手に入れたんだと思う。だけど、どうやって弾いていいかも分からない。

なぎら　どうやって手に入れたの？

シ　バ　覚えてないんだよな。安いギターが家にあったのかもしれない。それで古賀政男のギター教則本を買って、ドレミとかを覚えた。学校の音楽の授業は点数悪かったけど、そうやって独学したんだね。そんなことをやっていたら、あるとき同級生が「おまえ、ギター弾きたいんだったら楽譜売ってるよ」って言うわけ。それで楽器屋に行ったらほんとうに楽譜が売っている。さっそく買って、それから独学で覚えていったの。その同級生はスペリオパイプ（リコーダー）でなんでも吹けるようなやつで、陸上部の友達だったんだけど、彼がいなかったら楽譜の存在も知らずにいただろうね。だからギターを弾くことになるきっかけは彼なんだ。その頃に、バエズやP・P・Mがラジオで流れるようになっていた。

なぎら　いろいろ聴くようになっていったのね。

シバ　するとP・P・Mの曲で「いい曲だな」と思うやつは、ほとんどボブ・ディランが作った曲だということが分かった。「ボブ・ディランって誰だ?」。一気に興味が湧いたね。初めて買ったディランのレコードは『寂しき4番街』のシングル盤だったかな。もうロックに入っていた頃。たしか日本で最初に出たディランのアルバムは片面が全部エレキで、片面はアコースティックっていうやつだった。（『ボブ・ディラン1』コロムビア・カレッジ・フォーク・シリーズ）

なぎら　それは日本編集?

シバ　日本の。当時のラジオもディランに関してはフォーク・シンガーという扱いじゃなかったんだよね。湯川れい子が「ボブは……」みたいな感じで言ってたのよ。ジョン・レノンを「ジョンは……」と言うみたいに。だから日本は、ボブ・ディランはエレキから入っているんだよ。ラジオでも『ライク・ア・ローリング・ストーン』がかかっていたし。

なぎら　それがディランを知ったきっかけだと。

シバ　そう。それでアルバムを買うと歌詞が載っているから、読むとやっぱり他とちょっと違うじゃない? さらに言えば、エレキとアコースティックのときの歌詞も違う。それで最初はギターだけだったんだけど、歌のほうにも興味が出てきたんだね。

なぎら　ほお〜。そっからか。

シバ　それで高校1年生くらいのときに曲を作った。『俺はのら猫』みたいな（笑）。

なぎら　それはディランの影響があるわけ?

シバ　あるある。中学から高校にかけてはずっとディランを聴いていたね。ただ、あの頃のディランはそんなに有名じゃなかったのよ。

なぎら　日本ではまだね。

シ　バ　あの頃はみんなバンドを組もうっていう時代。高校では俺は美術部に入っていたんだけど、やっぱりビートルズが好きなやつらがいるわけ。そういう音楽仲間の一人に「ディランは面白いよ」って言ったんだよ。それで次に会ったときに「どうよ?」って聞いたら「う〜ん、聴いたんだけどさ、ダメだと思うわ」とか言うわけ。「歌いながら笑ってんじゃん。あれはダメだわ」って。おそらく『雨の日の女』かなにか聴いたんだよ。あれに笑い声とか入っているじゃん。

なぎら　一発で録ったやつね（演者がセーノーセでやる同時録音）。

シ　バ　あの頃はとにかくディランだったね。そこからウディ・ガスリーとかに行った。

なぎら　なるほど、ディランを知ってからウディ・ガスリーにいったのね。

シ　バ　実際ディランはウディの曲をやっていたり、『ウディに捧げる歌』とかもあったじゃない。それで、ウディ・ガスリーってどんな人なんだろう?ってなった。そこから興味がそっちに移っていった感じかな。

ボブ・ディランの『ウディに捧げる歌』の元歌は、ウディ・ガスリーの『1913年の大虐殺』という歌である。この曲を高田が借用したのが『夜風のブルース』である。

ブルース体験

なぎら　それでガスリーに行って、その後は?

シ　バ　それからブルースに行ったんだけど、あるときラジオで福田一郎さんがライトニン・ホプキンスの曲を2曲かけたんだよ。

なぎら　渋いところをやったんだね。

シ　バ　あの人はディランの海賊盤からもかけたことがある。『Baby Please Don't Go』と『Candy Man』の2曲。

なぎら　よく覚えているね。

シ　バ　すごく印象的だったのよ。ほら、ディランの海賊盤って聴いたことないような音じゃない。やっている曲自体もそうだし。

なぎら　あと、わりあいトラディショナルもやっている。

シ　バ　福田一郎さんは面白い人だったんだ。それでライトニンを初めて聴いたんだけど、もちろんなんにも知らなかったから「なに、これ？」ってなった。「これはすごい！」って。

なぎら　だけど、あれをすごいって思って、そっちに行く人は少ないんだけどね（笑）。

シ　バ　たぶん、最初にギターから音楽に入っていたからじゃないかな。とにかくライトニンみたいなギターって聴いたことがなかった。

なぎら　どうやって弾くんだろうみたいな？

シ　バ　全然分からなかったね。まだ日本でレコードも売ってないから、ラジオで聴いた記憶が頭からこぼれないようにしながら「こうかな？」ってやっていたのは覚えている。それがブルースにいくきっかけだね。

なぎら　それからはもうブルースにずっぽりいっちゃったの？　そうでもなかった？

シ　バ　たしかにディランから離れた時期はあったね。結局は戻っていったけど。まあディランも基本はブルースだからさ。ロバート・ジョンソンに捧げる詩もあるし、初期の頃のディランはけっこうブルースをやっているもんね。ジョン・リー・フッカーとかもやっていた。ディラン自体がブルース系の人だと思うよ。それに、彼はもともとリトル・リチャードに憧れて、ピアノを弾いていたりもしたんだよね。

なぎら　シバはそこから我流でブルースを覚えていったの？

シ　バ　覚えていったわけじゃないけど、俺はまずディランを聴いて、歌でこういうことができるのかって思ったんだよ。ディランの詞って、当時流行っていたポップスとは違うじゃない。とくにエレキ系になってからなんて、ほんとうに歌の詞なの？　みたいな。それで歌に興味を持った。それまでは、自分がミュージシャンになるなんて全然思ってなかったけど、歌でこんなことができるんだと思って、歌を作り始めた。ブルースとディランの歌に通じるものを感じていたんだよね。吉祥寺に住んでいた頃で19歳くらいだったと思うけど、当時ライトニンとブラウニー・マギー等がやったレコード『First Meetin' of Blues Giants』を持っていたわけ。だけどステレオを持ってなかったから、その頃知り合ったますみってやつと探したら、ステレオを置いている店があって……。

なぎら　ますみというのは、初期の武蔵野タンポポ団でベースを弾いていた、ますみ？

シバ　そう。それでふたりで見つけた『タムタム』っていう店に行って、レコードをかけてもらったわけ。そうすると、ライトニンとブラウニー・マギーの両者の掛け合いみたいなのがあるのね。それを聴いていたら、店に黒人が二人入ってきて、喋り始めたのよ。それでレコードはライトニンとブラウニー・マギーの掛け合い、カウンターでは二人の黒人のお喋り。聴いていると、「ん？　これ4人でやってんの？」って感じたわけ。音楽が流れている中で黒人が話しているんだけど全然違和感がないんだよ。そのとき「ブルースっていうのは、いわゆる歌とは違うんだな」って思った。これにはほんとうにびっくりした。俺らは歌と喋りは完全に分けて考えているじゃない？　俺らはブルースのことをあんま分かってないんだなって思ったね。ディランやウディ・ガスリーの曲にもあるけど、トーキング・ブルースというか、喋っているのがあるじゃない？

なぎら　うん、あるね。なるほど。

シバ　それでディランとブルースが自分の中でつながっていったんだよね。

漫画時代、渡との出会い

なぎら　シバが高田渡を知ったのはいつ頃なの？

シバ　俺は吉祥寺の井の頭公園で若林（純夫）と出会ったんだけど、彼が歌っている歌に渡の曲が多かったのよ。

なぎら　若林とはどうやって？

シバ　若林が井の頭公園で歌っていたから、それを見ていた俺が話しかけたの。

なぎら　吉祥寺にはもう住んでいたんだ。

シバ　うん。19歳の頃だね。

なぎら　渡ちゃんの影響で吉祥寺に住んだと思っていたんだけど、違うんだ。

シバ　うん、違う。

なぎら　では、吉祥寺を選んだ理由はなんだったの？

シバ　俺は17歳で家出して、漫画家を目指して永島（慎二）さんのところに居たのよ。それで当時

『柔道一直線』（『週刊少年キング』少年画報社）を描いていたんだけど、永島先生はああいう作品を描くのが嫌になっちゃったのね、1年間くらいで。それで第1部の最終回の下書きを終えると、アメリカに行っちゃったわけ。向後《こうご》つぐお、村岡栄一と俺の3人を残して。

なぎら　それで『柔道一直線』は、作家が斎藤ゆずるに変わるわけか。

シバ　そう。それで第1部の最終回を俺らが仕上げて、編集の人に渡して、永島グループは解散となった。先生がいないんだから。

なぎら　第2部からはもう違うと。

シバ　そう。残された3人はアシスタントじゃなくて内弟子だったのね。アシスタントは別にいて。俺らは住み込みでトイレ掃除したり、お子さんの幼稚園の送り迎えをしたりしながら、漫画の手伝いをしていた。だけど先生がいなくなっちゃったから、解散となった。俺も行くところがないから家に帰った。まあ、俺も『柔道一直線』のような漫画を描きたいわけじゃなかったからね。一方、向後つぐおはそっち系の漫画がすごくうまくて、後半なんて全部あいつが描いていたくらい。顔だけ先生が入れてね。村岡栄一はもともと石森章太郎が好きだったから、これまた方向性が違う。俺は『COM』（虫プロ商事）に連載していた『フーテン』なんかを手伝っていたんだけど、あっち系の貸本漫画を描きたかった。だけど、当時はもう貸本が終わりを迎えていたのね。それで考えて、やっぱり俺は絵を描きたいんだなって思って、家に帰ってからは絵をしっかり勉強しようとなった。

なぎら　あたしもいわゆるガロ派で、『漫画家残酷物語』とか『黄色い涙シリーズ』とか好きだったんだけど、永島さんが『柔道一直線』をやったときに、どうしてこっちにいっちゃったんだろうって思ったね。

シバ　永島先生はもともと虫プロにいたんだよ。それでテレビの『ジャングル大帝』（フジテレビ系列1965年）をやっていたりしたんだけど、やっぱり漫画が描きたかったんだね。それで独立した。だけど、実際自分でやるとなったらアシスタントも入れないといけない。俺ら3人も微々たるもんだったけど給料をもらっていたから、俺らを養うためにああいう営業的な仕事もしなきゃならなかったんだね。そのかたわら、『COM』とかで好きな漫画を描いていたから、いずれはみんなで貸本漫画を描こうと考えていたのよ。だけど、貸本漫画がどんどん衰退しちゃった。それとね、漫画の世界って、一回断ると二度と仕事がこないのよ。やるしかないから『柔道一直線』をやり始めたけど、すごく忙しくなっちゃってね。それで売れると、さらに仕事が増えちゃうわけ。そうなると、俺らはもう寝る時間もないくらいになって。俺が入って最初の1~2か月は余裕があったんだけどね。そんなことをしているうちに先生もきっと嫌になっちゃったんだろうね。日本に帰ってきてからは、そういう仕事をいっさいしなかったもん。考えたら、俺が入ったときに、永島先生はちょうど30歳。俺らと12歳違う。面白いのは、永島先生も奥さんも息子さんも、俺ら3人も全員、丑年だった(笑)。

なぎら　それで、若林と知り合ったのは解散の頃なの?

シ　バ　18歳で家に戻って、19のときに高円寺にある絵の研究所みたいなところに通ったのよ。そこにたまたま大石っていう吉祥寺に住んでいたやつがいたの。そいつが「今度引っ越すんだけど……」って言うわけ。「その空いた部屋に入れるかな?」って聞いたら「入れるんじゃない?　口利きしようか?」となった。四畳半で当時4500円。それで入れ替わりで住み始めたんだけど、周りに友達もいないし、一人じゃない?　だから井の頭公園に行ってギターを弾いたり、近所をプラプラするしかないわけよ。そうしたら、あの頃はまだ公園でギターを弾いたりしてるやつもけっこういたから、若林とはそれで知り合った。ますみもそうだけどね。若林は歌っていたんだけど、けっこう上手かったんだよ。そうしたら「これは高田渡ってやつの歌なんだ」って言うわけ。それで高田渡という名前を知ったの。それまで渡の曲を聴いたのはラジオで一回、トーキング・ブルースみたいな……。

なぎら　『東京フォークゲリラの諸君達を語る』かな?　あれを歌ったとき、京都のフォークキャンプで渡ちゃんと若林は一緒にやっている。

シ　バ　そうかな。それを一回聴いたくらいだった。あとは若林の歌でしか知らなかった。そして、渡が京都にいるということも知った。

若林純夫はアメリカン・フォークに造詣が深く、70年前後にいろいろなコンサートでその姿を見かけ、その特異な風貌に、一体あの人は誰だろうと気になっていた人物である。
第4回フォーク・キャンプ（1969年8月）に参加、ソロで、自らの訳詞によるジェシー・フラーの『サンフランシスコ・ベイ・ブルース』を歌い、高田渡と一緒に『この世に住む家とてなく』『ヘイ・ヘイ・ヘイ』をデュエットしている。その模様は、『第4回フォークキャンプコンサート』（URC 1969年）で聴ける。
『武蔵野タンポポ団』を経て、山本コウタローが結成した『山本コウタローと少年探偵団』（山本、徳武弘文、和田博巳、カシブチ哲郎、岡田徹）にも参加。
70年代半ば、音楽活動から去り、80年代に山口県内に移り住み、2006年5月15日に亡くなった。自らを「ウッディ」と称し、その愛称で呼んでいる人もいたが、あたしはウディ・ガスリーに心酔していたもので、一度も彼をそう呼んだことはなかった。高田も然りである。

なぎら　それでその後はずっと吉祥寺？

シバ　いや、しばらくは吉祥寺にいたんだけど、その後、東伏見（現在の東京都西東京市）に引っ越した。四畳半三千円という安いところがあったから。その頃も漫画を描いていて『漫画アクション』（双葉社）とかの漫画雑誌にも載っていたのね。一本載ると五～六万円。当時の五～六万といったらすごいお金で、何か月も仕事しなくていいくらいだった。それで3本くらい載ったのかな。それで東伏見に移った頃も描いていたんだけど、だんだんボツばっかりになるわけよ。それが続いたもんで嫌になっちゃってね。「もう、どこかに行こう」。ペンを置いて、荷物まとめてギターを背負って、ヒッチハイクの旅に出た。俺はそれまで日本海を見たことがなかったから、行ってみようと思ってね。それで着いたんだけど、実際に見たらそれで終わりなんだよね。「ああ、これが日本海か」って（笑）。

なぎら　それはどのへんに行ったの？

シバ　たぶん、新潟のほうだったと思う。長野から上がっていったから。海岸には楽しげなカップルがいるんだけど、俺は一人で膝抱えて海を見ている（笑）。それで、次はどこに行こうかなって考えたときに、若林が高田渡という男が京都にいるって言ってたのを思い出した。じゃあ、京都に行ってみるかな、という感じで行ったの。だから渡に会いに行ったわけじゃないのよ。あくまで渡は目印。だって京都のどこにいるかも知らないんだもん。

なぎら　たまたま、高田渡の名前があったからだと。

シバ　そうそう。

なぎら　ものすごく高田渡に会いたいとか、そういうことはなかったの？

シバ　ない。どこかに行くための目印よ。

なぎら　じゃあ、もし他に知り合いが別のところにいるってなったら、それを目標に行っていたかもしれないと。

シバ　たぶん、そうだね。それくらいの感じだったのよ。

なぎら　渡の生演奏を聴きたいっていうこともなく？

シバ　なんにもない（笑）。どこでもいいんだけど、行くところを決めなきゃいけないじゃない？　じゃあ、「渡ってやつが京都にいるらしいから行くか」という感じ。もちろん面白い歌を作るやつだってことは知っていたけど。

なぎら　そんな程度なの（笑）。

シバ　そんな程度。それでヒッチハイクして京都に着いて、街角に座っていたら、「あら、あんた、なにしてんの？」って通りがかりの女の子が声をかけてきた。その前の年に深大寺《じんだいじ》（東京都調布市）でロックフェスみたいなのがあって、そのときに俺は飛び入りで歌っていたのよ。それをその女の子は観ていたらしいのね。「あんた、歌ってたやろ？」って。それで「なにしてんの？」って言うから、「京都に高田渡っていうのがいるらしいから」って言うと「渡ちゃん？」。その女の子は知っていたわけ。「知ってるの？　どこに行けば会えるかな？」って聞いたら、「『六曜社』っていう喫茶店があるんやけど、渡ちゃん毎日来てるから、そこに行けば会えるんちゃう？」。

なぎら　東京で高田渡の音楽を聴いて、惚れて、ヒッチハイクで京都まで会いに行ったという、あたしが今まで思っていたのとは違うわけね。

シバ　全然違う（笑）。それで「『六曜社』ってどこ？」って聞いたら、「そこ」って。俺は道路をはさんで『六曜社』の目の前に座っていたのよ。だからものすごい偶然だった。

なぎら　目の前に『六曜社』があったの？

シバ　そう。それで『六曜社』に行ったら、渡が来た（笑）。

なぎら　ほ〜。すごいね。

シバ　恐ろしい偶然だと思うよ。だって、女の子が通りかかる前に俺がどこかに行っていたら、声をかけられることもなかっただろうし、別に渡を訪ねるために京都に来たわけじゃなかったから、探そうとも思わないわけだし。それで『六曜社』で渡と出会ったんだけど、開口一番彼が言ったのは「うちには泊めないから」（笑）。だけど、ずいぶん話はしたけどね。

なぎら　それは音楽の話をしていたの？

シバ　具体的にどんな話をしたのかは覚えてないけど……。一応ギターを持っていたから、音楽の話もしたんじゃないかな。

深大寺のフェス

なぎら　さっき言っていた、フェスに飛び入りして歌ったときには、もうブルースみたいなものを歌っていたの？

シバ　そうだね。その深大寺のフェスでは友達がバザーかなにかをやっていて、その手伝いで行っていたのよ。それで、途中で雨が降ってきたからテントで雨宿りさせてもらっていたら、ギターを持ったやつが雨宿りさせてくれってきたんだよね。ギター持っているもんだから、なんか歌ってみたらって言ったら、そいつが日本語で『ライク・ア・ローリング・ストーン』を歌い始めたんだよ。「うお〜」って思ってさ。そいつとはそれで別れたんだけど、その後、70年かな武蔵野タンポポ団をやって、ちょっと売れてきて、大阪で『春一番』のコンサートに出たんだよね、そうしたら、そいつがいたわけよ。それが友部（正人）。（なぎら註・武蔵野タンポポ団の結成は71年で、『春一番』も第1回目は71年であるから、1971年の誤りだと思う。しかし日程は8月開催のジャンボリーより5月の『春一番』のほうが前であるからにして、シバが『春一番』で友部と再会したことは間違いないであろう。また71年フォーク・ジャンボリーのとき、シバと友部は一緒にやっている）。

なぎら　ええ〜っ友部だったの？

シバ　そのときに会っていたんだね。それで、俺が気づいたら、友部も覚えていて「あのとき、『ダウン・ザ・ハイウェイ』歌っていたでしょ?」って言ってきた。あいつも深大寺のフェスを覚えていたんだね。

なぎら　渡ちゃんのところに訪ねていったのは、何年になるの?

シバ　70年だね。『六曜社』で会った次の日、どこに泊まらせてもらったかは覚えてないんだけど、俺が転がり込んだところに渡が来たんだよね。「ちょっとギター弾いてみ」って言うから、弾いたの。そうしたら「今日からうち来る?」って。それで渡のところに行ったら、小斎氏（加川良）とか岩井（宏）さんとか、イサッちゃん（中川イサト）とかが来たりするわけ。それでそこからそのまま中津川に行くことになった。

なぎら　70年のフォーク・ジャンボリーでシバが出たのは朝方だったよね。そのときもバリバリのブルースだった。そのとき渡ちゃんがこういうふうに紹介したのよ。「日本で淡谷のり子とかそういう人たちが歌っているブルースというのは全部偽物で、これが本物です」って。それはよく覚えている。

シバ　それで渡は次の年に京都から東京に帰ってくるんだよね。俺はずっと京都にいる人なんだと思ってたら、1年ちょっとくらいしかいなかったんだってね。その頃、俺は縁があって『ぐゎらん堂』に勤めていた。それで渡が東京に戻ってきたときに会うことになって、待ち合わせをしたのが『いせや』。「あれ? 飲まないんじゃないの?」って言ったら「いや、最近飲むんだよ」って。

なぎら　京都時代は飲んでないの?

シバ　飲んでない。コーヒーしか飲んでない。

なぎら　話が戻っちゃうんだけど、最初に『六曜社』で渡ちゃんと会ったときの印象はどうだったの?

シバ　う〜ん……。今みたいなああいう酒飲みみたいな感じはなくて、しゃきっとしてたね（笑）。トッチャン坊やみたいだったけど。だけど悪い感じはしなかったよね。それと、媚びへつらう感じがなかった。渡はもともと酒を飲まなかったし、たばこも吸わなかった。まだ渡が京都に行く前に吉祥寺近辺にいたとき、フォークが流行り出していた頃で、吉祥寺に『麦』っていう店があったのよ。今はロックハウスになっちゃったけど、当時はフォークを聴かせる店だったのね。そこに渡はよく行ってたらしいのよ。そのときはまだたばこも吸っていなかったんだけど、そこで知り合いだった協楽社（出版社）の田中（汪臣《ひろおみ》）さんに「たばこだったら、なにがいいかな？　なんだったらかっこいいかな？」って聞いてきたんだって。「たばこだったら、やっぱりピー缶でしょ」って答えたら、次の日にはしっかりテーブルの上にピー缶が置いてあったらしい。少なくとも、それまではたばこは吸わなかったってことだね。

なぎら　かっこつけか（笑）。酒のきっかけは藤村（直樹）さんらしいね。田中さんは一時期、加川良と一緒に住んでいたんだよね。

シバ　いや、近所に住んでいてメンフィスのレコーディングにも同行したりしたんじゃないの。

渡からの影響

なぎら　シバは音楽的に渡ちゃんからの影響というのはなかったの？

シバ　もちろん、ある。中津川のフォーク・ジャンボリーに行ったときだけど、URCのレコードを売っていたのね。『汽車が田舎を通るそのとき』を500円で買って、うちに帰ってから聴いたんだけど、あいつの歌って全然気張るところがないじゃない？　こんなんで成立するんだって愕然としてさ。すごいなって思ったわけよ。そのときは若林が歌っている渡の歌は知っていたけど、渡自身が歌ったのを聴いたのはそのジャンボリーのステージだけだったから。

なぎら　ああ、そうなの。京都で渡ちゃんのところに行ったときに、一緒にギターを弾こうとか、そういうのはなかったの？

シバ　全然なかったね。俺が部屋にいると、渡は外で練習していたんだけど、そんなに聴こえてこないのね。俺は部屋の中で「あ、山之口貘の詩集だ。こっちに金子光晴がある」みたいなことをしていて。音楽的な接触は全然なくて、ジャンボリーで初めてちゃんと聴いた。

なぎら　そうなんだ。それでレコードを聴いて驚いたと。

シバ　そう。全然気張らないで、声を張り上げるわけでもないのに、この説得力はなんだろうって。俺、一時期、歌えなくなっちゃったからね。
なぎら　ほんと？
シ　バ　うん。ちょっと衝撃を受けた……。けっこう影響を受けたよ。そのときは渡の話しかしなかった。「渡の歌はいいよ、面白いぞ」って。そういう話ばかりしているものだから「分かったよ。だけど、シバはシバなんだから」ってよく言われた。「なんで渡になろうとするんだ？」って。でもそれくらい衝撃を受けたのよ。ああいうタイプの歌って、それまで聴いたことがなかったから。俺らって、けっこうラジオなんかでもロック系サウンドから入っているじゃない？　だけど、あいつにはそういうイメージが一切ないじゃない？
なぎら　たしかに、そうだね。ところでシバがURCからレコードを出したのは何年？
シ　バ　俺が21歳のときの録音で、翌年に出したから……。72年じゃない？（『青い空の日』）71年が武蔵野タンポポ団だったから。
なぎら　タンポポ団の前じゃないんだね。
シ　バ　前じゃなくて、次の年。レコードの話がきたのがタンポポ団をやっている最中だったから。タンポポ団の頃は、俺はもう『ぐゎらん堂』に勤めていて、渡はしょっちゅう飲みに来ていた。それで若林（純夫）なんかもよく来るようになって。最初、渡が（山本）コウタローとかと話をしていたんだよね。ジャグバンドみたいなことをやろうと。それで話がきたわけよ。「ギャラは出ないけど、飯代と宿代ぐらい出るから、やる？」みたいな感じで。その頃はまだみんな21とか22歳で、若かったから「いいよ」って。それで俺は、知り合いだったベースのますみを紹介して、タンポポ団をやることになった。そもそも最初は71年のフォーク・ジャンボリーのためだけのバンドだったんだよね。
なぎら　それで、聞きたいんだけど、71年のジャンボリーのちょっと前に、渡ちゃんはシバの歌を歌っているの。青山タワーホールで。あたしはそれははっきり覚えているの。「無名だけど、シバってやつが作った歌で……」って言って歌ったのが『もしも』なのよ。「面白い歌詞ですけど、本当は淋しい歌です」って前置きしていた。
シ　バ　京都で渡のところに行ったときに、けっこういろんなやつに紹介されたのね。それで、誰だったかは覚えてないんだけど、どこかの喫茶店を借り切って俺のライブをやってくれたのよ。しかも、そのライブは全部録音してあったらしいの。その音源は小斎氏が持っていたから、渡はそれを聴いたのかもしれない。小斎氏は渡のところにしょっちゅう出入りしていたからね。

なぎら　「シバって言ってたけど、誰だろうな？」って思ったのを覚えている。それが70年のジャンボリーで朝方にシバが『もしも』を歌ったもんで、「これだ！」って分かった。

シ　バ　その喫茶店でのライブのときは、コンサートなんてやったことなかったから、自分のできる曲をただ歌っただけだったんだけど、その録音を渡が聴いたんだろうな。俺は聴いたことないんだけど。

『ぐゎらん堂』と武蔵野タンポポ団

なぎら　それで、武蔵野タンポポ団の頃の話に戻るけど、渡ちゃんとシバのどっちが最初に『ぐゎらん堂』に行ったとかは覚えてない？

シ　バ　俺が最初に『ぐゎらん堂』を見つけたんだよ。だけど、もともとは先に言った『タムタム』っていう店に行ってたの。ますみと出会ったのはその頃で、ディランの新譜が置いてある店があるって聞いて、ますみと二人で探したわけ。それが『タムタム』だった。アルバムは『ナッシュヴィル・スカイライン』だったかな。それがきっかけで、『タムタム』に入り浸るようになった。最初は一杯150円のコーヒーだったけど、ウィスキーだと同じ150円でも粘れるからウィスキーを飲むようになった。チビチビやれるからね（笑）。『タムタム』はいい音楽をかけていたよ。

なぎら　じゃあ京都のときは渡ちゃんと二人で飲まないで部屋にいたの？

シ　バ　俺はもう飲んでいた。

なぎら　渡ちゃんは飲まないのね（笑）。

シ　バ　俺は不良だから。

なぎら　それで、自然発生的に『ぐゎらん堂』に集まって、71年のジャンボリーのためのジャグバンドをやろうよってなったわけね。

シ　バ　渡が言いだしてね。渡と会った70年は、俺はまだ東伏見に住んでいたんだけど、いつまでもこんなところにいられないって思って、吉祥寺に戻ろうかなって思っていた。そうしたら、知り合いが吉祥寺のアパートで三畳の部屋が空いているって教えてくれた。それで行ってみたら、物置みたいなところだったんだけど、タダってわけにもいかないから500円でって（笑）。そこで本を売ったりしてしのいでいたんだけど、とうとう金が尽きちゃってね。『ぐゎらん堂』にはその前の年くらいから、ブルースのレコードを聴きに行ってたんだけど、あるとき（村瀬）雅美ちゃんが「今なにしているの？」って言うから「金がなくなっちゃって」。そうしたら「うちで働く？」と言われて、働くことになった。『ぐゎらん堂』で働き始めた頃に、渡が京都から帰ってきたんだと思う。春頃だったかな。それで『いせや』で再会したときに『ぐゎらん堂』で働いていることを話したら、それからちょくちょく来るようになった。若林は、もともと知り合いだった。音楽の趣味もよくて、『タムタム』の先にあるアパートにいたから、よく来るようになっていた。酒を飲まないからスパゲティしか食わなかったけどね。あいつはザ・バンドのレコードを持ってきたり、音楽のセンスがよかったんだよ。その流れで『ぐゎらん堂』にも来るようになった。その後、渡も来るようになって、『ぐゎらん堂』が音楽的な雰囲気になってきたわけ。『ぐゎらん堂』は最初、ジャズとブルースしかないような店だったけど、俺が渡のレコードをかけたりしてね。

なぎら それでジャンボリーにいくわけだ。

シバ 最初のベーシストだったたますみっていうのはけっこう才能があってね。渡から聞いたのかな、はっぴいえんどの誰かに「あんたらのバンドにはもったいないね」って言われたって。最初に知り合ったとき、その頃はブラザース・フォアとかが流行っていたんだけど、あいつはギターでドノヴァンの『カラーズ（Colours）』をやっていたんだよね。ベーシストとしてもセンスがよかったから、頼んでベースをやってもらった。それで、ジャンボリーで演奏して、タンポポ団はそこで終わりのつもりだったから俺もふつうに店で働いていたんだけど、あるとき渡が来て「高田渡とタンポポ団で来てくれって仕事しかこないんだよ」って言いだしてさ。それで「どうする？」って話になったの。俺なんかは金がないから働いていただけだし、もちろん音楽やれて食えれば一番いいわけだから、「いいよ、やろう」と。「じゃあ、やるか」って話になった。たまたま雅美ちゃんもブルースバンドのベーシストだったから、俺と若林と……。
なぎら　それでますみはやめちゃったのね。
シバ　もともと一回こっきりのものだったから。それに彼は三鷹のあたりに住んでいたし、ほとんど『ぐゎらん堂』にも来たことがなかったからね。
なぎら　それでベースが雅美ちゃんに替わって……。
シバ　そう。それで4人でやろうと。本格的に仕事としてね。
なぎら　渡ちゃんとシバ、雅美ちゃんと若林の4人ね。
シバ　それで和田ちゃんがマネージャーだよ(笑)。
なぎら　和田さんね。
シバ　そこから始まって、ツアーも4人で回っていたんだよ。タンポポ団っていろんな人が集まって、わ〜ってやるイメージがあるんだけど、だいたいは4人でやっていたんだよ。大人数じゃ、そもそも旅費が出ないし。たまたまイベントなんかで誰かいたら「一緒にやろう」ってなることはあったけどね。大勢でやっているイメージを持っている人がけっこう多かった。
なぎら　最初に出演したジャンボリーのときなんかは、ただ声かけて集まっただけだから、メンバーがデタラメだもんね。イサッちゃんもいるし……。
シバ　うん、もうメチャクチャ。ほら、それでジャンボリーでは、岡林のときに討論会になっちゃって（なぎら註・これは間違いで、安田南が歌っている最中に暴徒がステージを占領して討論会になったのである）、俺たちは黒テントのほうに移ったんだよ。でも5曲しか用意してなかったのね。出番の分しか練習してないわけ。メインステージでは延々と討論会をやってるんだけど、黒テントで俺たちは「もう一回やれ！」って、何回も同じ曲やらされて(笑)。その間にいろんなやつが入ってきたんだよ。友部やら(福岡)風太やらね。
なぎら　いや、メインステージでやっていたときも観客はいっぱいだったよ。
シバ　あ、そうか。友部もいたもんね。
なぎら　友部はビール瓶吹いてた。ジャグ瓶の弾き方が分からないんで、ビール瓶を「ホー、ホー」って(笑)。
シバ　あのときは、一回きりのやつだったから、店のお客みたいなやつもいて……。
なぎら　渡、シバ、若林、友部、コウタロー、ますみ、イサッちゃん、品川（寿男）……。コウタローはギロをやっていた。

シバ　みんなでわいわいやって。

なぎら　それでメインがつぶれちゃって、黒テントでやっているときに、小斎ちゃんと風太と（村上）律ちゃんの3人もやっているの。『姫松園《ひめまつえん》』かなにか歌っていたんだよ。

シバ　朝までやっていたよね。

なぎら　あたしはそのとき、そんなこと知らないもんだから、メインステージのほうで延々酒飲んじゃって、寝ちゃってたんだよね（笑）。そっちに行ってりゃよかったな～って悔やまれたよ。

シバ　あれでタンポポ団の仕事がくるようになったんだよ。

　武蔵野タンポポ団は、ジャンボリーを前にして、吉祥寺にあった『ぐゎらん堂』に集まって来る人間たちがふと口にした「ジャグバンドやろうよ」という言葉がきっかけで誕生する。要するに、即席的に作られたバンドであった。まだライブハウスという言葉がない時代であったが、『ぐゎらん堂』には夜毎音楽好き、漫画家、演劇人やクリエイターのタマゴたちが集まってきていた。どちらかというと、得体の知れない連中のほうが多かったのだが……。

　シバや高田が常連で、酒を飲んで語らい、演奏をするというような酒場であり酒場でなく、音楽喫茶であり音楽喫茶でなく、まあ暇を持て余した若者たちのたまり場のような場所であった。

　ちなみにジャグバンドとは、スキッフルミュージックとも呼ばれ、アメリカの黒人たちが、楽器がないので生活用品を代用してバンド演奏をしたものと言われている。主な楽器はギター、バンジョー、カズー、ジャグ瓶（ガロン瓶）、ウォッシュボード（洗濯板）、ウォッシュタブ・ベース（金タライ）などである。ジャグ瓶はチューバの代わり、ウォッシュボードはリズム楽器の代わり、ウォッシュタブ・ベースはベースの代わりをする。

　当時高田はいつもスプーンを2つ手に持ち、凸部分をカチャカチャいわせてリズムを取っていた。「こうした玩具のような物を楽器にしたサウンドをジャグミュージックっていうんだよ。今度、そういったバンドをやろうと思っているんだ」と71

年の6月頃、一緒になったときそう語っていた。「もっといい音が鳴るスプーンがあるはずだと、食器屋に付き合わされたこともあった。

本当にそれが実現するとは思ってもいなかったのだが、71年のフォーク・ジャンボリーのメインステージに、武蔵野タンポポ団は登場した。

メンバーは高田渡、シバ、山本コウタロー、若林純夫、品川寿男、中川イサト、友部正人、ますみで、横にズラーと並んだ形で、座って演奏がなされた。

ウォッシュボードが手に入らず山本がギロを鳴らし、またジャグ瓶も手に入らず友部がビール瓶を吹いていた。ジャグ瓶（jug）とは、元々はウィスキーを貯蔵するための瓶で、取っ手がついているボテっとした形の瓶を指す。これを吹くことで、チューバのような音を出すのだが、友部は吹き方が分からず、ビール瓶の口に横から息を吹き込んでホーホーと、全くジャグとは似つかわない音を出していた。

さてその演奏はというと、申し訳ないがお世辞にも褒められたものではなかった。練習もほとんどなく本番に臨んで、歌の調子はでたらめだし、リズムも狂っている。タンポポ団のオリジナル曲はなく、それぞれの持ち歌を順繰りに歌っているに過ぎなかった。

メインステージの客もさすがに「帰れ」コールはしなかったものの、かなりヤジが飛びかっていた。もちろん好意的であるとは言わないが、さほど毒のあるものではなかった。しかしロケット花火がステージに向けられた。

このメインステージと黒テントの模様が、『武蔵野タンポポ団の伝説』と『もうひとつの伝説』の2枚に収録されている音である。村上律、福岡風太、岩井宏などの名前が見られるほうが黒テントでの収録である。

実は71年にはメイン、サブの他にもう一つ演奏する場所があった。サブフォークステージと隣接する場所に設置されていた、黒テントである。黒テントは、六月劇場、自由劇場、発見の会が母体となった演劇集団で、「演劇センター68／70」と改称し、様々な場所で黒いテントを設置して旅公演をしていた。それがジャンボリーにやって来ていた。

メインステージはついに暴徒と化した観客がな

だれ込み、占拠され、演奏は中断を余儀なくされてわけの分からない討論会へと発展し、それを最後にフォーク・ジャンボリーは終焉を迎えるにいたった。テントのステージではメインステージが暴徒に占拠されている時間にも演奏は続けられていた。

黒テントでは、顔見知りの人間が即興バンドを組み、各々好きなようにステージが進行していたのである。その中に武蔵野タンポポ団の面々もいた。元来決まったメンバーがいるわけでもなく、顔見知りのミュージシャンたちが好き勝手に演奏を楽しんでいた。そう、どちらかというと、飲み屋などで楽器を取っ替えひっ替えして歌い合って遊んでいる体であった。

『'71中津川全日本フォークジャンボリー実況』（URC 1972年）に収録されている加川良の『姫松園』『教訓I』『求めます』『お前と俺』は、中川イサト、村上律、福岡風太をバックに黒テントで歌われたときの音源であるが、こちらも即興バンドであった。

以来、武蔵野タンポポ団は活動を続けていく。

なぎら　ところでタンポポ団の表記は、正式にはカタカナなの？　それともひらがな？

シバ　どうだったかな……。そういえば俺、Tシャツ作ったんだよね……。

なぎら　いろいろなところで表記が違うのね。

シバ　もともとは俺が描こうとしていた漫画のタイトルだからね。少年探偵団みたいな漫画を描こうと思っていたの。当時はもう吉祥寺にいたから「武蔵野」を冠してね。中津川に行く前に「バンド名がないと格好つかないな」みたいな話になって、それで俺が「武蔵野タンポポ団は？」って言ったら、みんなとくにバンドをやろうという情熱があったわけじゃないから、「ああ、いいんじゃない」って（笑）。

なぎら　以前、あたしの本にも書いたことがあるんだけど、たしかシバは「ほんとうはひらがなだよ」って言ってた記憶があるの。

シバ　ああ、たしかにひらがなかもしれない。うちに帰れば、若林が撮ってくれたTシャツの写真があるかもしれないな。そのTシャツっていうのは、誰かが作ってくれたのはよかったんだけど、失敗したっていうんで、2枚か3枚くらいしかもらえなかったの（笑）。それでみんなには配れなかった。俺はもらって普段着として着ていたんだよね。若林と渡はその頃写真が趣味だったからね。

なぎら　あたしも最初のカメラを買いに行くときに、若林に付き合ってもらったよ。

シバ　若林には先見の明みたいなもんがあるんだよな。カメラもそうだけど、ザ・バンドのレコードを買っていたり。そういえば、若林が日本語で歌った『ザ・ウェイト』もすごかったな。幻の演奏だよ。昔、井の頭公園でフェスみたいなことをやろうっていう話があったわけ。ステージがあるから、機材とか積んでね。そうしたら、前の交番から苦情がきたの。電気を使うんだったらやらせない、みたいな。当時は電気を通すもの、エレキとかロックは不良だなんて言われて、評判がよくなかったからね。仕方なく、アコースティックでやったんだけど、そのときに若林が日本語で『ザ・ウェイト』をやったの。すごく格好よかったし、いい詞だったんだ。ただ録音が残ってないんだよね。あれは残念だったな。あいつも渡が死んだ次の年に死んじゃったしな。

なぎら　そうだね。

シバ　タンポポ団で回っていたときのチューニングは全部あいつがやっていたんだから。いろんな楽器の。

なぎら　そういえば、一時期、シバはヴァイオリンを持ち歩いていたよね。

シバ　うん。あの頃、リリー・ブラザーズかなんかの、ヴァイオリンの長いバラードみたいなのがあって、カッコいいなと思って、すぐに駅の新星堂まで走って、衝動買いした。だから自己流でね。

なぎら　昔、原宿の『如月』（ミュージック・ファミリー）で会ったら、今からツアーだっていうときだったけど、ヴァイオリン持ってたもん。

シバ　あのヴァイオリンは今でもあるよ。

なぎら　タンポポ団は自然解散だったの？

シバ　いや、違うんだ。4人でツアーしてたじゃない？　雅美ちゃんは飲むけどそれほどでもない。若林はほとんど飲まない。飲むのは俺と渡。あるとき、九州の飲み屋に入って二人で飲んでいたの。そうしたら、渡がふと「もう、やめようか」

って言ったのよ。渡がやめたら意味ないじゃん。俺も「じゃあ、やめよう」って。渡がやめたいなら仕方がないもん。ビートルズでジョン・レノンがいなくなったらビートルズじゃないじゃん、みたいな。

なぎら　その理由は分からないの？

シ　バ　分からない。それにもう飲んでいたから細かいことは言わなかったね。それで次の日が大阪で『春一番』コンサートでトリだったんだけど、俺はもうそのときに、これが最後のステージだと思ってやってたわけ。

なぎら　何年だろ？

シ　バ　あれは何年だったかな……。そのステージのときに、やめるって分かっていたのは俺と渡だけだったんだよ。他の連中には話してなくて。それで終わって、渡が和田ちゃんを「ちょっと話があるから」って、吉祥寺に呼び出すわけ。和田ちゃんは、俺らを育てようとしていたわけだから、嬉々として来たよね。だけど、渡が「やめようかと思うんだけど」って言ったときに、和田ちゃんの目が文字通り点になった（笑）。俺、今でもあの顔を覚えている。

なぎら　マネージャーだった和田さんは、地方の会館などで、会館の人がちょっと失礼なことをしたとなると「帰る」って言ってね。主催者が慌てて「ちょっと待ってくださいよ」って言うんだけど、ほんとうに帰っちゃうもんね（笑）。

シ　バ　まあ、いいマネージャーだったと思うよ。彼に言われたのが「お前ら、よく覚えておけ。今は売れていろいろと仕事があるけど、いずれトラックの後ろに乗せられてドサまわりすることもあるかもしれないから、今のうちにできるだけすごいことをしておけ」。移動の新幹線もグリーン車とったりしてね。ただ、ちゃんと釘を刺していたよね。いつそうなるか分からないから、いい思いをさせておくんだって。

なぎら　ところが「やめる」と（笑）。

シ　バ　ほんとうに目が点になっていたよね。俺のほうは別にやめたくなかったんだよ。嫌いなことをやっているんじゃないから。だけど、渡はつまらなかったんだろうね。言っちゃうとあれなんだけど、若林が煙たかったんだよ、あいつ。

なぎら　確執があったのは知ってるけど、渡ちゃんのほうが悪い感情を持つようになっていったんだよね。コウタローに対してもそうだったけど。

シ　バ　若林はけっこううるさいのよ、いろいろと。それが嫌だったんだろうね。

なぎら　若林はちゃんとしようとしているんだよね。

シ　バ　そうなのよ。まじめなんだよ。

なぎら　渡ちゃんはちゃんとしたくないっていうね。

シ　バ　そうそう。だから若林が悪いわけじゃないんだけど……。

なぎら　渡ちゃんが自由にしたいって言うんだけど、自由にさせておくとダメだから若林がちゃんと統制してたんだけどね。

シ　バ　そうなんだよ。だから若林がいなかったらタンポポ団は成り立たなかったと思うもん。全部のチューニングをしてくれるし（笑）。

なぎら　その『春一番』コンサートは72年かな？

シ　バ　かもしれない。それで「やめた」って言っても、その後半年以上、仕事は詰まってたの。だからペケ（いとうたかお）を代わりに入れてやったな。

なぎら　ペケもやってたね。あたしも解散の頃一緒にやってたんだよ。流動的だから、誰が入ってもいいって感じでね（笑）。最後にあたしが一緒に出たのは、73年の暮れの日大講堂のとき。だからタンポポ団の残務処理をやってたんだね（笑）。事務所の和田さんにしてみれば、これから売り出すんだって、ばっちりスケジュールを入れちゃっているわけだから、解散するって言ってもいきなり全部をチャラにできないよね。

「高田渡」という生き方、ディランの影響

なぎら　ツアーでの渡ちゃんのエピソードみたいのはない？

シ　バ　あいつは俺には絶対嘘つけないのね。たぶん、イサッちゃんと俺には嘘つけない。こっちは分かりきっているから。あるときツアーの途中で、「どこかで待ち合わせして飯食っていこうよ」って言ってきたのよ。あいつのイメージからすると「酒飲もう」じゃない。だけど、飯食っていこうって。結局、俺があいつの分も払ったんだけど（笑）。つまりね、俺らの前では「酒飲みの高田渡」でいる必要がなかったわけ。だけど、あいつはふ

つうの生活もあるはずなのに、「酒飲みの高田渡」っていうイメージを生きたというか……。「高田渡」をやっていたっていうことなんだよ。

なぎら　おお、すごい言葉だね。

シ　バ　以前、いろんなミュージシャンがディランについてのインタビューを受けているビデオがあったんだけど、その中であるミュージシャンが「ディランは『ボブ・ディラン』をやっているんだ。たいがいのミュージシャンはそうだよ。だけど俺はもうもたない。あいつはまだやっている」みたいなことを言っていたわけ。でもジミヘンもそうらしいんだよね。つまり「ジミ・ヘンドリクス」をやっていた。ほんとうのジミヘンはおばあちゃん子で、そのおばあちゃんのインタビューによると、すごく優しい子でアニメとかが大好きで、全然あんなんじゃないらしいのね（笑）。それと同じように、渡は「高田渡」をやっていたんだ。そして、結局、「高田渡」のまま死んでいった。

なぎら　それを感じるのは、そんなに喜んで酒を飲んでいたわけじゃないってことだね。あともう一つ、あの吉祥寺のアパートにずっと住んでいたのも、高田渡が「高田渡」を演出しているんだなと思った。

シ　バ　そう、そのとおり。俺、それを渡に言ったことあるもん。ほら、部屋の電気が何ワットだとか言ってたじゃない。だけど、そもそも日本中を回っているんだから、家の場所はどこでもいいといえばどこでもいいんだよ。あるとき、「友恵さんが九州出身なんだから、九州に住んだっていいんじゃない？」って言ったの。あそこにいる必要ないじゃんって。そうしたら「それはそうだけど……」（笑）。もうバレバレだから。だから「高田渡」をやるにはあのアパートが必要だったんだよ。それはそれでいいと思うんだけど、それをやめても……生きていて欲しかったなとは思うよね。

なぎら　うん、それは分かる。「高田渡」という生き方をしたんだよね。

シ　バ　そうなんだよ。実際の生活と周囲のイメージという点では、ディランは徹底していたらしいね。ニューヨークに住んでいるときには、何年も周りの人が気づかなかったらしい。つまりふつうの暮らしをしていた。息子がいるんだけど、彼が言うには「普通の家の子として育ててくれたことが、ものすごくありがたかった」と。

なぎら　なるほどね。

シ　バ　渡に会ったとき、彼も俺も21歳だったけど、京都にいて中津川に行くってなったときに、大阪の音楽舎を経由してワゴンかなにかで行ったのよ。そうすると周りは大人ばっかりじゃない。それなのに、渡はタメ口きいているわけ。「え、いいの?」って。俺はもともと体育会系だから(笑)。だけど、相手も全然違和感なく話しているから、ちょっとびっくりしたの。なんというか、かわいがられるところがあるんだよ。要領がものすごくいいんだよね。でね、その要領のよさという部分も、ディランにものすごく似ていると思ったの。あいつはディランをものすごく毛嫌いしていたんだけど、俺は近親憎悪だと思うんだよね。あいつの家に行ったら、ディランが全部揃ってるし。

なぎら　そうだね。

シ　バ　ディランの元彼女で、アルバムジャケット(『フリーホイーリン』)で腕組んでるスーズ・ロトロっているじゃない。彼女がインタビューでディランのことを「ものすごく要領がよかった人です」って言ってるんだよね。渡もそういうところがあった。

なぎら　分かる。

シ　バ　以前、吉祥寺の映画館で、俺らを含めいろんなやつが出た大きなイベントがあったの。

なぎら　あたしも出ましたよ。『バウスシアター』だよね?

シ　バ　そうだね。それで、渡はその同じ日に駅の向こう側の『のろ』でもブッキングしていて、大きなイベントでの出番が終わったら、とっととそっちに行っちゃったわけ。それで風太たちと「あいつ行っちゃったぞ。ちょっと行ってみるか」って『のろ』に行ってみたの。そうしたら満杯なんだよ。それでニコニコしてやってるの。さすがだなあって思ったね。半分呆れたけど(笑)。あんまり考えずにやったんだと思うけど、そういうところがある。かたや、まだイベントやっているのに……。普通できないよね。

なぎら　この世界ではご法度だから、絶対できない。そうそう、さっきのディランの話だけど、あの「ディランが嫌いだ」っていうのも高田渡が作っているんだよね。

シ　バ　ああ、それはあるね。そういえば、渡の

『長屋の路地に』って曲あるじゃん？　あの曲はディラン・ヴァージョンの『CANDY MAN』だからね。

なぎら　そうだよね。

シバ　勤めていた『ぐゎらん堂』にはディランなんか一枚もなかったのよ。俺はディラン好きだから、海賊盤も含めて持っていってかけていたんだよ。あそこにあったディランは全部俺のレコードだったわけ。渡はそれを聴いているはずなんだ。だから影響を受けているはずなんだよね。

なぎら　そうですよ。初期のシングル盤の『電車問題』だって元は『今日も冷い雨が（A Hard Rain's A-Gonna Fall）』だもんね。

シバ　ディランには、音楽的にも似ているのね。ディランはいろんなトラディショナルもカヴァーしているけどディランが作ったみたいに聴こえるじゃない。

なぎら　ウディ・ガスリーもそうだね。

シバ　そう。そして、渡もそうなんだよ。それで渡がまだ生きているうちに作ったトリビュート・アルバムに『調査節』っていう曲が入っていたじゃない？　あれはイサッちゃんがバックをやってたんで「あの原曲、なんだか分かる？」って聞いたの。そうしたら「あれな、『レモン・ツリー（Lemon Tree）』やで」って言うの。P・P・Mの。言われなきゃ気がつかないし、言われても気がつかない。

なぎら　そうなんだよ。

シバ　ああいうのって、やろうと思ってできることじゃないじゃん。

なぎら　たしかにね。だけど、トリビュート盤に自分が歌って入っているっていうのもおかしな話でね（笑）。

シバ　それはそうだ。それにしてもその点もディランと似ている。渡のああいう人の歌を持ってくるというのは、才能だよね。

なぎら　才能だね。

シバ　あれは真似しようと思ってもできない。

ここで思うのは、本当に高田はボブ・ディランに興味がなかったのだろうか？　ということである。

本間健彦氏は著書『高田渡と父・豊の「生活の柄」』（社会評論社）の中で、

高田渡は、「ビートルズにもボブ・ディランにもまったく興味がなかった」とも自伝に記している。こうした発言には、流行とかブームなんてものには自分は絶対に乗らないぞ、という姿勢を貫こうとしていた志を持つ若者の虚勢も感じられるけれど、それがかれの矜恃でもあったのだろう。

と書いている。

参考にしている文は高田渡の著書『バーボン・ストリート・ブルース』から引いた言葉であるのだが、「興味がなかった」とは高田の詭弁であり、それにうまく引っかかってしまっているのである。

『マイ・フレンド』の中で高田は、

彼らは、自ら作詞・作曲して歌い、また、たたかいの中でうまれた歌をステージで歌いました。そしてそれらの歌は社会の色々な問題を痛烈に批判し、抗議している。そして住みよい社会をつくろうと努力し、たたかっているのです。そして、その代表的な人々がピート・シーガー、ジョン・バエズ、ボブ・ディラン等です。（1966年3月13日）

と書いている。

あるいははっきり

ぼくはボブ・ディランのような歌手になりたいと今、思っています。

ボブの歌には泥くさい、汗くさいものが感じられます。しかし、聞けば聞くほどかれの歌のよさがわかってきます。

また、

わざと黒人のようなしぶく、低い声でかれはうたいます。そしてかれのひくギター、ハーモニカにはどことなくひきつけられます。

とあり、さらに

彼はつねに現代の社会にたいする抗議の歌をつくり、そして自らがうたっている。彼は故ウディー・ガスリーの影響をうけているといわれている（とくに作曲の面で）。彼は多くの人々が言おうとし、要求していることをズバリといってくれている。彼は多く

の人々（とくに若者たち）にはっきりと「今の青年のあり方、生き方」をさししめしている。

彼こそ、現代アメリカ青年の「ラシンばん」であると、ぼくは思う。


などを読めば、ディランがある時期彼を引っ張って行ってくれたことがハッキリ分かるはずである。

つまり「まったく興味がなかった」どころではない。どちらかといえば、心酔している歌手の一人であったと言えよう。それが彼の矜恃でもあったのだろうと書かれているが、矜持とは見るからに自尊心があり、堂々と振る舞うことという意味だが、それはどうであろうか？　流行を否定することのプライドのようなものではなく、アメリカン・フォークに興味を持つ頃の、自身のプライドを逆説のように作り上げ、あたかもそれが事実であるかのように虚勢を張っているとしか思えないのである。

もっと端的に言えば、高田はみんなが口を揃えて「素晴らしい」だとか「ディランを聴かなきゃだめだ」と言ったりすると、逆の立場をとりたがる人でもあった。自分のほうが詳しいんだという自負心で、同調することを否定する皮肉屋でもあった。

『バーボン・ストリート・ブルース』は口述筆記である。つまり高田の筆になるところではなく、彼がしゃべった言葉を筆記者がまとめただけに過ぎない。自身が書くという行為と、しゃべるのとではそこにはおのずと隔たりが出る。自身で書くとなると、思いついたことをそのまま書くわけではなく思考をめぐらせ推敲して文字にする。しかし口述となるとその場でしゃべったことがそのまま文字になることが多い。その後の本人による校正、また推敲を重ねることでそれを正すことはできようが、それが希薄な場合は、しゃべったことが責任を逃れてそのまま文章になることがあるからだ。

前掲のように、URC通販時代3回目の配布時に、シングル盤として出された『電車問題』は、ボブ・ディランの『A Hard Rain's A-Gonna Fall』の曲を借用しているし、シバが言っているように『長屋の路地に』はディラン・ヴァージョンの

『CANDY MAN』である。そのディランはランブリン・ジャック・エリオットの歌唱を真似ている。確かに、ディランが当初のプロテスト性を失ってからは、高田はディランから遠ざかり始める。やがてそれは「興味がなかった」と言わしめるほどー—否定ともいえるほどディランのことを口にしなくなる。

それはあたかも、ディランがエレキ・ギターを手に難解な詞を歌って登場した、1965年のニューポートのフォークフェスティバルに倣ったような形となる。

すでに若者たちだけではなく、プロのミュージシャンにも大きな影響を及ぼしていたディランはその日、それまでのアコースティック・ギターからエレキ・ギターに持ち替え、大音響でエレキ・ギターを鳴らし歌い始める。やがて観客からは大ブーイングが起こり、3曲を歌ったところで、ついには歌えなくなる。ディランは仕方なくステージを降りることとなる（実のところはエレキの曲は、3曲しか用意していなかったという説もある）。

しかし司会のピーター・ヤロウ（P・P・M）や関係者に説得され、一人だけで再びステージに上がって、アコースティック一本で『ミスター・タンブリングマン』と『イッツ・オール・オーヴァー・ナウ（すべておしまい）』と歌った。そのときエレキを持って歌うディランに対し、烈火のごとく怒ったのがピート・シーガーであった。

これは今や伝説である。すでに神格化していたディランは、その後、以前のスタイルから離れていく。

ピート・シーガーがディランに対して怒った、ということが高田の耳に入りそれに同調したとは、いささか拙速かもしれないが、実際高田はその頃よりディランから離れていくのである。ディラン信奉者が離れていくのと時を同じくして。

またそうした変化を遂げたディランを否定することで、ディランが最も影響を受けたとされるアメリカフォークの父、ウディ・ガスリーを心酔していることを強調したかったのかもしれない。つまり、すでに神格化された、誰もが知っているディランなどに憧れたということで通俗的と思われるのが嫌で、彼独特の皮肉さをもって言いたかったのかもしれない。ガスリーに最も影響を受けたということを主張することで、自分の位置を示したかったのかもしれない。
さて、そのウディ・ガスリーであるが、高田渡にピート・シーガーに次いで大きな刺激を与えたことは間違いない。最初のアルバムを見ても『事だよ』『現代的だわね』の元歌はガスリーの曲である。『第4回フォークキャンプコンサート』の中では『この世に住む家とてなく』『東京フォークゲリラ諸君を語る』の2曲もガスリーのメロディーを借りて歌っている。2ndアルバムの『汽車が田舎を通るそのとき』に収録されている『新わからない節』『ゼニがなけりゃ』もまた然りである。

渡の上手さ

シバ　URCの最初のアルバムがあるじゃない。片っぽが五つの赤い風船で、もう片っぽが渡の（『高田渡／五つの赤い風船』）。あれはかなり若い頃の録音だけど、完璧だもんね。あのギターとヴォーカルは分かっててもできない。つまり、歌っているときはあまりギターを弾かない。それで歌が終わると弾き始める。これはブルースの基本なんだよね。ギターと歌が同等のイメージ。渡はあの頃からそれができているんだよ。俺はあれをずっと手に入れたかった。歌を歌っているときは弾かないで、歌をやめたらギターを鳴らす、聴いているほうはそれに気づかない……みたいなね。俺なんか50、60歳になって、やっとそろそろできてきたかなって感じだったから。渡はあのとき10代でしょ？　だからあいつは、すげえ歌が上手いやつだと思うのよ。ゾウさん（西岡恭蔵）の奥さんのトリビュート盤（『KUROちゃんを歌う』に収録の『Good Night』）なんか、めちゃくちゃ上手いもんね。

なぎら　たしかにそうだね。

シバ　でね、ディランもやっぱり歌が上手いんだよ。話が昔に戻るけど、永島さんのところにいたときだけど、永島さんの家に流しの人が来たの。その人は、流しなんだけど、ラテンをやっているっていう珍しい人で、永島さんと新宿で知り合いになったんだって。その彼がギターを持って遊びに来たわけ。それで歌ったらめちゃくちゃ上手い。声も出るし、ギターも上手い。その人に永島さんが「こいつがボブなんとかって好きだっていうんだけど、どうなの？」って聞いたのよ。そうしたら、その流しの人は「彼はものすごく歌が上手いです」って。まだ60年代の話だよ。当時のディランの評価なんて、声はガサガサだけど詞にちょっと光るものがあるかな……みたいな時代だったから。それを「歌が上手い」って明言した。それもすごいんだけど、実際たしかにそうなんだよ。ディランは歌が上手いし、渡もめちゃめちゃ上手い。

なぎら　渡ちゃんってわざとキー低くしてるんだよね。Gのキーが出るのに、わざとFとかEで歌っているんだよ。そうすると、ポツリポツリって歌っているように聴こえて、説得力が出てくるんだよ。

シ　バ　『汽車が田舎を通るそのとき』ってインタビュー形式になってるじゃない。俺、あれの最初のレコーディング音源を持っているんだよ（52ページ参照）。もう、全然違う。テンポも速いし、みんなでわいわいやってる。まあトーク入れたあのヴァージョンのほうが全然いいけどね。テンポも倍以上遅いんだよ。だから、ド～ンとくる。だけど、それでできるっていうのがすごいよね。

なぎら　ある意味、そっちのほうが一人で背負っちゃっているとも言えるわけだしね。バッキング入れたほうが楽ですから。

シ　バ　そうだよな。やっぱりさっき言ったように、ブルースの基本ができていたし、歌もギターもうまかったから、できたんだよな。こっちがいいと思ったって、簡単にはできないもんね。

なぎら　なかなかできるもんじゃないよね。

「アル中になっちゃった」

なぎら　それで、あれだけ酒を飲んで、ダメになっていく高田渡がいるわけじゃない。それについてはどう思っていたの？

シ　バ　俺は、もうね……。もったいないなって思っていたね……。高坂一潮《いっちょう》っていう青森のシンガーがいて、あいつももう亡くなっちゃったんだけど、渡は彼ともよく旅で回ってたのね。それで一潮さんが言っていたのは「俺の前で泣きながら言ったんだよ。『ついにアル中になっちゃったよ』って。渡さん、俺の前で泣いたんだよ」。そんなことを言っていた。彼と渡はけっこうつながりがあったから、一潮さんの前では本音を出したみたいよ。

なぎら　ああ、そうなんだ。

シ　バ　渡って、そんなふうにふと漏らすやつと、そうではないやつがいるんだよね。一潮さんの前では本音を漏らしていたんだね。

なぎら　そういうことなんだね。

シ　バ　（中川）五郎ちゃんやよしだよしこなんかは、まだ一潮さんのカヴァーを歌っているよ。『だびよんの鳥』とかね。2005年だったかな？　哲ちゃん（斉藤哲夫）を中心にフォーク・ジャンボリーというタイトルで、各地を回ったことがあるのよ。それで青森に行ったら、みんなで一潮さんのところに泊まったりしていた。いつだったか、青森にいたときに一潮さんと「井の頭公園でストリートライブをやろうか」って話をしていたことがあるのよ。つまり、ライブハウスでやっても人が入らないし、気を遣うくらいだったらストリートでやればいいじゃんって。じゃあ、やろうかとなって、井の頭公園だから五郎ちゃんくらいには声をかけておいたほうがいいかなと思って、声をかけたら、俺も俺もってみんな集まってきちゃったのよ。イサッちゃんも、よしこちゃんも、ペケ（いとうたかお）も来て、ものすごい人数になった。それで、そのために一潮さんは上京してきたのね。そのライブの前日に電話をしたら、他のライブにゲストに出たとか言って「ギャラもらっちゃったよ」って、「よかったじゃない」「じゃあ、明日！」って大笑いしながら電話を切ったの。友達の家に泊まっていたらしいんだけど、そうしたら当日に電話がかかってきて、一潮さんが倒れたって言うわけ。ストリートライブを企画した一潮さんが倒れちゃったし、どうする？って話になったんだけど、とにかくやることになった。すごい数のミュージシャンが集まっちゃったもんだから、みんなには「一応これ仕事だからね」って言って。みんなで場所を決めてやったら、けっこう人が集まった。ギャラは入ったお金を全員で分けて、余った金で打ち上げして。イサッちゃんなんかは「ええ勉強になったわ」って言っていた。お客さんと等身大で向き合えたからね。……。そのために上京してきたのに……。倒れた一潮さんはそこから5年間、寝たきりになって、震災の年に亡くなったの。実はそのストリートライブの後に、一潮さんと俺の二人でやるツアーを5カ所くらい組んでいたんだけど、それも俺が一人で挨拶に回るみたいなかたちになっちゃってね。一潮さんはもともと喋りがものすごく面白かったから、5年間も寝たきりで植物人間状態だったのは……。残酷だと思った。あんなお喋りな人が、何年もじっとしているしかないというのは。

なぎら　そうか……。それにしても渡ちゃんが自分で「アル中になった」と言ったんだね……。

シバ　一潮さんは青森の人だけど、変な標準語を使わないで地元の言葉で歌っていた人で、渡とも気ごころ知れていた仲だったみたいね。一潮さんのところに泊まったりもしていたらしい。

晩年の渡、記憶が飛ぶ

シバ　俺は親が死んでも泣かなかったけど、渡が死んだときは涙が出たね。毛布かぶってさ。なんというか……。悔しくてね。

なぎら　ああ……。

シバ　「バカヤロ〜！」って言って。

なぎら　渡ちゃんが入院するというときも、亡くなったときも、シバからの電話で知ったんですよ、あたしは。渡ちゃんが亡くなったときは「ああ、そのときがきたか」と思ったんだけど、それよりも最初に倒れたときのショックが大きかった。

シバ　俺は、最初はガンさん（佐藤GWAN博）から聞いたのかな。倒れたって。しばらくしたら亡くなったという話を聞いて……。倒れたときは、晩年がもうあんなだったからね……。一回、うちに来たときに餃子焼いたりして、いろいろ飯を食わせたのよ。そうしたら帰り際に、「ここはなんにも出しやがらねぇ」って言うわけ。「餃子焼いたり、いろいろ食ったじゃねぇか」って言ったら、「え？・」って言うわけよ。たぶん、そのときが「どうやら俺はなんか分かってない」ってことに気付いたときだったんだよ。そこからなんだね、へらへらし出したのは。たぶん、渡の中では食ったことも記憶になくて、ほんとに飯も出してもらってないって思ったんだろうね。そのときの「え？・」っていう顔は覚えている。「あれ？　俺、そういうことをやっているんだ」っていう顔。本人はときおり記憶がないってことに気が付いていたんだと思う。だから、へらへらし出した。へらへらしていれば、なにかあっても周りは「冗談なんだろうな」って解釈するから。

なぎら　なるほどね。

シ　バ　渡が北海道で倒れて、亡くなったって聞いたときに、俺はどっちだろうって思ったんだ。「嫌だ!」って思ったか、「もういいか」って思ったか……。おそらく、晩年は自分がそうとうひどくなってきているぞって、気が付いていたと思うんだよね。

なぎら　だって、その年に、もうやめようって言ってたんだもんね。

シ　バ　そうそう。そういうことも言ってた。

なぎら　鹿児島（友恵さんの実家）に行くって言ってたんだよ。

シ　バ　映画を作ったアルタミラミュージック（ピクチャーズ）がすごく批判を受けたじゃない？　渡を連れ回して……とか。だけど、渡は喜んでいたと思うよ。本人の意思で動いていたと思う。その一方、それがそもそも渡が死んだ原因だって言う人もいるのよ。だけどさ、渡は嫌ならやらないもん。

なぎら　そうだよね。だけど、しんどくなっていたのは間違いないんですよ。その年でやめて、鹿児島に行って、歌のほうもセーブして……。なんて言ってたら4月に倒れたわけですから。

シ　バ　晩年だけど、どこかでライブをやったとき、友恵さんが靴下履かせてるんだよな。もう赤ん坊みたいだったもん。歩くのもやっとだったしね。だけど50代っていうのは若いよね……。

なぎら　見た目は歳食ってたけどね。

シ　バ　あれも糖尿の影響だったんだろうな。

なぎら　糖尿病だったの？

シ　バ　糖尿だよ、完全に。いつもドロップ持ってたもん。酒飲みがドロップ持つわけないよな。バナナとかも持ってたし。

なぎら　甘いものを欲しがっちゃうの？

シ　バ　低血糖症になったときに、予備として。

なぎら　ああ、そういうことか。

シ　バ　あいつはそうとう重症だったと思うよ。やっぱり酒がよくなかったんだろうな……。そこでやめる人と、いっちゃう人といるんだよな。でも「高田渡」をやるためには、ステージで酒がきたら飲むしかないわけよね。

なぎら　さきほどの話でいうと、そういうことだよね。だけど、誰も酒を無理強いはしなかったんだけどね。でも、自ら飲んでいたということは、アル中だったということの裏付けにもなるよな。

シ　バ　「高田渡」をやるしかないのよ。もともとあいつは酒強くないもん。

なぎら　確かに強くない。

シ　バ　「高田渡」をやって、死んでいったなと思うな。

なぎら　うん、それ、ものの見事に高田渡を言い当てている言葉だよね。

渡の音楽、シバとの関係

シ　バ　だけど、いいアルバムを残しただけでも、まだね……。タンポポ団をやっているときも、渡が曲を作るじゃない？　すると、ずいぶん寝かしていたね。何か月も。「いま、こういう曲をやっているんだけど……」って言いながら、少しずついろんなところを直しつつ、歌にしていくというか。

なぎら　順平が言うには、人前で演奏するときはすでに完成されていたって。

シ　バ　俺には「今こんなのやっている」ってちょこちょこ言ってたんだよ。『生活の柄』を作っているときも言ってたな。「今、これを歌にしようと思ってんだ」とか。だけど、そこからけっこう長く時間をかけて、推敲を重ねていたね。あと、（山之口）貘さんの詩を使っているといっても、渡の歌は微妙に違っているんだよね。

なぎら　そう、変えている。それで、なんで渡ちゃんは自分の詞を歌にしなくなっちゃったと思う？

シ　バ　どうだろう……。

なぎら　分からないんだよね、それが。『汽車が田舎を通るそのとき』は歌っているじゃない？　片面は全部自分の詞で。

シ　バ　うん、歌っている。たぶん、自分に見切りつけたんじゃないの？　だって、できなくなっていうときもあるもん。だけど、あいつの場合、売れていたじゃない？　だから、ステージをやるしかないからね。ほら、一時期、フォークが下火になった時期があったじゃない。みんな他の仕事をしたりして。俺はあのとき、音楽をやめようかと思ったもんね。歌も作れないし。歌ができなくてステージに立つのはほんとうにつらいんだよね。俺、その頃（大塚）まさじに「いいんじゃない？　できたらまた歌えば」って言われたけど、渡は売れていたから、そうもいかないんだよね。あるとき1曲できて「ああ、できるな」って思って、それでまたやり始めたんだけど……。難しいよね。オリジナルを作ってやっていくっていうのは。ディランなんかも何年か前に、もう限界だとか、そんなようなことを言ってたもんね。

なぎら　シバもガスリーの歌を歌っているじゃない？　自分なりに消化して。ああいうのは渡ちゃんの影響？

シ　バ　あれはね、渡に会う前に歌っていた。

なぎら　そうなんだ。

シ　バ　うん。『淋しい気持ちで』とかはウディの『I'm Blowing Down』だから。

なぎら　じゃあ、期せずして渡ちゃんと同じことをやってたんだ。

シ　バ　だから、きっとお互いに共感はしていたと思う。俺は渡とかなり深い間柄だったけど、たぶん、俺は渡が持ってないものを持っていて、渡は俺にないものを持っている。そういう関係なんだな。そうじゃなければ、あんなにつながらなかったと思う。お互いに認めてはいるんだけど、お互いがお互いにないものを持っている。ただ、志向は似ているから、共通項はあったけどね……。渡は、とにかく俺には優しかったな。

なぎら　小斎ちゃんと仲が悪い理由知ってた？

シ　バ　小斎氏……、俺は最初けっこう好きだったのね。『ぐゎらん堂』なんかでもけっこうレコードかけたりしていて。だけど、渡がいつ頃からか、嫌っていったの。それであるとき小斎氏のレコードをごそっともらったことがあったのね。それで聴いたみたわけ。全然面白くないわけよ（笑）。「あ、これが理由かな？」って思ったことがあったね。

なぎら　いつから面白くない？

シ　バ　いつからだったかな？　どこからか全然面白くないのよ。

なぎら　なんだか分かる気もするけど。ある時期まで、この人、天才だなって思うんだよ。

シ　バ　そうなんだよな。まあ、音楽が面白くないことだけが理由じゃないと思うけど。

なぎら　なんていうか、自己満足の世界へ行っちゃったような気がするのよ。

シ　バ　全然違う世界に行っちゃったみたいな。

なぎら　そうそう。

シバ　俺は小斎氏とは古くからの知り合いだからね。俺が『春一番』なんか出たときは東京の人間だからヤジがいっぱい飛ぶわけよ。そうしたら、小斎氏が俺の脇に椅子を持ってきて、客を睨みつけてさ(笑)。俺からしたら恩人みたいな感じがあるんだけどね。だけど、レコードはあるときから急につまらなくなったんだよなぁ。その頃から渡が離れちゃった感じがする。まあ小斎氏も逝っちゃったけどね……。そういえば、まだ小斎氏が生きているとき、彼の付き人みたいな人から「新しい録音です」ってCDをもらったのね。で、聴いてみたら「ああ、ダメだな」って思った。なんというか、歌に生命感がないの。それでヤバいなと思って。あるとき、うちに知り合いが来たときに、話したんだよ。「小斎氏の最近のCDを聴いたんだけど、あれはもうダメかもしんない」って。そうしたら、その2日後だよ、亡くなったの。そういうのって分かるんだよね。この人才能がないっていうことじゃなくて、生命感がないっていうのかな……。

最後に

シバ　俺んちで飯食ったことを忘れちゃったっていうさっきの話なんだけど、渡はこの場所(アルカディア)でもライブをやったのね。移転する前だったけど。そのときに、お客さんがヤジを飛ばしたわけよ。ファンだから、もちろんいじめるためのヤジじゃないんだけど、怒った渡が突然そのお客に食ってかかって、殴ろうとしたんだよね。それでその日うちに泊まって、飯を食わせたのに、次の日の朝帰るときに「ここはなんにも出しやがらない」って言った……ということなんだよ。ふつうファンに食ってかかるなんてありえないじゃん。その頃にはもう自分でも異変に気づいていたんだろうな。それにしても、俺は、渡は最後の最後まで生き延びるんじゃないかと思っていたよ。周りがみんな先に死んじゃって、追悼コンサートやってもらえないみたいな感じでね。でも、あいつが先に逝っちゃったもんな

なぎら　しぶとく生きると思ってたよね。

シバ　ねぇ。

なぎら　あの弱ったままで、ずーっといくなって思ってたよ。倒れるとは思ってなかったね。

シ　バ　たぶん、一潮さんに言ったように「アル中」になって、そこから抜け出られなかったんだろうな。泣きながら言ったって言うんだから。71年の中津川のライブのときは、ウィスキー瓶を一本空けてからステージに行ってたからね。まだ若かったからもったんだろうけど。

なぎら　それで、飲み方を知らない感じで飲み始めちゃったんだよね。

シ　バ　ガン（佐藤GWAN博）さんなんかすごい歳だけど、いまだに飲んでいるもんね。手塚治虫の『バンパイヤ』ってテレビドラマがあったじゃない（フジテレビ系 1968〜1969年）。そのロックの役だもん。主題歌も歌っているしね。手塚治虫御用達の役者さんだったわけだから、もういい歳なわけよ。だけど、もともと強いんだよ。渡は、飲み方知らなかったし……。友川（かずき）も強いもんね。

なぎら　友川はすごい。「友川、なぎら、渡」がフォーク3大酒豪って言われた時代もあるけども（笑）、もうかずきちゃんにはついていけなくなったもんね。

シ　バ　まあ、いずれにしても、ミュージシャンは早いかな……。なんだかんだと。

やはり、僕たちは日本語で考え、日本語で歌うのが一番良いように思う。いくら外国語が歌いやすいといってもやはり日本語がいいのです。白々しい歌を、しかも外国語で歌う人が多すぎます。たまに日本語で歌う人もいますが聞けたものではありません。そんなわけで、日本語の歌と言うことについて触れること自体おかしく思えます。よく日本人のくせに日本人の悪口を言う人がいますがとんでもないことです。もっと、もっと日本人くさい（いいにつけ悪いにつけ）日本語による歌と歌い続けている人たちを自分たちで探して聴いてください。

高田渡（『ＯＵＲＳＯＮＧ日本』１９７１年　新興音楽出版社）

歌だけが全てでは無い。
歌は思想ではありません。
歌わないで済むことが一番いいのです。

（高田渡）

あと書き

アタシは、医者に酒を止められているのにもかかわらず、酒をやめられない人間を沢山知っている。

若い頃から、なんだか爺臭い人間も沢山知っている。

なかなか本心を見せない頑固者なのに、人当たりがいい人間も沢山知っている。

皮肉っぽい性格なのに、皮肉っぽい人間を見分けられない人間も沢山知っている。

無口にみせながら、実はおしゃべり好きな人間も沢山知っている。

金に執着心がないようで、実は変なところで金に細かい人間も沢山知っている。

「カミサンなんか」と言いながら、カミサンに頼りきっている人間も沢山知っている。

実は惰性で生きているのではないか、というような人間も沢山知っている。

霞を食って生きているのか、というような人間も沢山知っている。

歌うことに飽きてしまったと言いながら、ずっと歌い続けている人間も沢山知っている。

しかし、それを全部兼ね備えた人間をアタシは知らない。いや待て、たったひとりだけ知っている。

それが高田渡である。

風が吹くほうに身を任せ、自然体で生きているように彼は見せる。しかし騙されてはいけない。それが彼独特の〝振り〟なのである。

彼は常に風に身をさらして生きている。時に、風に逆らったりもする。彼がそれにこだわっている、こだわっていない、ということとは関係ない。持って生れたもの、いや、いつの間にか育まれたものなのであろう。あるいは、宿命にも似たものがそうさせているのかも……。

しかしそれは嫌味になるのではなく、彼の人となりとして、我々の心の中に残る。それをWataru Chirdren'sが継承しようとするのだが、なかなか真似できるものではない。

前途の性格を全部兼ね備えていれば話は別だが……。


2004年にシールズ・レコードから『高田渡　トリビュート』が発売されたのは、高田渡が亡くなる1年前である。これはそのブックレットに書いた文章である。「たったひとりだけ知っている。それが高田渡である」で締められた文章は、我ながらまさに言い得て妙だと思う。

高田渡は刺激的で魅力的な人物であった。それだからといって「良い人」「好い人」「善い人」をイコールとすることは早計である。シバの言葉、「高田渡は高田渡をやっていたんだ」はまさに高田渡をいい当てた言葉である。

対談で出たそうした渡ちゃんに対する言葉を拾ってみる。

人間としては〝人好き〟だったと思う。
渡は自分と合う人を見つける嗅覚がある人。
高田渡ってほんとうはどういう人だったんだろう?
自分の空間に自分の意図としないものが入ってくるのを嫌った。
人たらし。
ず〜っと寂しかったんだと思う。だからずっと人と一緒にいたかったんだろうな。
みんな結構迷惑かけられているのに、でもみんな渡が好きなんだよ。
「高田渡」をやって、死んでいったなと思うな。

どれも高田渡をうまく言い表している。常人とは違った人間くささがそうさせて言わせているような気がする。

高田は決してスターではなかった。「いや、十分スターだったよ」とおっしゃる方もいるであろう。確かにフォーク界において彼は名前の通ったスターであった。あるいはレジェンドという名のスターであった。

「高田は決してスターではなかった」のスターとは、流行児、大物役者等で使われるきらびやかなスターを言っているのであって、高田の持っているスター性とはいささか異なる。

ある意味で彼は間違いなくスターであったのだが、それに対しておごることも、吹聴することもなかった。ましてやそんなことを他人から言われることを毛嫌いしていたはずである。スターと思うのならそっちが勝手にそう思ってくれ、と言ったに違いない。だが、知名でありたいという気持ちや、評価されたいという気持ちもどこかにあったことは否めない。それは長い付き合いの中で感じられていた。知名や評価というニュアンスで誤解されては困るのだが、こうした歌を歌っているんだ、こうした自分の世界観を持っているんだという気持ちを誇示するには、当然それが必要となる。それでなければ、何も人前で歌うことはない。それは決して悪いことではなく、また高田の器量をゆがめるものでもない。もっとも、そこには照れがなきにしも非ず、ではあったが。

いずれにせよ芸能人ぶらなかったのは確かである。そこには常に庶民側にいたい、あるいはいるんだという自負があったことも確かであろう。それは、決して演出ではなかった。スターであるならそれを得意げに示したいという気持ちと、あからさまに見せてはいけないという姑息な自分を演出する力が働く。要するにそこで似非《えせ》である態度や笑顔を覆い隠す自分を作り出す作業をしなくてはならないのだ。高田はそうはしなかった。そんなわずらわしさは嫌いであったし、そんなことが出来ようはずもない。包み隠さず真実を歌にしたいという気持ちがそれを否定したのかもしれない。高田は人間的な部分を裏打ちする歌を歌っていたかっただけなのである。ただ自分に素直に生きていただけである。しかし素直に生きようとすれば、少なからず嫌な部分も見せることにもなってしまう。しかるに、「真っ直ぐ」をずっと続けていくことはかなりしんどかったのではなかろうか。生き様を分かってもらいたいということと、それを人に見せるのがイヤで仕方なかったというパラドックスの中にあったことは容易に想像がつく。それはシバの言うところの、「高田渡は高田渡をやっていたんだ」ということにも通じるような気がする。

高田は自分に忠実であろうとしたのである。だから人の言うことに対し聞く耳を持たなかったのかしれない。極論かもしれないが、自分の空間に人が勝手に上がりこんでくるのを極端に嫌ったのもそのためだろう。

**（フォーク・ソング＝民衆
民衆＝フォーク・ソング）常に固く結びついているもの。**

芸術は大衆の中から生まれ、大衆の中に、大衆と共に、生きるべきものです。

ぼくはかならずやりとげます。何年かかっても……。（『マイ・フレンド』1966年4月19日、3月16日）

生涯これを通したのである。

見果てぬ夢

——高田渡に——

なぎら健壱

どこまでも　行ける

ここからも　逃げる

たまには笑って　みるが

汗水たらしてして　みるが
夜が全く　明けやしねえ

訪ねてみるかい
見果てぬ夢だけど
あの頃に戻る
遠い頃の唄だ
※心に沁みる

ここまでは　来たが
そこまでは　行けぬ
ポツリと歩いて　来たが
今宵が終わりの　春さ
流れる星の　泪なのか

いつまでも　眠る
夢見ては　帰る
想い出捜して　みるが

本当かまことか　どうか
僕の場所は　ここでいいの

どうにかねぇ　終わる
ほんとうに　終わる
明日は旅には　出るが
荷物を詰めては　みるが
朝の顔が　出て来ねぇ

（2010年）


今この対談を読み返してみると、同じような話が幾度も登場している。普通ならカットといきたいところだが、そうしてしまうと次の話への誘い水的な要素や、話の流れが変わってしまうので、しつこいという苦言を覚悟であえて載せた。

またこの中にある文章には、高田の負の側面を露呈させる場面が多々ある。そこまで書くのかよ、と言われそうであり、それでもって高田渡を幻滅させることとなるとしたら大変申し訳ない。だがそれを否定する人がいたとしたならば、高田渡を否定することになるのである。

そうした幻滅に通じるその箇所のほとんどが酒がらみの話である。総てを酒のせいにしてしまうことは簡単でもあるし、愚かしいことでもある。だいいち酒が可哀想である――飲むのは人間である。
他人から見れば酒を飲んでの過誤は喜劇に見えるかもしれない。だが単純に喜劇としてしまうことで、そこに高田の悲劇があった。酒がやらせているんだ、酒がなければどうにかなる。そうした楽観した、あるいは傍観した、他人の目が生んだ悲劇である。しかしそれが高田渡あり、実際そうした生き様を選んだのは誰あろう、高田本人である。しかし私は幻滅をしない。人間、高田渡が好きだったからである。

高田渡が見えたかどうかは分かりません、
しかしあの日、確かに高田渡はそこにいたのである。
人間くさい高田渡が……。
私は、高田渡に会いたい！

最後に、今回の上梓に当たって尽力をつくしていただいた駒草出版の浅香宏二氏、またインタビューのテキスト起こしという面倒くさい作業や、編集等に携わっていただいたひとま舎の内藤丈志氏にお礼を申し上げます。
そして対談を快く引き受けて下さったみな様、高田渡をこよなく愛する人々、感謝しております。ありがとうございました。

なぎら健壱

参考資料

バーボン・ストリート・ブルース　高田渡（ちくま文庫）
マイ・フレンド　高田渡青春日記1966－1969　高田渡著　高田漣編（河出書房新社）
日本フォーク紀　黒沢進（シンコーミュージック・エンタテイメント）
ボーイズライフ　1968年5月号（小学館）
ミュージック・ライフ　1960年2月号、12月号／1963年2月号／1964年7月号（新興音楽出版社）
関西フォークの歴史についての独断的見解　片桐ユズル・中山容（URCレコード）
フォーク・ソングを歌おう　江波戸昭・三橋一夫編（音楽之友社）
風に吹かれた神々　鈴木勝生（シンコー・ミュージック）
高田渡読本（音楽出版社）
高田渡と父・豊の「生活の柄」　本間健彦（社会評論社）
日本フォーク私的大全　なぎら健壱（ちくま文庫）
五つの赤い風船とフォークの時代　なぎら健壱（アイノア出版）
5弦バンジョーの弾き方　ピート・シーガー　高山宏之訳（新興楽譜出版社）
AERA in FOLK（朝日新聞出版）
フォーク・ソングの世界　三橋一夫（音楽之友社）
ヤング・ギター増刊　OURSONG日本（新興音楽出版社）
新譜ジャーナル別冊　高田渡の世界（自由国民社）
うたうたうたフォーク・リポート　1969年5・6月合併号（アート音楽出版）
レコード・コレクターズ　2002年1月号（ミュージック・マガジン）
1969フォーク・ジャンボリー（東芝EMI）
東京スポーツ　2017年2月1日「オヤジの寝言」（東京スポーツ新聞社）
高田渡トリビュート（シールズ・レコード）
貘（B／Cレコード）

協力：TONE（是澤泰志）

著者プロフィール

なぎら健壱

フォーク・シンガー、俳優、タレント、執筆家。1952年、東京都中央区銀座（旧木挽町）生まれ。1970年、第2回中津川フォーク・ジャンボリーに飛び入り参加したことがきっかけでデビュー。1972年、ソロアルバム「万年床」をリリースして現在に至るまで、数多くのアルバムを発売している。以後、音楽活動だけでなく、映画、ドラマ、テレビ、ラジオへの出演、新聞・雑誌の連載など幅広く活躍中。東京の下町とフォーク・ソングに造詣が深く、カメラ、自転車、街歩き、酒をはじめ、多彩な趣味を持つことでも知られる。1977年、「嗚呼！花の応援団　役者やのォー」で日本映画大賞助演男優賞受賞。2009年、第25回浅草芸能大賞奨励賞授賞。代表曲に「葛飾にバッタを見た」、主な著書に「日本フォーク私的大全」（ちくま文庫）などがある。

日本音楽著作権協会
（出）許諾第2009775-001号

高田渡に会いに行く

2021年1月16日　初版発行

著者　なぎら健壱
発行者　井上弘治
発行所　**駒草出版**　株式会社ダンク出版事業部
〒110-0016
東京都台東区台東1-7-1　邦洋秋葉原ビル2階
TEL　03-3834-9087
FAX　03-3834-4508
https://www.komakusa-pub.jp/
編集協力　株式会社ひとま舎
デザイン　石島章輝（イシジマデザイン制作室）
印刷・製本　シナノ印刷株式会社

ISBN978-4-909646-35-4 C0073